許斐　有　　望月　彰　編
野田　正人　桐野由美子

子どもの権利と社会的子育て

社会的子育てシステムとしての児童福祉

信 山 社

はしがき

　本書は，当初『21世紀・児童福祉が変わる──子どもの権利と社会的子育て』という仮題で，1999年11月に出版計画がたてられた。出版のねらいとしては，児童福祉システムが大きく変わろうとしている時期なので，従来のような概説的・体系的な教科書としてではなく，論争的な，あるいは問題提起的な内容の書物をめざし，大学等で児童福祉論のサブテキストやゼミのテキストあるいは児童福祉現場職員の実践の指針として採用してもらえるようなものにしたいと考えた。

　実際，いま日本の児童福祉は大きな転換期を迎えている。転換期にあるということは，要するに，従来の児童福祉のやり方が通用しなくなりつつあるということである。法制度のいささか性急ともいえる改革状況もさることながら，それ以上に，日本の子どもと家庭，そして子育ての状況に大きな変化が進んでいる。児童福祉の現場は，これらの急激な変化に振り回されているというのが現実であろう。しかし私たちは，このような時期にこそ，さまざまな立場からじっくりと議論を交わしあい，歴史の本流をしっかりと見据える努力が必要であると考える。

　本書は，そのような議論の火付け役になることをめざしているといってよい。そのねらいがどれだけ達成されたかは読者に判断していただくほかないが，本書では，主として児童相談所や児童養護施設など児童福祉の第一線で活躍している職員，またその職員たちとともに現場に根ざした研究活動を続けている研究者，そして施設で生活していた当事者など，さまざまな立場から問題提起がなされている。

　ただし，各執筆者には共通して，児童福祉は子どもの権利保障のいとなみであるという視座が貫かれている。私たちは，日本の児童福祉の転換期が，1989年に国連総会で「子どもの権利条約」が採択され，94年に日本政府がこれを批准したことが最も重要なきっかけであり，またそうでなければならないと考える。この条約の批准によって，子どもを〈保

護の対象〉としてではなく〈権利の主体〉として改めてとらえ直すことが，政府・児童福祉行政はもちろん，児童福祉現場をはじめ子どもに関わるあらゆる場面で，いわば社会と大人に義務づけられたのである。少なくとも本書は，そのような観点をもって編集されている。

　子どもを権利の主体としてとらえ，児童福祉をその権利保障のシステム・実践としてとらえ直す観点は，実際上の伝統的な児童福祉観を根底から覆すものであるといえる。すなわち，従来，子育ては親の，それもいわゆる肉親の個人的な責任に委ねられるべきものであって，それが不可能な事態に至ったときにのみ国家（児童福祉）が介入すべきであるという観点が，実際上の原則であった。しかもその場合に，子どもに対する処遇は劣等処遇といわれる最低限のサービスでよしとされ，また，家庭に対する福祉的援助すなわち親が子どもの養育困難に至った原因に対するアプローチやそのための条件整備はほとんどなされてこなかったといわざるをえない。しかし，これからの児童福祉は，子育ては本来的に社会的いとなみであって，親はその直接的・第一次的担い手であるとの観点から進められる必要があると私たちは考える。いいかえれば，21世紀の児童福祉は，子ども自身がさまざまな社会的支援・援助のもとで健全に育つことができるような機会を保障するとともに，とくに親による子育てが適切に，すなわち「子どもの最前の利益」を考慮していとなまれることを保障するような社会的子育てシステムとして，自らを再構築していくことが求められるであろう。私たちは，そこにこそ児童福祉における歴史の本流があるということを，本書を通して提起したい。

　ところで，本書のこのような趣旨は，本書の出版計画を立ち上げた許斐さんの熱い思いに根ざしている。本書の執筆者の多くは，許斐さんが1990年4月から99年9月まで勤務した大阪府立大学社会福祉学部時代に，彼とともに大阪府の児童福祉現場で子どもの権利保障のために尽力した実践家たちである。その意味で本書には，ひとつには，許斐さんが1999年9月に駒沢大学に転任したことを契機に，大阪府での彼の「実践」を総括するものとして出版したいという彼とその仲間たちの思いが込められている。しかしながら，本書の編集の途上で，許斐さんは病に倒れ，2001年1月，50歳にも満たない年齢でついに還らぬ人となってしま

った。予想だにしなかった事態に直面して編集作業は滞ったが，許斐さんの遺志をなんとか実現したいという執筆者たちの思いに加え，信山社の村岡俞衛さんの熱意により，なんとか出版にこぎ着けることができた。その意味で本書には，いまひとつ，許斐さんの追悼論集としての性格も込められている。

　このような事情で，本書に許斐さんの論稿がないことはきわめて残念なことであるが，子どもの権利保障の観点から児童福祉の理論と実践を再構成しようとした彼の情熱と思想は，1996年に同じ信山社から発行された彼の著書『子どもの権利と児童福祉法——社会的子育てシステムを考える』と，2001年3月に発行され，結果的に彼自身の手で受け取ることができなかった同書の増補版をぜひ参照していただきたい。とくに増補版は，彼が病床でその校正にあたったものでもあり，本書と一体をなすものであるといっても過言ではない。

　最後になったが，許斐さんの前著に引き続いて本書の編集を担当していただいた信山社の村岡さんには重ねて謝意を表したい。村岡さんの熱意がなければ，とうてい本書が世に出ることはなかったであろう。

　本書を，今は亡き許斐有さんにささげる。

　　　　　　　　　　2002年7月　編集委員を代表して

　　　　　　　　　　　　　　　　望　月　　彰

もくじ

はしがき

序章　社会的子育てシステムとしての児童福祉 … 望月　彰　9

第1部　子どもの権利と社会的子育ての理論

1　日本における子どもの権利思想の展開 ……… 桜井智恵子　18
2　子どもの福祉と健全育成 …………………… 望月　彰　33
3　子育てネットワーク ………………………… 山野則子　68
4　カナダ・オンタリオ州の児童保護システム … 大和田叙奈　87
5　日本におけるパーマネンシープランニングの展望 … 桐野由美子　103
6　被虐待児の家庭引き取りに関する法的諸問題 … 吉田恒雄　123

第2部　子どもの自立支援と社会的子育て

1　児童相談所における子どもの権利擁護 ……… 石谷英治　138
　　　　　　　　　　　　　　　　　　　　　　　前河　桜
2　児童養護施設における自立支援 …………… 阪本博寿　153
3　自立支援とアフターケア …………………… 農野寛治　185
4　当事者から見た10の自立支援 ……………… 草間吉夫　201

終章　児童虐待と社会的介入 ………………… 野田正人　223

［資料］英文　子どもの権利条約全文　　巻末

カット　原麻由美

序章　社会的子育てシステムとしての児童福祉

［望月　彰］

1　子どもの権利

　人権思想の歴史は，少なくとも18世紀市民革命期から数えて200年以上になる。しかし，その歴史のなかで，子どもの権利については必ずしも当初から考慮されていたわけではなかった。「すべての人間」の権利というとき，その人間のなかに子どもは含まれていなかったのである。子どもの権利という考え方が歴史に登場するのは20世紀以降である。さらに，これがひとつの体系的な概念として国際的に承認され，法的な厳密さをもって確立されるのは，1989年11月20日の国連総会第44会期において「子どもの権利条約」が採択されて以降のことである。とはいえ，それまでの歴史のなかで，「子どもの権利条約」に凝集される思想や運動，実践の蓄積があったことは軽視できない。
　たとえば，「20世紀を子どもの世紀に」という言葉がある。これは，スウェーデンの女性運動家エレン・ケイが，19世紀の先進工業諸国における児童労働や乳幼児死亡などの深刻な児童問題をふまえ，20世紀を目前にした1900年にその著書のタイトルに託して訴えた言葉である。この言葉は，20世紀初頭における児童保護運動，さらに教育運動や児童文化運動のひとつのスローガンとして世界中に広がったのである。
　しかし，20世紀を振り返ってみると，それはむしろ「戦争の世紀」といわざるをえない。とくに二度にわたる世界大戦が人類にもたらした惨禍は筆舌に尽くしがたい。そこでは，戦争にはいっさい責任がないにも

かかわらず，社会的にも生物的にも最も弱い立場にあるがゆえに，子どもが最大の犠牲者となったのである。このことは，人類の歴史に深く刻み込まれなければならない。同時に，そうした厳しい状況に対して，1942年の国際連盟総会で子どもの権利に関する史上初の国際合意として「ジュネーヴ宣言」が採択されたこと，あるいは，その後ナチス支配下のポーランド・ワルシャワゲットーのなかで，トレブリンカ絶滅収容所に送られる最期まで子どもの人間としての尊厳を追求したヤヌシュ・コルチャックの生きざまと子どもの権利についての思想などもまた，歴史に深く刻まれるに違いない。

人類は，これらの教訓に基づき，これからの世界においては，子どもを含めたすべての個人の尊厳と人権の尊重があらゆる社会システムの基本理念であることを確認することとなった。20世紀は，悲惨な戦争によるおびただしい犠牲と引き換えに，人権思想が社会のあらゆるいとなみの基本的かつ具体的な指針として定着した世紀でもある。その意味で，20世紀は「人権の世紀」であるといってもよいだろう。その最後の総仕上げともいうべきものが「子どもの権利条約」であるといっても過言ではない。

日本の児童福祉もまた，第2次世界大戦後の戦後改革によって子どもの人権尊重を基本理念として出発したが，そこに至るまでには，世界の流れと連動した日本の子どもの歴史があることはいうまでもない。その詳しい事情は本書第1部1に譲るとして，ここでは，本書のキーワードともいうべき子どもの権利について，基本的なとらえ方を示しておきたい。

2　子どもの権利条約

日本国憲法第97条は，「この憲法が日本国民に保障する基本的人権は，人類の多年にわたる自由獲得の努力の成果であって，これらの権利は，過去幾多の試練に堪へ，現在及び将来の国民に対し，侵すことのできない永久の権利として信託されたものである」と規定している。ここにいう「人類の多年にわたる自由獲得の努力」は，多くの場合，人間として

の価値が十分に社会的に認められず，あるいはその尊厳を侵害されている人々が自ら立ち上がり闘い取ってきた歴史であるといってよい。しかしながら，子どもは一般にそのような力を持ち合わせているわけではない。むしろ，そのような力を形成しつつある時期が子ども期である。そこに子どもの権利の第1の特徴がある。その意味で，一人ひとりの子どもをおとなと対等の社会の一員として認め，かつ，子どもとしての尊厳を認めること，いいかえれば，子どもの権利を認めることは，人権確立の歴史における最後のフロンティアともいうべきものであった。

　子どもの権利については，各国において，あるいは教育，福祉，司法など子どもに関する社会制度の諸領域において，従来からそれぞれの国内法による規定がなされている。また，国際人権規約など法的拘束力を持つ国際的な取り決めにも，子どもの権利に関する規定が盛り込まれている。そうした状況のなかで，「子どもの権利条約」は，子どもの権利について包括的かつ具体的に規定した法的拘束力を持つ国際的合意であり，それ自体が子どもの権利の特徴と内容を集約しているのである。

　子どもの権利に関する従来の諸規程と同様，「子どもの権利条約」には，子どもは未熟であり発達途上にあることから，適切な保護を受ける必要があるという観点も含まれている。しかし，「子どもの権利条約」では，子どもは権利の主体でもあるというとらえ方が強く打ち出されており，そこが従来の諸規程と大きく発展している点である。許斐は，このような「子どもの権利条約」における子どもの権利の考え方の特徴として，次の4点をあげている（許斐有『子どもの権利と児童福祉法』〈増補版〉信山社，2001年，53－54頁）。

① 子どもの最善の利益　何をもって「子どもの権利」とするかという判断基準として，「子どもの最善の利益（the best interests of the child）」という概念をまず第1にあげている（3条1項ほか）。
② 子どもの市民的自由　これまで憲法などにより保障されていた精神的自由権を，大人と同じように子どもにも認めるべきであるとしている（13～17条）。
③ 意見表明権　国際文書等でこれまで必ずしも明確ではなかった子どもの意見表明権という考え方を，あらたに明文化した（12条）。

④　発達しつつある存在としての子ども　　子どもは発達しつつある存在であるという、当然のことではあるが法の概念にはなじまなかった考え方を、積極的に取り入れている（5条、12条ほか）。

　これらの特徴のベースとなっているのは、「ジュネーブ宣言」以来の「子どもの最善の利益」原則であるが、「子どもの権利条約」では、これを子どもの「意見表明権」とも関わって原則的にその判断は子ども自身が行うべきものととらえているところに大きな特徴がある。しかし同時に、「発達しつつある存在」である子どもの特質から、おとなによる適切な助言・指導を受ける権利も重視されている。したがって、何をもって「子どもの最善の利益」とするかは、最終的には、あるいは、場合によってはおとなが判断することもあり得るととらえられている。このような一見矛盾する内容をもっているところに子どもの権利の重要な特徴があるといえる。その意味で、子どもの権利主体性を社会のシステムとしてどう確保するかということが、今後の児童福祉、学校教育をはじめ、子どもの権利保障に関わるいとなみの最大の課題となる。

3　社会的子育ての考え方

　人間は社会的存在である。同時に人間は、自らが属する社会を自ら築き、それを意図的に発展させてきた。その発展の方向は、一人ひとりの人間の自由を拡大し、人間的価値の平等性を確立することであった。そこでは、ある人間が他の人間に支配されない社会を築くことがめざされてきたともいえる。そのような課題の一つ、そして最後の課題が子どもの解放であり、すでに述べたように、人類の自由獲得の努力は、いよいよ最終段階として、子どもの人間としての自由をどう保障するのかというところに来ているといえよう。それは、おとなと子どもとの関係、あるいは、親と子ども、社会と子どもとの関係をどうとらえるかという問題である。このことは、とりわけ、従来の伝統的な親の私有物としての子ども観に対して大きく転換を迫るものであることは間違いない。

　いうまでもなく、子どももまた社会的存在である。これは、子どもの

養育（子育て）が単にその子どもの親だけが担うべき私的ないとなみではなく，社会そのもののいとなみに他ならないということである。そのことは，すでに児童福祉法においても謳われていることである。許斐は，この点を強調して児童福祉法2条にいう国の責任には次のようなものが含まれると述べている（許斐，前掲書，92頁）。

1）子どもと家族の生活保障および生活環境の整備(所得保障，保健・医療保障，住宅対策，遊び場の確保など) →A
2）家庭内での養育に対する側面的あるいは間接的支援・援助サービス（養育相談，トリートメントなど）→B・B'
3）家庭での養育を補完し，あるいは代替するサービスを提供するための制度・施策の整備(デイケアサービスの整備，入所施設の整備，在宅ケアの推進など) →C
4）さらに，親が子どもの人権を侵害している場合などには，公権力によって親権を制限し，強制的に親子を分離することもある。→D・D'

子育てのいとなみは，親による家庭での養育という側面だけでなく，1）～4）のような国の側面も含めて総合的にとらえなければならない。ここで，A，B，C等の記号は，後者をやや厳密にとらえたものである。すなわち，国はAを基盤として，一般的な子育て相談事業など(B)や，障害等特別のニーズを持つ子どもの養育援助など（B'），さらに，保育所や児童養護施設の利用等を含む児童福祉サービスの利用（C）に関して，その条件を整備していく責任がある。また，親による家庭での養育が「子どもの最善の利益」に反するとき，家庭裁判所の決定により親権を制限したり（D），例外的に親権を剥奪するなどして（D'）子どもの権利を擁護する責任がある。児童福祉法は，子どもが社会的存在であることを前提に，当初からこのような国の責任による社会的子育てのシステムを想定しているのである。

「子どもの権利条約」においても，18条1項で，子どもの養育と発達に対する親の第1次的責任を定めると同時に，そこでは，「子どもの最善の利益」が指導原理になることを規定している。また同条2項では，国は，親がその養育責任を遂行しうるような援助を与えなければならな

いこと（上記のA，B，B'に相当），また，子どものケアのための施設，設備やサービスの改善・向上（上記のC，D，D'に相当）に対する義務があることを定めている。いまや，社会的子育ての考え方は，子どもの権利を保障する社会的システムとして国際的に承認されているのである。

4　社会的子育てシステムとしての児童福祉

　日本における児童福祉は，いうまでもなく児童福祉法に基づき，生存権をはじめとする子どもの権利を保障するための社会的システムである。このシステムは，上述のA～Dのような構造をもっており，それぞれにおいて，さらに専門的な構造とその内容の発展が政府の責任により促されなければならない。

　その際まずAに関して，子どもの最善の利益の観点から，住宅，都市，労働政策等の一般施策を整備拡充するとともに，児童福祉の固有の課題として子どもの遊び場の確保・整備等の子どもの健全育成施策の充実が求められる（第1部2参照）。また，Bに関して，いわゆる子育て不安が拡大しつつある状況の中で，子育て支援施策の拡充と専門化が求められる（第1部3参照）。さらに，C，Dに関しては，児童虐待の急増等の状況に対して，これまでの実践の成果や当事者の声ををふまえて（第2部参照），抜本的な施設設備の改善，実践の発展が求められるとともに，親子引き離しに関わる法制度の整備（第1部6参照）および家族再統合に向けたシステムの整備が早急に求められる（第1部5参照）。なおこの点については，カナダなどにおける子どもの権利保障の先進事例から学ぶべき点が多い（第1部4参照）。

　こうした社会的子育てシステムの整備拡充のためには，政府の役割が従来になく期待される。しかし，政府はこれまで，子どもの養育は親や家族の個人的な責任であり，国の責任は補完的あるいは副次的なものにすぎないという考え方に立ってきた。そのため，日本においては，社会的子育てシステムとしての児童福祉の体制は全般的に未整備のままであるといわざるをえない。子どもの人権に関わる諸問題については，個々

序章　社会的子育てシステムとしての児童福祉

の家庭や児童福祉現場がその穴埋めを背負わされてきたといってよい。その点で，社会的子育てシステムとしての児童福祉の発展のためには，まず誰よりも政府自身が，「子どもの権利条約」をふまえて，また児童福祉法の基本理念に立ち返って，その解釈を大きく転換させ，発展させる必要がある。

　もちろん，子どもの養育に対する親や家族さらに法的な意味での保護者の責任を軽視することはできない。また，「子どもの権利条約」第5条にも規定されているように，「親の指導の尊重」原則すなわち親の子育ての権利は最大限尊重されなければならない。そのためにも，前述のA，Bのシステムの充実が求められるのであり，また，C，Dのシステムにおいても，親や家族への支援・援助を含めたサービスの改善が不可欠であるといえる。

　子どもの養育は，可能な限り親の第1次的責任と権利を保障すべくいとなまれなければならない。国には，その養育のいとなみが適切にいとなまれるよう，そのための条件整備をすすめる責任がある。本書が掲げる『子どもの権利と社会的子育て』のテーマは，このような観点に立ち，子どもの権利を出発点に子どもの最善の利益を実現する児童福祉のあり方を提起しようとするものである。

第1部

子どもの権利と社会的子育ての理論

1 日本における子どもの権利思想の展開　　桜井智恵子
2 子どもの福祉と健全育成　　望月　彰
3 子育てネットワーク　　山野則子
4 カナダ・オンタリオ州の児童保護システム　　大和田叙奈
5 日本におけるパーマネンシープランニングの展望　　桐野由美子
6 被虐待児の家庭引き取りに関する法的諸問題　　吉田恒雄

1 日本における子どもの権利思想の展開

[桜井智恵子]

1 子どもの権利思想の登場

　子どもの権利は労働者の権利や女性の権利などとは違い，子ども自身が獲得してきたものではない。むしろ歴史の流れにしたがい，社会に写し出されるようになってきたものである。この「権利」という考え方は，国家の近代化にともなう人間関係の再編により発展してきた。そして，子どもの権利もまた例外ではない。

　子どもの権利をめぐる議論は，子どもと親の関係をめぐって始まった。「子は父に服従する義務があり，子は権利をもたない[1]」。ホッブス（Thomas Hobbes；1588-1679）に代表されるように，近代以前には子どもが権利を持っているという考え方は容認されていなかった。

　フランス革命直前に思想家たちは，今まで重視されていなかった子ども期に注目し始め，それは「子どもの発見」と言われ，子どもの権利をめぐる議論のさきがけとなった[2]。

　子どもの権利を考える上で重要とされるルソー（Jean Jacques Rousseau；1712-1778）の思想は，啓蒙主義に根強くのこる愚民観を問題として形成された。彼の著書『エミール』（1762年）におけるルソーの子どもの発見は，主体的な生活者としての子どもの発見であり，その人間的権利の発見であった。その背景には，『エミール』と同年に世に出された『社会契約論』の主題が存在する。「有徳の共和市民形成」をその教育理論の本質としたルソーは，子どものありのままの姿を受けとめ，子どもを発達のみを目ざす人間としてではなく今を生きる主体としてとら

えた。子どもを主体としてとらえ，子どもの生きるプロセスを通して有徳の市民を形成しようという考え方は，子どもの権利を考える上で大切な視点とされた。ルソーの子ども観をひとつの大きな転換点とし子どもの権利思想は展開してゆく。多くの流血を伴ったフランス革命を通して，権利の思想は現実の世界に示された。

　資本主義社会の発展は，子どもたちにとって，救貧法や工場法に見られる貧困と労働搾取との闘いでもあった。イギリスで紡績工場を経営していたオーエン（Robert Owen；1771-1858）は，子どもを工場労働から解放し，当時きわめて一般的であった体罰を一切排除し，「仲間を幸福にするように努力する」習慣を築こうとした。オーエンは，児童労働の問題を改善するために工場法制定運動に取り組み，1819年に工場法が制定された。産業革命，そして資本主義の展開という現実の中で，子どもの虐待も広がった。そこで，子どもを保護し子どもの福祉をどのようにまもっていくかという社会福祉思想の流れと，時代が成立させた「市民」をいかに作りあげるかという教育思想の流れの合流が，19世紀の子どもの権利の特徴といえる。

　子どもの権利の制度化が進むのは，19世紀後半になってからである。欧米各国では，児童労働保護法，児童虐待禁止立法，公教育法などのいわゆる「児童法」が成立し，子どもの権利の法制化が展開した。そこには，独占資本主義の成立，労働運動，社会主義運動の高揚，人権思想・児童福祉思想の発展などの背景があり，国家が子どもをとり巻く社会的諸関係に介入するようになった。20世紀初頭には，社会福祉思想と運動が高揚し，世界的規模で子どもの保護・救済を軸とする立法と施策がとられてゆく[3]。

　本章では，現在の子どもの権利をめぐる状況を理解するために，日本における子どもの権利をめぐる思想史を手がかりとし，これからの子ども家庭サービスの課題について検討したい。

2　日本における子どもの権利思想の成立

1）明治の子どもの権利

　幕末には，たとえば「求めても当然のこと」と訳されていたオランダ

第1部　子どもの権利と社会的子育ての理論

語の regt という単語は明治維新期に「権利」と翻訳される。だが，ヨーロッパ生まれの権利思想の意味を理解するのは，封建時代そのままの明治初期の日本人には簡単ではなかった。

　1877（明治10）年12月に，尾崎行雄はスペンサー（Herbert Spencer；1820-1903）の"Social Statics"を『権理提綱』と訳して出版した。その中に「兒童の權理」と題した一節がある。「兒童も亦頼て以て幸福を得可き能力を有す，故に兒童と雖も之活動するの自由，即ち權理を有すること，豈に大人と異なる所あらんや」。子どもも幸せになる力をもっており，それを生かす自由がある。すなわち子どもも大人と同じように権利をもっている。これは当時の日本にとっては，まったく新しい考え方であった。

　明治政府は1872（明治5）年にいち早く学制をしき，教育制度を拡充した。資本主義の発展段階を基準としていえば，日本の公教育制度の採用は先進資本主義諸国と比べてむしろ早い。この時期にはやくも子どもの権利について議論が起こった[4]。

　ルソーの『社会契約論』を『民約訳解』（1882年）として訳出・刊行する直前の中江兆民は，『東洋自由新聞』1881（明治14）年で自由権について述べている[5]。人間には生まれながらの自由がある。しかし，親が教育を怠ってその子の自由を育てようとしなければ，自由は伸び育たない。それは親がその子の「權利ヲ剥奪スル」ということであると論じられた。兆民はフランス留学中に革命のプロセスを学び，フランス民衆の経験を日本の民衆に役立てようとした。フランス革命で民衆がせっかく獲得した自由をナポレオンに奪われたのは不学のためであり，時間をかけた計画的な無知の克服が民衆にとっての自由獲得の道であると考えた[6]。子どもの自由を育てるために教育があり，それが子どもの権利であると導く兆民の主張は，時代を遥かに先取りした優れた見解と思われる。

　政府が依頼した，仏法学者ボアソナード（Gustave Emil Boissonade；1825-1910）による民法草案には，「親権は父母の利益の為め之を与ふるものに非ずして，子の教育の為め之を与ふるものなり。（略）一切の権利は子に属し，父母は只義務を有するに過ぎず」と子どもの権利の優位性が

強調された。しかし，明治政府は草案を没稿とし，「大日本帝国憲法」(1889年) を公布した。

　政府は，殖産興業，富国強兵策を推し進めていく上で，労働力と兵力の資質を向上させるために公教育制度の整備を急いだ。それは，後進資本主義国として出発した日本が，先進資本主義諸国の仲間入りをして発展していくために必要な政策と考えられた。日本の公教育ははじめは欧化主義の影響のもとにあったが，徐々に儒教道徳を基盤とする徳育主義によって貫かれるようになった。こうした傾向は，1890（明治23）年の教育勅語の発布により決定的なものとなる。勅語の教えは，天皇を頂点とする家制度とその親子関係のあり様を子どもに教え込むものであった。

　2）児童労働と社会運動
　明治20年から30年代にかけて日本は産業革命を経験しつつあった。当時の家庭では7，8歳以上の子どもは大切な働き手であった。とくに子守りは子どもの代表的な仕事の一つであり，弟や妹を背負ったまま子どもたちが遊ぶ姿はよく見かけられた。やがて，日清戦争後の工業生産の発展とともに，それまで家庭でしか必要とされなかった子どもの労働が，家庭外からも「労働者」として必要とされるようになった。

　資本制工業生産は機械による分業を中心とし，あまり力仕事を必要としない。資本家が働き手として，賃金の安い女性と子どもに目をつけたのは当然であった。工業生産が拡大するにつれ，貧困層の子どもを含む労働状況は悲惨なものとなった。明治30年代前半の政府の調査によると，10歳未満の子どもが多数労働に従事しており，労働時間も平均15時間であった。子どもが従事した労働の中でも，もっとも高い割合を占めていたのは，子守・製糸女工であった。日清戦争後は工場の数が増え女工が多く必要とされたことに加え，女工経験者が里に帰り工場の仕事の厳しさを伝えたため，女工の確保が著しく難しくなった。そこで資本家たちは親たちの教育要求を察知して，工場内に学校を作り女工募集の宣伝とした。

　労働する子どもの保護についても，資本家の抵抗が強かった。明治20

年前後，日本の工業はまだ始まったばかりで，資本家たちは工場や宿舎の設備を改善したり労働時間を短縮すれば，先進国の工業に負けると考えた。しかし，明治30年代に入ると重工業も興り，男性労働者が増え，労働運動が組織されるようになった。子どもや女性の労働に対する保護立法（工場法）は1912（明治45）年に成立し，1918（大正5）年に施行された。

社会・労働運動は，日清戦争後の社会問題の高まりに対する社会改良の動きから形成され，国家や政治とは異なった「社会」という領域に目を向けた点で画期的であった。労働運動に関わった横山源之助は，貧民ルポルタージュを試み，社会学の古典である『日本の下層社会』(1899年)で劣悪な労働状況を明らかにした。横山は，日清戦争をきっかけに社会の尺度に変化があったという。それまでは，「人権の上に改良」が「行われ」ていたが，「日清戦役以来は経済社会は社会の中心となり」，「経済組織の欠陥に対する社会問題」が現れたと指摘する。

下層社会の社会問題の解決は国民教育の普及にあるというのが，この時期の社会・労働運動でとらえられた新しい視点であった。具体的に権利の内容を規定する「社会権」に関心を寄せた社会主義の人々は「国民の教育権」を取り上げ，その保障を主張した。彼らは，国民を教育するのは国家の義務であり，教育を受けるのは国民の権利と考えた。それは，スタートにおいて教育の機会から外されている貧困層の子どもたちとその生活の現状改善のために導かれた論理であった。貧富の差と教育の関係に目が向けられ，教育を経済的平等実現のための手段とみなしたのであった[7]。そこで，学校へ行くことがひとつの状況克服の解決策と考えられた。やがて，社会権としての国民教育の機会の獲得は絶対的な要求となってゆく[8]。

3　日本における子どもの権利思想の展開

1) キリスト者の権利思想

日本近代の権利思想の展開にキリスト者の働きは大きな影響を及ぼし

た。産業革命によって発展する過程で，都市では下層社会が形成されていった。とりわけ，日清・日露両戦間期には，産業資本の著しい発展や戦争などをきっかけとして多くの社会問題があふれ出した。なかでも広く社会的な関心を集めたのは，不良少年や犯罪少年の増加という問題であった。これらに対して成立したのが1900（明治33）年の感化法であった。すでに明治10年代後半から，近代的施設処遇はキリスト教を基盤として，石井十次・留岡幸助らにより始められていた。

石井十次は，1887（明治20）年「岡山孤児院」を，1890（明治23）年には，小橋勝之助が「博愛社」を設立している。石井は，青年期にキリスト教に接し，「最も憐れむべきものは，其の家貧にして不幸父母に離るる孤児」も「均しく是れ吾人の兄弟姉妹にして天父の愛子」[9]と述べ，「岡山孤児院十二則」の第一を「家族主義」とした。日露戦争前後の石井は，東北凶作地孤児の無制限収容を行ったため，児童は1200名にも達した。

1899（明治32）年には，アメリカの感化事業に学んだ留岡幸助が東京府巣鴨に家庭学校を設立した。それは処遇方法に基礎学力の賦与，農業を主とする労作，保健体育，宗教教育を取り入れようとするものであった。このような処遇方法についての考え方の変化を受けて，不良少年や犯罪少年に対する処遇方法は懲治主義から，しだいに普通教育や職業教育を重視する教育を中心とした方向に転換した。留岡は，「感化院設立に就き」で次のように述べた。それは，教育・処遇の結論は「家庭的感化」にあり，「貧窮なる家庭も公共組織に勝る」という主張であった。

キリスト教にもとづく婦人雑誌『女学雑誌』[10]を主宰した巌本善治は，1888（明治21）年に，女性と子どもを真に人間的に待遇するためには，旧来の儒教主義的な〈家族制度〉を克服し，欧米に見るごとき「ホーム」を建設せねばならぬと述べた[11]。1893（明治26）年には，巌本の妻，若松賤子が「子どもに付て」を『女学雑誌』に連載して家庭における「子供の権利の保護」を主張した。

大阪堂島生まれで，長老派旧日本基督教会の牧師であった田村直臣が書いた『子供の権利』（1911年）は，子どもの権利論として刊行された最初の書籍である。日曜学校に力を注いでいた田村は，子どもは神のも

ので子どもの権利は「神様から与へられた」ものと，信仰を基盤に子どもの権利論を形成した。子どもは親の所有物ではないとした上で，「よい教育を受ける権利」「意思を尊重してもらう権利」「遊ぶ権利」などを強調した。

　安部磯雄は，新島襄より受洗し，岡山教会の牧師となり，岡山孤児院の設立を目指す石井十次を支援し，アメリカとドイツで神学を学び，帰国後同志社の教師となるが綱領問題で辞職し社会主義運動に関わった。1917（大正6）年に『子供本位の家庭』(12)を著した。日本の従来の家庭は「夫本位の家庭」であり，欧米風の「妻本位の家庭」も良いけれども，「両親が自らを忘れて子供の幸福を図る，子供本位の家庭」をこそ宜しとしている。さらに彼は，『産児制限論』（1922年）で，産児制限の目的を「両親及び子供の幸福を謀ると同時に社会全体の幸福」を実現するために不可欠のものとみなした。ところが，やがてこの思想は，1926（大正15）年の日本優生運動協会の創立に結びつけられてゆく。

　この時代のキリスト教社会事業家は，子どもはすべて「神の子」ととらえ，子どもの権利保護のために，神を中心とした「家族」を重視した。その思想が，子どもには何よりも家庭的な愛情が必要という近代的家庭観を発展させることとなった(13)。

　2）家庭と子どもの権利
　明治期に登場した，家族員の情緒的結合を重視して捉える「家庭（ホーム）」観は確立し，子どもの「教育」を中心に「理想の家庭」を構築しようと，近代家族は方向を定めてゆく。この時期の特徴は，「遅れた」家庭を充実させようという家庭教育論の流れが，その対象とは異なる新中間層に受容・支持され，教育関心と結びつき展開するという構図である。

　大正期に入ると，悪税撤廃運動などの社会運動が活発に展開された。そして，いわゆる大正デモクラシーと呼ばれる土壌が形成され，子どもの権利思想も児童中心主義運動(14)を中心に展開をみせた。

　1919（大正8年）にエレン・ケイ（Ellen Key；1849-1926）の『児童の世紀』が翻訳され(15)，「子どもから」といったスローガンが広まった。

婦人運動の中心的な存在であった平塚らいてうは「母親が，子供にとって母親を最も必要とする或る期間だけ，生活のために労することなくその全人格を子供の世話に投じ得る迄に国家によって保護し，若しくは補助せられる日」を望み，それが「子供の権利」であると主張した[16]。恋愛から結婚への過程は生まれてくる子どもの権利によって制約され，結婚は健康な子どもを得るためである。子どものための充分な教育環境整備のゆとりが結婚の前提であり，そのゆとりの支援を国家の任務と主張した。

　内務省嘱託であった生江孝之は，1923（大正12）年に児童保護の必要性の根拠として「児童の権利」を含む6項目をあげた。生江は人間には生存の権利とより良く生活する権利があり，「父母が充分に子女の権利を擁護し徹底せしむる事が出来ぬならば，国家社会が之に代わらねばならない」と述べた[17]。

　1920年代から30年代にかけて，第1次大戦の好景気から戦後の反動不況，更に昭和恐慌が追い討ちをかけ，国内における社会問題の激化による社会不安が増大した。失業と窮乏は大量の欠食児童，親子心中，人身売買の頻発，不良青少年の増大など，おびただしい子どもの問題を生み出した。恐慌による不況によって子どもの生活は危機的な状況にあり，東北の村には娘身売りの相談所さえ存在した。農村から年季奉公として都市に売られてきた少女たちは，雇い主の虐待行為の犠牲となるようになった。その結果，労働運動や社会主義運動が勢いづき，これらの問題に直面した政府は，社会運動の弾圧を図りつつ，対応策を講じなければならなかった。そこで成立したのが，次の一連の立法であった。

　まず，1929（昭和4）年に成立した救護法が1932（昭和7）年施行され，1933（昭和8）年に少年救護法と児童虐待防止法，そして1937（昭和12）年に母子保護法が成立した。しかし，これらの立法の内実は日本における資本主義の発展を反映し，著しく制限的なものでしかなかった。さらなる対応を迫られた行政側は「社会事業」を拡充するようになった。

　1930年代は新中間層を担い手とする近代家族の確立の時期で，教育熱心が特徴である[18]。1930（昭和5）年，文部大臣は訓令第15号「家庭教育振興に関する件」を発し，各地で文部主宰の「家庭教育指導者講習会」

第1部　子どもの権利と社会的子育ての理論

と成人教育講座の一部として「母の講座」（後の「家庭教育講座」）が特設された。これらの講習会や講座，また小学校を中心とした「母の会」等の婦人団体[19]では，当時アメリカを中心とする西欧各国で大きな展開を見せていた「両親再教育」が取り上げられた[20]。

　上村哲弥によると，両親再教育の定義は次のようである[21]。「家庭の教育的機能と教育者たる両親の職責との重大性に鑑み，汎く世の両親の自覚を促し，一定の組織方法の下に，家庭生活並びに児童教養に関する基本知識と訓練とを与ふるを以て目的とする社会的教育運動」。また,「この運動は初め両親の自発的運動として発生したものであるが，現在は国家社会がその重要性を認識し，多くの公的機関が積極的に指導的地位を取って居る」と，家庭から発した教育関心が，国家主導でシステム化されたことが見て取れる。

　1934（昭和9）年には，恩賜財団愛育会，その他公私の各種教育相談所・健康相談所・児童研究所等においても母親に対する個人的指導が行われるようになった。

　家庭における子どもと親の関係に端を発した子どもの権利論は，親は子どもに何をなすべきかといった点が主要な関心事となり展開していった。やがて子どもを生きる主体とみるようになる子どもの権利論は，為政者の思惑を超えて新しい「家庭」イメージに伴走され，大正期の展開につながってゆく。さらに，子どもの権利論の主要な担い手である日本近代のキリスト教社会事業家は，子どもはすべて「神の子」ととらえ，その子とのつながりを神を中心とした「家族」とみなした。その思想が，子どもには何よりも家庭的な愛情が必要という近代的家庭観と結びつき，子どもに愛情を注ぐ「家庭的であること」に価値が置かれるようになった。

　成立した新中間層による近代家族は，愛情によって結びついた家族であり，それまでとは異なった形の家族となった。ところが，国家が主張した家制度を継承する「家」ではなく情緒的結びつきをベースにした「家庭（ホーム）」を志向した近代家族は，その中核として「子どもの教育」を選択した。彼らの愛情の具現は，キリスト者たちが当初考えたものとは異なった。

3）マンパワー形成と子どもの権利

1938（昭和13）年には厚生省が新設され，その中に児童課が置かれた。この時期になると，子どもの問題はいつも「国家将来の発展」，「東亜の新秩序建設の大業」という観点からとらえられた。児童福祉の内実も戦争遂行のための「健民健兵」育成策であった。さらに1940（昭和15）年には国民優生法が公布された。これはナチス・ドイツの断種法にならったもので，「遺伝性精神病，精神薄弱，病的性格，強度の奇形」などの「不健全者」の断種と「健全者」の産児制限禁止を定めたものであった。

終戦後，日本国憲法が1946（昭和21）年に制定され，その規定を受けて，1947（昭和22）年に，教育に関しては教育基本法が，児童福祉に関しては児童福祉法が定められた。さらに先行する諸立法の子どもの権利関係規定を大きくまとめ，新しい子ども観を提示し児童行政を確立していくために，1951年5月5日に「児童憲章」が制定された。この憲章は，国連での子どもの権利宣言（1959）に先立つ日本の子どもの権利宣言といえる。しかし，それは当時の子どもの生活や権利に対する理解の不充分さを反映して，大人が子どもに対して行う社会的な約束として制定されるに留まった。

1950年代の児童保護から児童福祉へという変化は，児童福祉が経済の拡大に対応する労働力育成策として位置づけられる中ではじめて可能になった。1960（昭和35）年8月の中央児童福祉審議会答申「児童福祉行政の刷新強化に関する意見」では，経済成長を支える労働力の確保という観点から子どもの福祉はとらえられた。これは，1960（昭和35）年12月の経済審議会の池田内閣への答申である「国民所得倍増計画」につながるものであった。

日本経済の急激な拡大は，弱者である子どもの生活に影響を及ぼし，さまざまの社会問題を生んだ。たとえば，地方から都会への子どもたちの集団就職は，低賃金労働力の確保がその目的であり「金の卵」とよばれた。また，生活環境の悪化が進行し，昭和30年代に入ってすぐから，子どもたちは水俣病，森永ヒ素ミルク中毒事件などの犠牲となった。その数は，1961（昭和36）年のサリドマイド事件，1962（昭和37）年の四日市ぜんそくなどによって急激に増えた。政府にとっては，子どもの状

況が危機的で重要な政策課題となった。それはなによりも日本の経済成長にとって将来痛手となる問題であったからである。

1963（昭和38）年1月に「人的能力政策に関する答申」を提出した経済審議会は，子どもを「労働力供給の源泉」とみなした。ここでは，子どもの死亡を「労働力の損失」という見地から防止しようとし，児童手当は，子どもの「能力を十分に開発するための手段」と考えられた。近代日本の福祉国家としての枠組みは，「マンパワー形成」という価値に収斂されたのである。

1970年代の高度成長期を経て，80年代以降，子どもをめぐる社会的な問題が噴出するようになった。そこでようやく，「マンパワー形成」としての子育てが問題視されるようになり，90年代に入って，学校・地域・家庭が連携した社会的子育てが目指されるようになった。しかしながら，社会が自由化にシフトする中で，子どもに教育投資する「マンパワー形成」から自由になり，ひとりひとりの子どものもつ価値を認め，子ども達同士の豊かな関係を仕掛けることは，国家にとっても保護者達にとっても難問であり，21世紀の大きな課題として立ち現れている。

4　子ども家庭サービスの課題

近代になり，家族は子どもへの愛情の具現として，将来の豊かな暮らしや人並みの暮らしを手に入れるため，教育に関心を向けた。一方，国家は，「国家将来の発展」という地点に「子どもの最善の利益」を位置づけ，人材としての子どもを確保するため教育に注目した。ここに，産業化の進展と共に，子育てが能力主義政策の後押しを受け，近代家族の教育要求と結合したという構造が浮かび上がる。結果として，家庭の近代化は，家庭が教育以外の関心を子どもの育ちに向ける可能性を著しく縮小させることとなった。

これは，養護児童の生活にも大きな影響を与えた。学校教育を通して子どもの将来は振り分けられる。この社会配分システムは，子どもが育つ文化的背景の違いを明らかにする。その時代と社会にとって価値をも

つとみなされる能力により，その子の将来は決められる。こうした状況への対応策として，権利保障という名の下に，子どもに能力をつけることを保障するといった原理が目指された。しかし，ここで選ばれた学習権保障という考え方は，社会における教育のシステムが序列を目的に成立している限り，今までと同じ資本主義的秩序を維持するにすぎないという限界があった。

　今，望まれているのは，その社会的枠組みを問い，制度においても思想においても，子どもたちひとりひとりがもつ多様な価値を認める社会を再構築することであり，そこに子どもの権利を保障する意味があるといえよう。

　これからの子ども家庭サービスを考える上で，たとえば，「子どもの最善の利益」といえども歴史的所産であり，一定の社会的枠組みを通して表現されるという点は私たちにとって大切な視点である。

　持田栄一は，次のように言う。一般に，子どもの権利を保障していくためには，幼稚園や保育所の機能を広げたり，教育の機会を拡充したり，子どもサービスに従事する人々の勤務条件を整備したりすることが実践的課題と考えられる。しかし，現在，われわれの周囲においてみられる子どもの現実をみると，子どもの権利を保障していくためには，「それに先立って，現代社会においては子どもの生命と生存と生活がきわめて不安定な状況にあることに注意し，そのような現実を打開していくことから出発しなければならない[22]」。

　このように考えてくると，現代において子どもの権利を実現するとは，子どもをめぐる矛盾を解明し，子どもの人間性と生活の尊重を中心に福祉国家の問題を明確にし，本質をとらえかえしていくことが必要だと言える。それは「国家」と「市民社会」を対置させ，問題とするのではなく，両者を貫いてみられる矛盾を改善してゆく途を探求することである。そのためには，「親」を主体とする子どもの私的責任の体制を超え，子育てを「社会化」し，「共同化」していくことが必要である。

　とりわけ，これからの子どもをめぐる議論においては，今まで見過ごされてきた個人の価値観の成熟が注目される。その方法は，道徳やモラル，あるいは国家意識の押しつけで機能しなかったことは歴史が実証し

ている。社会を形成する個の価値観は，自らの周りで共に生き合う人々との関わりの中で成熟させられ，拡がってゆく形が目指される。すなわち，私たちひとりひとりが現代社会をどのようにみつめ，何に生きがいを求めていくかということと密接に関わっているのである。

(1)　ホッブズ『リヴァイアサン』1651年。
(2)　たとえば，ジョン・ロック (John Locke；1632-1704) は『市民政府論』(1690年) で，子どもは「みずから独立できるまでは，彼ら夫婦によって養育される権利をもっている」と述べた。この「養育」は「教育」と同義語である。また，フランス革命直後にコンドルセ(Marquis de M.J.A.N.C. Condorcet；1743-1794) はこう言った。「自然権には，自分の子どもたちの幼児期を監督し，かれらの知識を補充し，その脆弱さを擁護し，生得的な理性を指導し，幸福になるようにかれらを準備するという権利が含まれている」。ここに「親の教育権」の理論的根拠がある。
(3)　第1次世界大戦 (1914-19) 後，イギリスの児童救済基金団体が「世界児童憲章」(1922)を作成。1923年には児童福祉のための国際機構(International Union for Child Welfare) が「児童の権利宣言」を発表し，翌年，国際連盟がそれを採択し，「ジュネーヴ宣言」(1924) と呼ばれた。これは，子どもの権利が国際的規模で考えられた最初のものである。第2次世界大戦 (1939-45) 後作られた国際連合は，「国連憲章」(1945)，「世界人権宣言」(1948) を相次いで送りだした。国際的な子どもの人権宣言に，国際連合によって世界に呼びかけられた「児童の権利に関する宣言」(1959) がある。これらの宣言における子どもの位置づけは社会的弱者に対する保護主義であり，主体者としての人権保障への転換は1960年代から活発になる。1966年には，法的拘束力をもつ国際人権規約が制定された。審議過程で，ポーランドが子どもの権利に関する条文を設けたいと提案し，「市民的及び政治的権利に関する国際規約」(B規約) に「児童の権利」(第24条) を組み入れることになった。これは，子どもを権利主体とした条文を含んだ最初の条約となった。
　「児童の権利に関する条約」(以下，「子どもの権利条約」という) は，1989年1月20日，第44回国連総会で採択された。この条約は前文と54条から成る。子どもに大人と同じ市民的自由を認めているところがこれまでと異なる。18歳未満のすべての者を「子ども」とし，意見表明権 (第12条) のほか思想・信条や表現の自由，プライバシーの保護，障害のある子どもの自立など幅広い権利を保障している。日本では，1994年5月22日に「子どもの権利条約」が発効した。この条約の批准によって，日本は2年後に日本の子どものおかれている状況について，国連子どもの権利委員会に対して報告をしなければ

ならない義務を負った。1998年5月に国連本部で日本の報告・審査が行われ，委員会から22項目にわたる勧告がなされた。たとえば，法務局に置かれている子どもの人権専門委員はオンブズパーソンとしては不十分と指摘された。また，教育制度が極端に競争的で，子どもに否定的な影響を及ぼしているため適切な措置をとるよう勧告された。この他，児童虐待に対するデータの収集や子どもからの申立システムの強化，障害をもつ子どもたちの社会参加の強化，家庭，養護施設などでの体罰禁止など多くの提言がなされた。国連の勧告に法的な強制力は無いが，5年後の審査で今回の勧告が実行されたかどうかが検討の対象になる。

（4） 1881（明治14）年の1月には，前年末に出された教育令の改正を受け，義務教育の是非についての論争が起こった。賛成派の民権家，赤松常次郎は「子女の権理」として義務教育が必要であると『教育新誌』で論陣を張った。

（5） 拙稿「子どもの権利論と明治の子ども」『子どもの生活世界と人権』柘植書房，1995年。

（6） 他に，兆民の影響を受けた植木枝盛が1886（明治19）年に『土陽新聞』の「親子論」の中で「子権」を論じた。

（7） 近代化のための就学政策は徐々に浸透し，1899（明治32）年には70％を超えた就学率は，3年後の1902（明治35）年には90％を超え，大正期には就学は定着していく。

（8） 日本最初の教員組合啓明会を作った下中弥三郎は『婦女新聞』（1904年）に「子供至上論」をよせ「子供は一切の主権者」と説いた。やがて下中は，学習は義務ではなく権利であると「学習権」を主張する。それは，「『文化』という社会的遺産の『分け前』に公正に与かる権利」の主張であった（『教育再造』1920年）。

（9） 石田祐安『岡山孤児院』岡山孤児院新報社，1900年，60頁。

（10） 1885（明治18）年7月創刊，1904（明治37）年2月廃刊。巌本善治の編集（第24号以降）。北村透谷，島崎藤村らの寄稿者を集めて，後の『文学界』の母胎となった。

（11） 巌本善治「日本の家族」『女学雑誌』96～102号，1888年。

（12） 安部磯雄『子供本位の家庭』実業之日本社，1917年。

（13） 公教育の制度化と並行して，第1次大戦（1914～18年）前後における新中間層の増加とそれに伴う核家族化，専業主婦の大量出現は，子どもの教育を中心に理想の家庭を構築しようとする「近代家族」を誕生させた。

（14） 日本では大正期を中心に，エレン・ケイなどの新教育運動の影響を受け実践された思想。基本的な立場として，子どもの問題を「児童から」決定しようと主張された。

（15） 『児童の世紀』は，エレン・ケイによる"The Century of the Child"(1900年)の大村仁太郎訳『二十世紀は児童の世界』(1906年)の新訂6版として

(16) 平塚らいてう『婦人と子供の権利』天佑社，1919年。
(17) 生江孝之『社会事業綱要』1923年。
(18) 都市の山の手の小学校は，受験準備を要求する父母の声によって，中等学校への進学の準備に熱心にならざるを得なくなっていた。東京の名門小学校では，昭和戦前期には多くの越境入学者を抱え，学校にやってきて教室を窺い歩く母親がおり，「廊下すずめ」と呼ばれた。また，欠席した子どもの代わりに授業を受ける母など，早くも受験体制における母親の姿が見え始める。
(19) 同年12月には文部省主導で，全国の婦人をこの目的のために連合する大日本連合婦人会の創設を見るに至った。
(20) 職場である南満州鉄道株式会社（以下，満鉄とする）から米国留学した上村哲弥は，1928（昭和3）年，満鉄副総裁松岡洋右の支援により，日本における実験心理学の開拓者の一人である松本亦太郎を会長に，顧問には初代満鉄総裁，後藤新平と東京帝大時代の恩師，新渡戸稲造を迎え，日本両親再教育協会（1950年に両親教育協会と改称）を設立した。1932（昭和7）年には大阪中央放送局編『両親再教育』が日本放送出版協会から，1936（昭和11）年には児玉九十『両親教育』が主婦之友社から出版されている。
(21) 上村哲弥「両親再教育」城戸幡太郎ら『教育学辞典』岩波書店，1936年。
(22) 持田栄一『学制改革』国土社，1973年，129頁。

2 子どもの福祉と健全育成

子どもの遊ぶ権利の保障

［望月　彰］

はじめに

　まだ寝返りもできない赤ちゃんが，自分の腕を高くかざして，何かぶつぶついいながらいっしょうけんめいに指を動かしている光景などを思い起こすと，それはまさに，遊びの世界への門出ともいうべき光景といえる。自分の意思のとおりに動く指を見て，好奇心を味わいながら楽しんでいるようにも思われる。平安朝末期の歌謡集「梁塵秘抄」には，子どもが遊ぶ姿から受けた感銘をつぎのように詠んだ歌がある。

　　　遊びをせんとや生まれけむ，戯れせんとや生まれけん，
　　　遊ぶ子供の聲きけば，我が身さへこそ動がるれ

　いつの時代においても，無邪気に遊ぶ子どもの姿は，人間の純粋なよろこびの表現であり，見ているものにもそれを伝えてくれる。子どもが人間らしく生きていくためには，たっぷりとした安らぎの時間とともに，このような子どもの遊びの世界が充分にみたされ，人間的な好奇心や夢が自由にひろがるような環境が必要である。
　そのことをみごとに示しているのが子どもの権利条約第31条である。そこでは，子どもの基本的権利の一つとして「休息・余暇・遊び，文化的・芸術的生活への参加」の権利についてつぎのように定めている（以下，子どもの権利条約の引用は政府訳による）。

> 1　締約国は，休息及び余暇についての児童の権利並びに児童がその年齢に適した遊び及びレクリエーションの活動を行い並びに文化的な生活及び芸術に自由に参加する権利を認める。
> 2　締約国は，児童が文化的及び芸術的な生活に十分に参加する権利を尊重しかつ促進するものとし，文化的及び芸術的な活動並びにレクリエーション及び余暇の活動のための適当かつ平等な機会の提供を奨励する。

21世紀の児童福祉において子どもの健全育成を進める場合，子どもの権利条約第31条はその基本理念を指し示すものではないだろうか。本稿では，これらを，広義に子どもの「遊ぶ権利」としてとらえ，こんにち特に問題があると思われる「遊びの商品化」との関係で，公的児童福祉とりわけ児童館・学童保育の意義・役割を考えてみたい。

1　子どもの遊ぶ権利

1）子ども固有の権利としての遊ぶ権利

子どもの権利条約第31条は，子どもの「休息（rest）及び余暇（leisure）」に対する権利とともに，「児童がその年齢に適した遊び（play）及びレクリエーションの活動（recreational activities）を行い並びに文化的な生活及び芸術に自由に参加する権利」について定めている。また同時に，国は，これらの権利を尊重し，その実現を促進し，そのための「適当かつ平等な機会の提供を奨励する」責任を有することを明記している。

子どもの遊ぶ権利に関する規定は，世界史上はじめての子どもの権利章典ともいうべき「ジュネーヴ宣言」（1924年国際連盟採択）には見られないが，第2次世界大戦後の「子どもの権利宣言」（1959年国際連合採択）では，その第7条に「児童は，遊びおよびレクリエーションのための十分な機会を与えられる権利を有する」と規定されている。ただし，この条文は主として「教育を受ける権利」（to receive education）を規定したものであり，「その遊びおよびレクリエーションは，教育におけるのと

同じ目的に向けられなければならない」とされている。つまり、子どもの遊ぶ権利が固有の目的を持つ権利として規定されたものではない。

子どもの遊ぶ権利について、その固有の価値や目的を明示したものとしては、「子どもの遊ぶ権利のための国際協会」(IPA) による「子どもの遊ぶ権利宣言」(1977年11月) が注目される[1]。そこでは、子どもの遊びについて次のように定義されている（IPA 日本支部訳）。

> 遊びは、栄養や健康や住まいや教育などが子どもの生活に欠かせないものであるのと同じように、子どもが生まれながらに持っている能力を伸ばすのに欠かせないものです。
> 遊びでは、友達との間でそれぞれの考えや、やりたいことを出し合い、自分を表現します。遊ぶことで満ち足りた気分と何かをやったという達成感が味わえます。
> 遊びは、本能的なものであり、強いられてするものではなく、ひとりでに湧き出てくるものです。
> 遊びは、子どもの体や心や感情や社会性を発達させます。
> 遊びは、子どもが生きていくために必要なさまざまな能力を身につけるために不可欠なものであって、時間を浪費することではありません。

子どもの権利条約第31条に規定された遊ぶ権利の趣旨は、この「宣言」と共通するものであろう。遊びは、子どもが子どもとして存在するうえで不可欠のものであって、無条件に保障されなければならないという考え方がその基底にある。つまり、子どもの遊びは、健康のためとか人格形成のためといった、何か他の目的のために必要なのではなく、遊びそのものに権利として保障されるべき価値があるということである。子どもの遊ぶ権利は、おとなの権利を含めた一般の人権規定には見られないことからも、子ども固有の権利を象徴するものであるといえる。

ところで、子どもの遊ぶ権利が子ども固有の権利であるというとき、その特質はどのように考えるべきであろうか。子ども固有の権利であることの根拠については、IPAの「子どもの遊ぶ権利宣言」に的確に示さ

れているが，そこで保障されるべき遊びの本質や内容はどのようなものとして考えたらよいだろうか。

　それは，いわば「おとなの遊び」に対して「子どもの遊び」とは何か，という問題でもあり，改めて考えてみるとなかなか説明困難なテーマである。すべての人間がその生涯の一時期すなわち子ども期に体験し，また多くの場合その体験を共有しているにもかかわらず，その受けとめ方は人それぞれで異なっているといってよいほどの多様性をもっているといえる。子どもの遊びには，歴史を貫く伝承性や社会の違いを超えた共通性が見られると同時に，地域や文化，民族，社会階層さらに個々の子どもや子ども集団による異質性や特異性あるいは独創性が見られ，またそこにこそ，子どもの遊びの本質を見ることもできるのである。

　一般に，人間が生きていくためには，衣食住を確保するための生産的活動が不可欠であるが，同時に，食事や排泄，睡眠や休息などの非生産的ないとなみもまた不可欠である。遊びは，いうまでもなく非生産的ないとなみであるが，とりわけ子どもにとっては，食事や排泄，睡眠や休息などと同様に，生きていくうえで不可欠ないとなみである。そのことは，古歌にもうたわれたように説明を要しないことであり，子どもの生来的権利であるということができる。

　逆に，遊びを奪われた子どもは，子どもとしての存在をも奪われる。こんにち私たちは，そのような現実を，戦争，飢餓，貧困，差別の下で暮らすことを強いられた子どもたちに見ることができる。あるいは先進国においても，犯罪，環境破壊，家庭崩壊，受験競争などに苦しんでいる子どもたちに見ることができる。そうした状況の原因は，少なくとも，子ども自身にはいっさいない。したがって，遊びを奪われた子どもたちに遊びを取り戻すこと，また，子どもたちから遊びが奪われないようにするとともに，より自由に，より豊かに遊びの機会を保障することは，各国の社会的責務であるといわなければならない。そのような意味でも，遊びは子どもの権利であるといえるのである。

　要するに，子どもの遊ぶ権利は，おとなが，あるいは国家が権力的に介入することのできない，また許されない自然権であると同時に，それが奪われたり奪われかねない状況を阻止するとともに積極的にそれを保

障する責務を国家が負うべき社会権なのである。

2）子どもの遊びの歴史

　遊びは，本来的には非生産的ないとなみであるが，子どもにとっては将来の生産的活動のための諸能力を育てるという側面を持っている。子どもの遊びのなかでは，体力，気力，好奇心，冒険心，自然認識力，そして「社会力」(2)などが発揮され，いっそう育まれる。子どもを「未来の労働力」あるいは「未来の国民」としてとらえるとき，このような遊びの教育的意義はきわめて重要である。その意味から，従来子どもの遊びの意義が論じられる場合には，遊びは，「子どもの人格形成にとって不可欠であり，有意義であるから」保障されなければならないという考え方が主張されてきた。

　その点では，子どもの学び，すなわち学習活動もまた，直接的には生産的活動ではないが，遊び以上に，将来の生産的活動のための諸能力を育てるという側面を持っていることを再確認しなければならない。子どもの学びを促す教育のいとなみが組織化され制度化された学校教育においては，むしろ未来の労働力・国民形成こそが目的化されているといえる面さえある。しかしながら，1985年3月29日のユネスコ成人教育パリ会議で採択された「学習権宣言」で確認されたように，学びは，単に人間的発達や生活水準の向上あるいは経済発展のためのものではなく，人間の生存にとって不可欠の手段であって，あらゆる人間的活動の前提条件である。学びそのものの価値が，基本的人権として再確認されているのである。人間にとって，とくに子どもにとって，学ぶことそのものが本来的欲求であるし，喜びでもあるということは，教育制度の発展との関連のなかで決して見失ってはならない原点なのである。

　従来から，子どもには「よく遊びよく学べ」ということが，よく言われてきた。遊びは，学び，すなわち学校の勉強と同じくらいに人格形成にとって大事なことであるという考え方である。また一方で，子どもには「遊んでばかりいないで勉強しなさい」ということも言われてきた。逆に，遊びは人格形成を妨げるという考え方である。いずれにしても，遊びそのものの価値は軽視されてきたといってよい。今後は，子どもの

権利条約第31条の趣旨をいっそう発展させて，子どもの権利としての遊びの固有の価値を実現することが求められるのである。

ところで，子どもの遊びだけでなく，またむしろおとなの遊びは，本来的には非生産的ないとなみであるとはいえ，人類の歴史のなかで，それ自体がひとつの産業となり，また休息や余暇を提供する産業とも関わりながら発展し，これによって生計を確保する職業階層も形成され，拡大してきた。その中には，飲食・遊興産業あるいは賭博・ギャンブルとして発展したものもあり，また一方で，文化・芸術あるいはスポーツとして，さらにそれらに関連した産業として発展したものもある。人類の歴史のなかで，遊びは，広い意味での生産的活動へと転化してきたといえるであろう。しかしながら，これらはすべておとなの世界でのことであった。

子どもの世界での遊びは，その意味では，遊びの本来的な性格を維持し続けてきたといえる。子どもの遊びの産業化のためには，子どもの遊びそのもの，さらには子ども自身の社会的価値ないしは経済的価値への着目が不可欠であるが，人類史のなかではそのような着目は長い間なされてこなかったということでもある。端的に言えば，子どもの遊びは金儲けの対象にはならなかったのである。そのため，子どもの遊びは，いわば手つかずの原生林のような本来的な性格を保ってきたのである。しかし，産業革命以降の産業構造や生活構造の変化に伴って，子どもの遊びも急速に変容し，いわば原生林の「開発」が進むこととなった。

その変容の第1は，子どもの遊びの消滅である。19世紀以降のいわゆる先進工業諸国における工業化や人口の都市集中，また他方における農村や植民地諸国の自立的産業基盤の衰退は，子どもの生活様式にも多大な影響を与えた。しかし，子どもにとって産業革命がもたらした最も重大な影響は，賃労働としての児童労働の拡大であったといえよう。産業革命による労働の非熟練化と分業化は，子どもの社会的価値とくに低賃金労働力としての経済的価値への着目をもたらしたが，それは搾取の対象としての子ども観に基づくものであった。工業先進諸国では，多くの子どもが工場にかり出され，子どもの世界から遊びが奪い取られることになった。結果的に，子どもの遊びは消滅を余儀なくされたのである。

第2の変容は，子どもの遊びの統制である。20世紀に入ると，第1次世界大戦によって促進された総力戦体制のなかで，子どもの生活の中にもしだいに軍事的色彩が入り込んでいった。とくに日本においては，1931年の文部省通知「校外生活指導ニ関スル件」などを契機に，少年団活動の組織化など学校外における子どもの軍国主義的組織化が急速に進んだ[3]。ここでも子どもの社会的価値への着目があったが，それは未来の兵士としての子ども観であった。子どもの遊びは，学校教育と同様に，健民健兵育成という国策遂行のために統制され，結果的に，子どもの遊びの自由が奪われることになったのである。

　第3の変容は，子どもの遊びの擁護である。工業先進諸国では，19世紀の児童労働や乳幼児死亡の惨状をふまえて，しだいに児童保護の運動が広がった[4]。20世紀に入ると，1924年には国際連盟総会で「子どもの権利に関するジュネーヴ宣言」が採択されるなど子どもの権利擁護の歴史的展開が見られた。また同時に，子どもの個性を尊重する児童中心主義の思想や運動が展開し，子どもの遊びを社会的に擁護するとともに創造的に発展させようとする運動が広がった。たとえば，絵本や童謡，児童文学などの創作活動をはじめとする児童文化運動が起こるなど，子どもの世界の固有の価値を再評価しつつ，子どもの遊びを社会的に保障する運動が起こったのである[5]。このような運動の基盤には，子どもの遊びの領域が消費市場として成立しはじめたことと，これに対応した生産力の拡大と技術革新があったことを無視できない。たとえば，伝承的な遊びやおもちゃが衰退していく反面，商品としてのおもちゃの生産・消費が拡大しはじめ，さらにディズニー映画をはじめとするアニメ映画など，新しい子ども文化の物質的基盤が形成され，子どもの遊びの産業化が進行していくのである。

3) 現代日本における子どもの遊び

　第2次世界大戦後とりわけ1960年代の高度経済成長期以降，工業先進諸国において子どもの遊びの産業化は急速に拡大した。これに拍車をかけたのは，テレビの開発，普及を牽引車とするマスメディアの発展であった。同時に，石油化学産業の発展とともに安価で「綺麗な」プラスチ

ック製のおもちゃが商品として大量生産され，全国的に市販されていった。これらによって，全国的・画一的に子どもたちの関心や購買意欲がかき立てられ，子どもの遊びやおもちゃに流行が作り出され，子ども文化に商業主義が浸透していった。

また，高度経済成長期には，子どもの遊びの舞台ともいうべき地域の自然環境の破壊，遊びを伝承してきた地域の社会・文化環境の消滅と再編が，急速かつ大規模に進行した。子どもの遊びの産業化・商品化と相まって，従来の，木，紙，竹などの自然素材による手作りおもちゃは駆逐され，地域の伝承遊びや伝統的な子ども文化は消滅していった。

そのような意味で，高度経済成長期は，子どもの遊びの歴史的な転換期であるということができよう。その後も，テレビゲームの普及・展開に象徴されるように，コンピュータをはじめとする先端科学技術が子どもの遊びやおもちゃの分野にほぼ同時的に応用されるなど，子どもの遊びは社会の経済活動の一部に組み込まれていき，子どもの世界そのものが消滅の危機に陥っているといっても過言ではない状況がもたらされているのである[6]。

2 児童厚生施設

1) 戦後改革と子どもの健全育成

子どもの権利に関する思想は，第1次世界大戦における子どもの犠牲をふまえて採択された「ジュネーブ宣言」を出発点に，しだいに国際的な合意が形成されはじめた。しかし，ファシズムと第2次世界大戦によって，再び未曾有の子どもがその生活を脅かされ，生命を奪われた。戦後，国際連合は，その惨禍をふまえて，「世界人権宣言」に加え，1959年に「子どもの権利宣言」を採択した。

日本においても，「政府の行為によって再び戦争の惨禍が起こることのないようにすることを決意し」，平和，民主主義，基本的人権尊重などを基本精神とする日本国憲法を確定するとともに，このような新しい国づくりを目指した戦後改革の胎動のなかで，1947年12月12日に児童福

祉法を制定した。その総則では、児童の健全育成がすべての国民の義務であり、また保護者とともに国及び地方公共団体の責任であること、そしてこれが「児童の福祉を保障するための原理」であることが明記された。すべての児童の健全育成をはかることが日本の児童福祉の基本理念とされたのである。

日本の児童福祉におけるこの児童健全育成の理念は、歴史的には児童保護の理念に対して一歩前進した理念としてとらえることができる。すなわち、一部のいわゆる要保護児童を対象とした救済保護施策のための法律という考え方に対して、すべての児童が健全に生まれ、育ち、愛護されるための基本法としての考え方を顕わしている。そこでは、要保護児童はもちろんのこと、いわゆる一般児童についても、その健全育成が児童福祉の法制度、政策・行政、実践・事業において考慮されるべきことが明示されたのである。

ただし、このような考え方は児童福祉法の立法過程の当初からあったものではなかった。審議開始当初の法案の名称は「児童保護法」であり、1946年10月に発表された「児童保護法案要綱（大綱案）」では、その目的を「この法律は、児童虐待の防止をなすとともに児童保護施設を整備し、保護者の養育と相俟って児童それぞれの資質に適応した保護育成を図り、もって児童の生活権を保障するとともに保護者の生活を豊富にすることを目的とすること」としていた。法案の柱も「児童保護施設」に関する規定を中心とするものであった。なお、この法案では、児童保護施設を「普通児童保護施設」と「特別児童保護施設」とに二分し、「普通児童保護施設」のなかに「児童文化施設」を入れていた[7]。児童保護の一部には児童文化など「育成」的要素が含まれるべきものと考えられていたことを伺わせるが、戦前のセツルメントや隣保館の「児童クラブ」や「子供クラブ」などの思想的系譜を引き継ぐ救貧対策的な発想に基づくものであるともいえる[8]。

児童保護から児童福祉に名称が変更したのは1947年1月の「児童福祉法要綱案」であった。そのさいそこでは、前文に相当する「児童憲章」が掲げられ、「すべて児童は、歴史の希望として、心身ともに健やかに育成されなければならないこと」と謳われた。児童保護法から児童福祉

法への名称変更に伴って，法案の子ども観は「保護の対象から歴史の希望へ」と大きく発展し，同時に法案全体の基本理念もまた，保護から健全育成へと発展したというべきであろう。その後約1年間の審議のなかで，「児童憲章」の名を冠する前文はなくなったものの，すべての児童の健全育成という理念は成立法に引き継がれることとなったのである。

このように，児童福祉法は，要保護児童を含むすべての児童の健全育成を基本理念として成立した。実際に規定されている諸条項を見ると，その多くは，要保護児童を対象とした施設・事業に関する事項が占めているのであるが，そのなかで，特定の要保護児童ではなく，いわゆる一般児童を対象とした施設として児童厚生施設が規定されたことは，前述の審議の流れから見て注目に値する。

すなわち，児童福祉法第40条で，「児童厚生施設は，児童遊園，児童館等児童に健全な遊びを与えて，その健康を増進し，又は情操をゆたかにすることを目的とする施設とする」と定めているのである。およそ子どもに関する法律の条文のレベルで「遊びを与える」ことを明記した条文は他にはない。たとえば，保育所や幼稚園にしても，実際には「遊び」を中心とした活動を展開しているのであるが，法律上は「保育する」施設であることが規定されているだけである。また，保育所は「保育に欠ける」乳児，幼児または児童が対象であり，幼稚園は3歳以上，小学校就学までの幼児のみを対象としているのである。

2）児童厚生施設の現状

児童厚生施設は，「児童に健全な遊びを与え」る児童福祉施設として児童福祉法に規定され，すべての児童が「よい環境のなかで育てられる」（児童憲章，1951年）ように，という戦後当初の人々の願いに応えるべきものとしてその充実が期待された。1948年の厚生次官通知「児童福祉施設最低基準施行について」では，「軌道会社の設ける遊園地や百貨店の一室を遊び場としているような施設は問題であるが，法にいう児童福祉施設となると公租公課を免除されることを考慮し，そのような公的保護をなすことが適当とみられ，かつ，その施設の収支が主たる事業から独立し，責任ある管理者が居る施設であつて，児童の福祉を目的とするも

2 子どもの福祉と健全育成

のであればこれに含まれるものとして扱われて差し支えない」とし、また「児童厚生施設がきわめて不整備である現状に則し、本条の適用に当たってはこの基準に適合しない理由をもって既存のものを廃止したり、新設を見合わす等のことのないよう、簡易なものを数多く設け、漸次これを基準に適合するような施設に拡充発展せしめるような着意をもって指導せられたい」とその拡充を促した。しかし、当時の社会情勢は、国も自治体も財政的には窮乏状態にあり、加えて戦災孤児、引き揚げ孤児、浮浪児の保護収容や生活の貧困、社会秩序の混乱のなかで急増した非行児対策に追われ、児童厚生施設の設置等一般児童を対象とした公的施策はほとんど採られなかった。

ようやく公立児童館が建設されるようになったのは、1963年に児童館への国庫補助金の制度が始まるころからである。その背景には、東京など大都市部における生活環境破壊の進行やいわゆる「非行の第2のピーク」に対する非行対策としての青少年健全育成政策の強化があった。その後、全国総合開発政策による生活環境破壊が拡大し子どもの遊び場が剥奪されるにしたがい、子どもの地域生活における安全確保や非行対策の観点から、しだいに全国の都市部を中心に増設されていった。

なお、2000年現在の「児童福祉施設最低基準」では、児童厚生施設の最低基準として次のとおり定められている。

(設備の基準)
第37条 児童厚生施設の設備の基準は、次のとおりとする。
一 児童遊園等屋外の児童厚生施設には、広場、遊具及び便所を設けること。
二 児童館等屋内の児童厚生施設には、集会室、遊戯室、図書室及び便所を設けること。
(職員)
第38条 児童厚生施設には、児童の遊びを指導する者を置かなければならない。
2 児童の遊びを指導する者は、次の各号のいずれかに該当する者でなければならない。
一 母子指導員の資格を有する者
二 学校教育法の規定により、(中略)教諭となる資格を有する者又は同法の規定による大学において、心理学、教育学、社会学、芸術学、体育学を専修する学科もしくはこれらに相当する課程を修めて卒業した者であって、(中略)設

置者が適当と認めた者。
（遊びの指導を行うに当たって遵守すべき事項）
第39条　児童厚生施設における遊びの指導は，児童の自主性，社会性及び創造性を高め，もって地域おける健全育成活動の助長をはかるようこれを行うもとのする。
（保護者との連携）
第40条　児童厚生施設の長は，必要に応じ児童の健康及び行動につき，その保護者に連絡しなければならない。

3）児童厚生施設の種類と機能

　児童厚生施設は，児童福祉法第40条および児童福祉施設最低基準第37条で規定されているように，大別すれば児童館（屋内の児童厚生施設）と児童遊園（屋外の児童厚生施設）の2種類がある。
　このうち，児童館については，1978年の厚生事務次官通知および同日付の厚生省児童家庭局長通知「児童館の設置運営について」により「児童センター」が，また，1985年の児童家庭局育成課長通知「児童センターにおける年長児童の育成機能の強化について」により，中学・高校生等年長児童の育成機能を強化した「大型児童センター」が設置され，さらに1990年8月7日の同名の厚生事務次官通知によって，「豊かな自然のなかで，児童が宿泊し，野外活動を行う新しい児童館の整備を図るとともに，児童館体系の見直しを図る」ため，「児童館の設置運営要綱」を定めて機能に応じた児童館の体系化がなされることとなった。
　その後の改正を経て，2000年現在，児童館の種類と機能は次のとおりとなっている。

〔小型児童館〕　小地域の児童を対象とし，一定の要件を具備した児童館。
　（機能）　小地域を対象として，児童に健全な遊びを与え，その健康を増進し，情操を豊かにするとともに，母親クラブ，子ども会等の地域組織活動の育成助長をはかる等児童の健全育成に関する総合的な機能を有するもの。
　（設置・運営主体）　市町村ならびに民法法人または社会福祉法人。
　（職員）　二人以上の最低基準第38条に規定する児童の遊びを指導する者（児童厚生員）を置くほか，必要に応じ，その他の職員を置く。
　（運営）　運営委員会を設置して意見を徴すること。

2 子どもの福祉と健全育成

〔児童センター〕 小型児童館の機能に加えて、児童の体力増進に関する指導機能を併せ持つ児童館(とくに、前記機能に加えて、中学生、高校生等の年長児童の情操を豊かにし、健康を増進するための育成機能を有する児童センターを「大型児童センター」という)。
(機能) 小型児童館の機能に加えて、遊び(運動を主とする)を通して体力増進を図ることを目的とした指導機能を有し、必要に応じて年長児童に対する育成機能を有するものであること。
(設置・運営主体) 小型児童館と同じ。
(職員) 小型児童館に同じ。その他の職員を置く場合にあっては、体力増進指導に関し知識技能を有する者、年長児童指導に関し専門的知識を有する者等を置くことが望ましい。
(運営) とくに体力増進指導の内容と方法について、運動や遊具による遊び等、とくに体力増進にとって効果的な遊びを指導内容の中心として設定するほか、必要に応じて日常生活、栄養等に関する指導を行うこと、等。また、年長児童指導の内容と方法について、指導にあたっては、とくに年長児童に適した文化活動、芸術活動、スポーツ及び社会参加活動等に配慮すること。

〔大型児童館〕 原則として、都道府県内又は広域の児童を対象とし、一定の要件を具備した児童館をいい、次のとおり区分する。

［A型児童館］
(機能) 児童センターの機能に加えて、都道府県内の小型児童館、児童センター及びその他の児童館の指導及び連絡調整等の役割を果たす中枢的機能を有するもの。
(設置・運営の主体) 都道府県。

［B型児童館］
(機能) 豊かな自然環境に恵まれた一定の地域(「子ども自然王国」)内に設置するものとし、児童が宿泊をしながら、自然を生かした遊びを通して協調性、創造性、忍耐力等を高めることを目的とした児童館で、小型児童館の機能に加えて自然のなかで児童を宿泊させ、野外活動が行える機能を有するもの。
(設置・運営主体) 原則として都道府県

［C型児童館］
(機能) 広域を対象として児童に健全な遊びを与え、児童の健康を増進し、又は情操を豊かにする等の機能に加えて芸術、体育、科学等の総合的な活動ができるように、劇場、ギャラリー、屋内プール、コンピュータプレイルーム、歴史・科学資料展示室、宿泊研修室、児童遊園等が適宜附設され、多様な児童のニーズに総合的に対応できる体制にある児童館。

〔その他の児童館〕 公共性及び永続性を有するものであって、設備及び運営については、小型児童館に準ずることとし、それぞれ対象地域の範囲、特性及び対

象児童の実態等に相応したもの。

なお，1999年10月1日現在の児童館の設置状況等は次のとおりである（厚生労働省「社会福祉施設等調査報告」）。

	施設数	（従事者数）
小型児童館	2,785	（ 11,080 ）
児童センター	1,401	（ 7,624 ）
大型児童館A型	15	（ 355 ）
大型児童館B型	4	（ 54 ）
大型児童館C型	1	（ 144 ）
その他の児童館	162	（ 705 ）
合計	4,368	（ 19,962 ）

4）児童遊園の機能と運営

児童遊園については，1965年の養護課長通知「児童遊園の設置運営について」にともなう「標準的児童遊園設置運営要綱」に基づいてその普及が図られてきた。しかし，その後の「都市化の進展，地価高騰等，児童の遊び場の確保がきわめて困難となっている状況に鑑み」，1992年3月26日の厚生省児童家庭局育成課長通知「児童遊園の設置運営について」によって，改めて「標準的児童遊園設置運営要綱」を定め，地域の実情に応じた児童遊園の設置を促進することがめざされた。

この「要綱」に基づき，まず第1に，児童遊園の機能は，「地域における児童を対象として，児童に健全な遊びを与え，その健康を増進し，自主性，社会性，創造性を高め，情操を豊かにするとともに，母親クラブ等の地域組織活動を育成助長する拠点としての機能を有するものである」こととされた。

第2に，設置場所について，「児童遊園は，児童の居住するすべての地域を対象に，その生活圏に見合った設置が進められるべきであるが，当面児童の遊び場が不足している場所に優先的に設置することとする」とされた。

第3に，児童遊園の設備については次のとおり定められた。

一　敷地は，原則として330㎡以上であること。
二　標準的設備として，次に掲げるものを設ける必要があること。
　（一）　遊具（ブランコ，砂場，滑り台，ジャングルジムなどの設備）
　（二）　広場，ベンチ，便所，飲料水設備，ごみ入れ等
　（三）　棚，照明設備
三　その他，児童の創意・工夫を生かすことのできる付帯的設備を設けることが望ましいこと。
四　地域の児童や環境及び保護者の状況等に対応した多様な形態を工夫するとともに，遊具等の配置，道路との接続等その利用に配慮すること。

また第4に，その運営に関しては，児童福祉施設最低基準のほか，「とくに次の事項に留意すること」が定められた。

一　児童遊園には，最低基準第38条に規定する児童の遊びを指導する者（以下「児童厚生員」という。）を配置すること。ただし，他の児童厚生施設の児童厚生員と兼ね，又は巡回の者であってもさしつかえないこと。
二　児童厚生員は，近隣地域の児童の遊びの指導を行うものであるが，とくに幼児又は小学校低学年児童の遊びの指導と安全の確保に配慮すること。
三　児童遊園の適正な管理運営のため，児童委員，児童福祉施設関係者，母親クラブや子供会等の地域組織，社会福祉協議会，地域のボランティア，教育関係者，学識経験者等により構成された児童遊園運営協議会を設置し，児童遊園の環境整備，遊具の保全や更新及び事故の防止等に関し，参加・協力を得るよう努めること。

なお，児童遊園の設置数は，1999年10月1日現在で，施設数が4,143施設，従事者数が6,837人となっている。

3　学童保育と放課後児童健全育成事業

1）学童保育の特質と現状

　児童館，児童遊園などの児童厚生施設とともに，とりわけ学齢期の子どもの「遊ぶ権利」の保障にとって重要な役割を果たしているのが学童保育である。
　学童保育は，保育所と同様に，1960年代の高度経済成長期以降，核家

第1部　子どもの権利と社会的子育ての理論

族化，共働き家庭の増加と相まって，主として小学校低学年児童を保育する「施設」として都市部を中心に急増した。しかし，保育所が児童福祉法に基づく児童福祉施設として法的根拠を有していたのに対し，学童保育はその法的根拠が不明確であった。

保育所は，児童福祉法第39条第1項に規定されるように「保育に欠けるその乳児又は幼児を保育することを目的とする施設」である。第2項では，「保育に欠けるその他の児童」について規定されており，「乳児又は幼児」以外の児童すなわち小学校就学後の児童の保育が想定されているが，現実には小学生を受け入れる条件はなく，そのような実績もない。そのため，保育に欠ける児童は，小学校に就学すると同時に保育所を退所せざるを得ないのが現実であった[9]。

そのような現実の中から，「保育に欠ける」小学校就学後の児童については，親たちの運動によって，放課後の安全で豊かな生活を保障するために自主的な共同保育所の一種として学童保育が設置され，国庫補助も勝ち取りながら各地に普及していった。全国学童保育連絡協議会の調査によれば，調査を開始した1967年に515か所であった学童保育は，3年後の1970年には1,029か所となった。国庫補助が開始された1976年には1,932か所が設置され，725か所に1億1,700万円が補助された。さらに，1980年には3,938か所（補助対象925か所，補助総額1億4,969万円），1990年には6,708か所（同2,726か所，6億1,643万円），2000年には，10,976か所（同9,500か所，56億9,000万円）と，年々増加した。

2002年5月現在において，学童保育は12,825か所，国庫補助総額は68億8000万円，その対象箇所数は10,800か所で補助単価は152万8000円である。

学童保育の設置場所については，2002年5月現在，学校の余裕教室（空き教室）を利用しているものが3,220か所（25.1％），児童館・児童センター内に設置されているものが2,399か所（18.7％），学校敷地内の学童保育専用施設が2,033か所（15.6％），学校敷地外の公設学童保育専用施設が1,009か所（7.9％），ついで民家アパートを借用しているものが1,179か所（9.2％）などとなっている。また，学童保育の運営形態については，公立公営が6,262か所（48.8％）であり，その他は社会福祉協議会，

地域運営委員会，父母会等に委託されていたり，あるいはこれらが直接運営しているものなどである。

入所児童については，全国学童保育連絡協議会の1998年の調査によると，1施設平均34.7人，全体で約33.4万人が利用している[10]。

学童保育は，たんに小学校就学後の児童を預かるだけではなく，放課後の子どもが安心して過ごし，楽しく遊ぶ場を提供する施設である。それは，核家族化，共働きが増加している現代社会において，子どもの基本的人権を保障するうえで不可欠な施設であり，とりわけ子どもの遊ぶ権利を保障しうる条件が整備されなければならない。しかし，長期に渡り児童福祉法における位置づけが不明確であったことから，その公的条件整備がなおざりにされてきたといわざるをえない。なかでも専門職員の適正配置とその身分保障は懸案の課題である。全国学童保育連絡協議会の1998年調査によれば，正規職員は19.8％にすぎず，臨時19.7％，非常勤24.6％，嘱託20.3％，パート等9.8％，有償ボランティア5.8％であり，指導員の半数は勤続年数が4年未満である。

2）児童福祉法の1997年「改正」と放課後児童健全育成事業

学童保育は，1997年の児童福祉法「改正」によってはじめて法的に位置づけられることとなった。すなわち，第6条の2第6項に「放課後児童健全育成事業」として，「小学校に就学しているおおむね10歳未満の児童であって，その保護者が労働等により昼間家庭にいないものに，政令で定める基準に従い，授業の終了後に児童厚生施設等の施設を利用して適切な遊び及び生活の場を与えて，その健全な育成を図る事業」が明記された。また，同法第21条の11では，市町村が，子どもからのこの「事業の利用に関し相談に応じ，及び助言を行い，並びに地域の実情に応じた放課後児童健全育成事業を行う」など，事業の実施に関する市町村の努力義務が規定され，第34条の7では，「市町村，社会福祉法人その他の者」がこの事業を行うことができるとされた。

同法は翌1998年4月から施行されることとなり，これに伴い，1998年4月9日付厚生省児童家庭局長通知および児童家庭局育成環境課長の同名通知「放課後児童健全育成事業の実施について」により，次のとおり，

この「事業」の目的，対象児童，実施方法，活動内容，費用について国の指針が示された。

一　事業の実施について
　　本事業は，保護者が労働等により昼間家庭にいない小学校低学年児童（以下「放課後児童」という。）の健全な育成を目的としている。
　　本事業が効果的，継続的に実施されるよう次の点にとくに留意されたい。
　（一）　市町村（特別区を含む。以下同じ。）等事業の実施者（以下「市町村等」という。）は，地域における昼間保護者のいない家庭の小学校低学年児童の状況を的確に把握し，事業の対象となる放課後児童の動向を十分踏まえて実施すること。
　（二）　市町村等は，事業の実施に当たっては，事業の趣旨，内容，実施場所等について，広報紙等を通じて地域住民に対する周知に万全を期されたいこと。
二　対象児童について
　　本事業の対象児童に「その他健全育成上指導を要する児童も加えることができる」とは，①一部に10歳を超える放課後児童も含まれうること，②盲・聾・養護学校小学部1～3年に就学している放課後児童も，当該児童の状況に応じて対象児童となりうることをいうこと。
三　事業の実施方法等について
　（一）　放課後児童指導員の選任に当たっては，児童福祉施設最低基準（昭和23年厚生省令第63号）第38条に規定する児童の遊びを指導する者の資格を有する者が望ましいものであること。
　（二）　社会福祉事業法（昭和26年法律第45号）第2条第3項第2号に規定する第二種社会福祉事業である本事業の実施に当たっては，地域の実情，放課後児童の就学日数等を考慮し，年間281日以上（ただし，当分の間，200日以上でも差し支えないものとする。）開所し，1日平均3時間以上実施するものとすること。
　（三）　本事業は，法第6条の2第6項及び児童福祉法施行令（昭和23年政令第74号）第1項の規定に基づき，衛生及び安全が確保された設備を備える等により実施されなければならないものであり，その活動に要する遊具，図書及び児童の所持品を収納するためのロッカーの設備等を備えるものとすること。
　（四）　市町村等は，本事業の加入申込み等に係る書類について，所定の様式を定め整備すること。
　（五）　市町村等は，児童の安全管理，生活指導，遊びの指導等について，放課後児童指導員の計画的な研修を実施するものとし，また児童館に勤務する児童厚生員の研修との連携を図ること。

なお，都道府県は，児童の安全管理，生活指導，遊びの指導等について，指導的な放課後児童指導員の計画的な研修を実施すること。
四　活動内容について
本事業においては，次の活動を行うものとすること。
(一)　放課後児童の健康管理，安全確保，情緒の安定
(二)　遊びの活動への意欲と態度の形成
(三)　遊びを通しての自主性，社会性，創造性を培うこと
(四)　放課後児童の遊びの活動状況の把握と家庭への連絡
(五)　家庭や地域での遊びの環境づくりへの支援
(六)　その他放課後児童の健全育成上必要な活動
五　費用について
国の補助は，市町村（委託を含む。）が本事業を実施するために必要な標準的な経費の二分の一相当額及び都道府県，指定都市，中核市が実施する放課後児童指導員の研修等経費に対して行うものであること。

3）子どもの「遊ぶ権利」の保障と学童保育の課題

　学童保育は，児童福祉法「改正」によってようやく明確な法的根拠を得ることとなった。しかし，それは児童福祉施設としてではなく"事業"としての法制化であったため，児童福祉施設最低基準に基づく固有の施設・設備の整備，専門職員の確保，あるいはそれらの財政的裏付けなどの公的保障に関しては依然として不明確なままであった。
　とくに職員に関しては，前述の通知により児童厚生施設の職員に準じて「児童の遊びを指導する者の資格を有する者が望ましい」との基準が示されたが，子どもの安全・健康を確保し，「遊ぶ権利」を保障するために必要な配置基準や資格などは示されず，従来通り自治体に一任されることとなった。
　むしろ，法制化以降の新たな問題状況として，小学校の空き教室などを利用した公設公営化が進行する一方で，従来の職員の解雇や非常勤・嘱託化などが強行されたり，教育委員会所管による事業目的の「教育化」ともいうべき状況も生まれている。このような動向は，学童保育の数十年の運動と実践のなかで蓄積されてきた意義と成果を軽視するものであり，さらにこれを歪曲する危険性さえも孕んでいる。すなわち1つには，学童保育をたんなる放課後児童対策あるいは「鍵っ子対策」に矮小化し，従来の実践水準を低下させる危険性である。2つには，劣悪な条件を放

置することにより，学童保育を慈恵的・救済的な事業に後退させる危険性である。3つには，学童保育を非行対策等狭義の健全育成策として位置づけることで学校教育の生活指導機能を補完し，極端な場合には団体行動訓練や奉仕活動の強要等を通じて国家主義的な価値観と行動様式を植え付ける役割を担わされる危険性である。

　学童保育は，子どもの権利としての放課後の生活と遊びの場を保障する施設である。したがって，学童保育にはその固有の役割・機能ににふさわしい条件・機能が公的責任の下に整備されなければならない。そのさい，まず何よりも子どもが安心して自由に過ごすことのできる居場所としての固有の施設・設備が確保されなければならない。また同時に，子どもの安全と健康に配慮し，遊びを指導する専門性を備えた専門職員の適性配置とその身分保障が不可欠である。そのような点で，ようやく法制化されたとはいえ，学童保育にはまだ多くの課題が残されているといわざるを得ない。

4　21世紀における子どもの健全育成

1）児童館・学童保育の統一的発展をめざして

　児童館と学童保育は，こんにち共に児童福祉法上の制度であり，地域における子どもの健全育成を図るという目的や「歴史の希望」としての子ども観に立った児童福祉法の精神から見て，本来的に高度の公共性を有しているということができる。それぞれの生成・普及の経緯は異なるとはいえ，これまで両者は，少なくともそれぞれの職員は，互いに深く関わり合いながらその実践を高め合ってきた。その実践の課題は，国家政策として進められた国土開発・経済成長政策の下で奪われていった子どもの生活と「遊ぶ権利」を公的に保障することである。その意味でも，児童館と学童保育は高度の公共性とともに共通の課題を有しており，子どもの健全育成に対する公的責任を果たす立場から両者の連携を深めつつそれぞれの整備・充実と実践の発展を統一的に進めなければならない。

児童厚生施設のなかでも，とくに児童館は，基本的に職員が配置されていることもあって，地域における子どもの居場所，たまり場，遊び場，仲間づくりの場として貴重な役割を果たしている。その役割や活動内容は学童保育と類似するところも多く，また両者が併設されている例も多い。児童館と学童保育は，これまできわめて不十分な条件の下に置かれてきたが，そのなかで，それぞれすぐれた実践が蓄積され，また子どもの権利保障を軸とした両者の関連のあり方が模索されてきている[11]。それらの努力とともに子どもの権利条約発効の意義をふまえると，こんにち，子どもの「遊ぶ権利」を中心軸に両施設の統一を追求することが求められる。

　両施設の統一を追求する際に，まず第1に押さえるべき点は，当面，それぞれの施設の固有の目的，機能を尊重するということである。児童館など児童厚生施設は，対象児童を特定せず地域におけるすべての児童に開かれた施設である。いいかえれば，一般児童の「遊ぶ権利」を保障することによりその健全育成を目的とする施設である。一方，学童保育は，その出発点が小学校就学後の「保育に欠ける」児童を保育する施設であることから，おのずと対象児童は特定され，本来的には保育所と同様に措置制度の下で運用されることが期待された施設である。両施設の統一を追求するとすれば，それぞれの固有の目的，機能を併せ持つ新たな施設像が再構築されなければならないといえよう。

　しかしながら第2に，児童館と学童保育は，いずれも子どもの「遊ぶ権利」を保障するという共通の性格を持つ施設である点をも同時に押さえるべきである。とくに日々の両者の活動の内容からみれば，いずれも，基本的に放課後における子どもの生活と遊びを保障するいとなみが展開されており，それを通して子どもの健全育成が図られている点で共通している。むしろその共通性のために，とくに児童館に併設された学童保育では，日々の活動において特別な配慮を要する場合さえある。たとえば，学童保育の児童にはおやつが出るが児童館を利用している児童には出ないような場合，その時間には児童の間にあえて境界を設ける必要が生ずるなどである。両者の共通性の上に生ずる微妙な差違は，当然のことながら，子どもの最善の利益の観点から対応すべきであり，子どもに

とってより有利な条件で統一する必要がある。また，そのための条件整備を進めるにあたり，施設・設備，職員の専門性などについて統一的な基準を確立し，これを向上させていく必要がある。この点では，当面，学童保育すなわち放課後児童健全育成事業の運営基準（通知）を児童館の最低基準（省令）なみに格上げするとともに，設置・運営に関する公的責任を明確にすることが必要である。

さらに第3に，いずれの施設も，地域における子育て支援機能を本来的に持っている。児童館・学童保育は，これまでの実践と運動のなかで，子育てに第一次的責任を有する親たちが施設との関わりを通じて「児童に対する正しい観念を確立し」（児童憲章），子育てと子どもの未来に希望を抱くことのできるような社会教育的な機能を果たしてきた。また同時に，親たちが安心と自信を得て子育てにあたることのできるような地域づくりの拠点としての役割も果たしてきた。子どもの「遊ぶ権利」の保障は，たんに遊びのための施設がいわゆる箱物として用意されればよいというものではない。こんにち児童館・学童保育には，相互に連携しつつこれらの機能のいっそうの強化を図ることが求められているのである。

2）児童館・学童保育の施設最低基準

しかしながら，現実には両施設の統一的な発展を妨げる要因があることも事実である。まず第1に，両施設は，こんにち共に児童福祉法上の制度であるとはいえ，厳密には，児童館は児童厚生"施設"であり，学童保育は放課後児童健全育成"事業"であることから，制度上の位置づけに大きな差異がある。このために，児童館の施設・設備，職員等の最低基準は省令の児童福祉施設最低基準によって規定されているのに対し，学童保育にはその規定がなく運営の指針が通知レベルで示されているにすぎない。したがって学童保育は，児童館に比べ制度上不安定な立場に置かれており，対等な立場での連携や統一的発展を妨げられているのである。その意味で，今後の児童福祉法改正において，まず何よりも学童保育を児童福祉施設として位置づけるとともに，その施設最低基準については児童館との統一化を視野に入れて両者の基準を共に改善して

いくことが必要である。

　第2に，児童厚生施設自体についても，その設備の基準が屋外（児童遊園）と屋内（児童館）に分けられ，児童館には「集会室，遊戯室，図書室及び便所を設けること」とされている現行の基準は大幅に見直す必要がある。すなわち，児童館・学童保育の統一化をめざすにあたり，同時に，児童遊園と児童館の統一化が検討されるべきであろう。子どもの「遊ぶ権利」を保障するためには，すべての児童館に，少なくとも鬼ごっこやかくれんぼなどの外遊びができ，四季折々の自然を体感できる屋外環境が最低限必要である。逆にすべての児童遊園には，施設・設備の安全を管理し子どもの遊びを指導する職員が配置されることが最低限必要である。今後における児童館・児童遊園の整備計画にあたっては，阪神淡路大震災の教訓等もふまえながら，地域の防災計画等の拠点に位置づけるとともに，まちづくり計画あるいは地域の緑化計画や親水公園づくりなどの自然環境保全計画とリンクさせて企画することが望ましい。さらに児童館・児童遊園は，学童保育とともに，基本的に子どもの「遊ぶ権利」を保障する施設であるが故に，親や地域住民が自由に利用し子育てに関する学習・交流・情報交換を行う場としての社会教育機能をいっそう強化する必要がある。

　とくに，すべての児童館は，小規模であっても子どもの日常生活圏・遊び空間内（広くても小学校区）に設置され，子どもが自分の足で，あるいは車椅子で立ち寄れるような条件が最低限必要である。このような条件が整備されない限り，巨費を投じて大規模児童館を建設しても交通機関を利用して行かなければならないような施設では子どもの「遊ぶ権利」の保障にはならない。

　2000年現在，児童館，児童遊園はそれぞれ約4,000か所ほど設置されており，合わせて約8,000か所である。また，学童保育は約10,000か所ほど設置されている。これらを合わせると約18,000か所ほどの施設数となる。子どもの「遊ぶ権利」を保障するためには，児童館・学童保育の最低基準の統一的発展をめざしつつ，当面，少なくとも約24,000ほどの小学校数と同数の設置を目標に，両施設の約6,000か所の増設と整備・拡充を進めるべきである。

第3に，児童館・学童保育の統一的発展を妨げる要因として，いずれも施設の運用にかかる経費の国庫負担の基準が不明確・不十分であるという点がある。一般に，児童福祉施設の設置・運営に要する費用に関しては児童福祉法の第4章「費用」の諸条文に市町村，都道府県および国庫の支弁，負担，補助の原則が示されている。しかし，児童福祉施設に関していえば，主としてそれは要保護児童に対して入所等の措置が行われる施設に関する規定等であり，不特定の一般児童が自由に利用し定員が定かでない児童厚生施設に関しては規定されていないのである。また，事業である学童保育に関しては，市町村がその実施に努めなければならないということが規定されているのみであり，国や都道府県の負担や補助に関する規定，社会福祉法人による設置に対する規定などについては，その法的根拠がないといわざるを得ない。これらの事情によって，児童館・学童保育の安定的運用や施設の拡充・整備が困難となっている。
　当面，とくに学童保育については，定員あるいは利用児童数が明らかであることから，その運営に要する費用に関する公費の負担区分を，保育所と同様の原則により法的に規定すべきである。また，社会福祉法人等による新設に対する補助についても即時実施して学童保育の拡充を図る必要がある。児童館・児童遊園については，小学校区等の対象地域における18歳未満の子どもの数を基準とするなどの運営費用の算出方法と公費の負担区分を法的に規定し，その充実をはかるべきである。

3）児童館・学童保育の職員像と専門性
　児童館・学童保育の統一的発展をめざすうえで，その職員像をどう描き出すかという問題は重要なテーマである。児童館および学童保育の職員は，一般にそれぞれ児童厚生員，児童指導員と呼ばれているが，これらは通知レベルで定義されたものであり，児童福祉法もしくはその他の法律による規定はない。子どもの教育への権利したがって学ぶ権利を保障するために教育職員免許法に基づく教員養成が制度化され，また専門職採用が制度化されているのに対して，同様に子どもの基本的権利である遊ぶ権利を保障するための専門職養成・採用はほとんど制度化されていないのである。

もっとも，児童福祉施設で働く専門職員については，もともと児童福祉法等の法律による規定はなかった。2001年12月の児童福祉法改正でようやく保育士が法的規定を得ることとなったが，その他の専門職員に関しては，政令の児童福祉法施行令で児童自立支援専門員等が規定され，省令の児童福祉施設最低基準で児童指導員等が規定されているにすぎない。また，それらのなかで児童福祉施設で働く職員として固有の養成教育課程が定められているのは保育士のみである。本来ならば，保育士も含めて児童福祉に携わる専門職については，教育職員免許法と同様の独立した法律が必要であるといわなければならない。

　児童厚生施設の職員に関しては，児童福祉施設最低基準第38条で「児童の遊びを指導する者」とされており，児童家庭局長通知において，これが「児童厚生員」と定義されている。しかし，この児童厚生員の内実の一つは「母子指導員の資格を有する者」であり，いまひとつは，学校の「教諭となる資格を有する者」または大学卒業者で設置者が「適当と認定した者」である。また，「母子指導員」は同最低基準第27条により「母子生活支援施設において，母子の生活指導を行う者をいう」と定義され，その資格は同28条で「児童福祉施設の職員を養成する学校その他の養成施設を卒業した者」，「保育士の資格を有する者」，高等学校を卒業した者で「2年以上児童福祉事業に従事したもの」のいずれかとされている。したがって，児童厚生施設の職員は，いわば母子生活支援施設の職員に準ずるものでよいという位置づけがなされているのであって，児童厚生施設に固有の専門職員として定められているのではなく，児童館・学童保育の職員の専門性は不明確である。学校と同様に，児童福祉施設において専門職として直接子どもを処遇する職務に携わる者の立場や職責，待遇等は，子どもの権利保障・権利擁護の観点から，また専門職としての誇りや職業倫理を確保する観点からも，法的・社会的に承認されなければならない。

　学童保育・放課後児童健全育成事業の職員については，やはり児童家庭局長通知により「児童の遊びを指導する者の資格を有する者が望ましい」とされている。いいかえれば，児童厚生施設の職員に準ずる者ということであり，児童館に比べていっそう不明確な規定になっているとい

第1部　子どもの権利と社会的子育ての理論

える。

　とくに学童保育の職員は，1997年の児童福祉法「改正」によってようやく法的位置づけを得たとはいえ，このような不明確な規定の下で，法「改正」以前からの不安定な雇用・労働環境を強いられ続けている。この現実を改善することは，何よりも子どもの最善の利益を図ることになるのであって，学童保育への要求が高まり子どもを取り巻く状況がますます厳しくなっているこんにち，子どもの権利を保障する上で緊急の課題である。また同時に，学童保育をめぐる労働条件の実態に照らしてみたとき，この課題を現場で担う職員にとって「人たるに値する生活を営むための必要を充たすべきものでなければならない」（労働基準法第1条）という次元で，その労働条件が改善される必要がある。この課題には，児童館・学童保育の統一的発展をめざすなかで真っ先に取り組む必要がある。

　しかしながら，現行制度において，児童厚生施設と放課後児童健全育成事業の職員は，その職務に必要な専門的力量あるいは不明確ながらもその資格においてほぼ同じものとして位置づけられているとみてよい。そこに，児童館・学童保育の統一的発展にとって最も好都合な契機があり，条件がある。児童館と学童保育の職員は，その専門性を共有し，共に研鑽し合い向上させていくことが可能であり，またそれが求められているのである。その際，改めて児童館・学童保育の職員の専門性とは何かが問われることになろう。

　試論的にいえば，児童館・学童保育の職員の専門性として求められる力量は，まず第1に，子どもの「遊ぶ権利」に関する法的あるいは歴史的社会的認識を土台とした子どもの遊びそのものに関する専門的知識と「遊びを指導する」専門的方法技術である。第2は，子どもの発達に関する専門知識とともに，子どもの意見を聞く力，あるいは子どもの発達に即してその要求を理解する力である。第3は，地域における子どもの生活と遊びの課題を見抜く力，あるいは子どもを取り巻く自然・社会・文化の動向を科学的に分析する力であり，またこれを土台に，子ども・父母・住民とともにその課題に立ち向かい問題解決を図る組織者としての力である。

児童館・学童保育の統一的発展をめざすなかで，こうした専門性に関する議論をさらに深めつつ，児童館・学童保育職員に共通に必要な固有の資格として，たとえば国家資格としての「児童厚生員」資格あるいは「児童育成士」資格の法制化とその養成制度および専門職採用制と研修権の確立が求められる。その際，児童館・学童保育の職員の資格は，子どもの「遊びを指導する」という職務内容に共通性を持つ保育士資格との関連が検討されることになろう。保育士の職域は，たんに保育所だけではなくその他の多くの児童福祉施設に及んでおり，児童館・学童保育においても活躍している。また保育士は，歴史的・社会的経緯のなかで，児童福祉施設の職員としては最も，あるいは唯一，専門職として社会的に認知されているといってよい。しかし，養成期間や待遇，平均的勤続年数などから見て，実態的には必ずしも専門職としての地位が確立しているわけではなく，半専門職あるいは準専門職の地位を余儀なくされているといわざるを得ない。児童館・学童保育の職員の専門性を確立していく過程においては，保育士の専門性に関しても改めて再検討し，両者の統一をも視野に入れて，子どもの「遊ぶ権利」保障に携わる専門職の資格を確立すべきであろう。子どもの「遊ぶ権利」は，「教育への権利」などと同様に子どもの基本的権利であり，教育専門職と同様にいわば「子どもの遊びの専門職」としての法制度的地位の確立が求められるのである。

5 子どもの「遊ぶ権利」の総合的保障をめざして

1）子どもの遊びの商品化

すでに述べたように，1960年代の高度経済成長期以降，地域の自然環境の破壊，社会・文化環境の消滅と再編が急速に進む一方で，子どもの遊びやおもちゃの世界がひとつの産業として成立・拡大し，テレビ等のマスメディアの発展を媒介として，子ども文化に商業主義が浸透していった。そのなかで，子どもの生活や親の子育てのあり方が大きく変容するとともに，子どもの遊びの商品化ともいうべき状況が進行した。

第1部　子どもの権利と社会的子育ての理論

　子どもの遊びが商品化されるということ，すなわち産業ベースに乗るということは，必然的に遊びが大量生産・大量消費されるということである。したがって，子どもの遊びの商品化あるいは商品化された遊びのひとつの特徴として，画一性（非地域性）と同時性（流行性）をあげることができる。いま子どもの遊びは，商品化の進行の下で，地域固有の自然・社会・文化のなかで育まれ，あるいは制約されてきた子育ち環境の違いや固有性を飛び越えて，いわばグローバル化しつつあるといえる。

　第2の特徴として，子どもの遊びにおける価値観の転換をあげることができる。従来，子どもの遊びにおける価値観は，いわば子どもの世界だけで通用するものであった。子どもの遊びを媒介するものは，主として自然の中，生活の中にあった。それらの多くはおとなから見れば無価値なものであった。たとえば，棒きれ，石ころ，泥団子，草花，がらくたなどが子どもの遊びの原材料であり，創造性に基づいてそこから多様で無限の価値を引き出して遊ぶことができたのである。それはまた，おとなの経済活動とは直接的には無関係であった。しかし，商品化された遊びは，おとなの経済活動として生産され，消費行為によって購入されることが出発点であり，売れるものが行き渡り，売れないものは滅びるという市場原理に基づいている。子どもの遊びは，おとな社会あるいは資本主義社会における経済活動と直接不可分に結びつくものとなったのである。

　第3の特徴として，子どもの遊びにおける人間関係の転換をあげることができる。従来の子どもの遊びは，おとなの経済活動とは直接的には無関係であるが故に，またおとなの生活や経済活動に影響を与えない範囲で，子ども自身の自由が保障されたといえる。その自由は，おとなの干渉・価値観からの自由であると同時に，誰と何をどう作り，使うかということは子どもたち自身に任せられた創造的自由でもあった。子ども同士の関係は，自然や地域文化を媒介とした時間的・空間的・精神的な居場所感を伴うものであり，一緒にいること，遊ぶことそのものを通しての直接的関係であった。そこでは，遊びの自由は，子どもたちが互いに創造性を出し合うなかで相乗的に高められ，絆としての居場所感もまた強まることになる。これに対して遊びの商品化は，おとなと子どもあ

るいは子ども同士の関係を，商品を媒介とした関係へと転換させるものである。おとな社会と子どもの世界は，商品としての遊びを通して経済的に結びつきつつ，「利益」を共有し合う関係となる。子ども同士の関係は，互いに相手がどんな遊び商品を持っているかとか，つきあうに値する商品価値がどれだけあるかに応じたものとなる。商品としての遊びのグローバル化に従い，また情報化社会の展開にともなう遊びの情報化（おもちゃとしての情報機器・技術と情報を介した遊びの広範な浸透）やその結果としての遊びのバーチャル化に従い，居場所感は拡散し，子ども同士の直接的関係は遊びにとって不要となるのである。

2）子育ち環境の整備

このように見てくると，子どもの遊びの商品化は，子どもの健全育成に新たな課題を提起しているといえる。戦後初期の児童福祉法成立時における子どもの健全育成の課題は，2つの大きな側面を持つものであった。ひとつは，戦前・戦時下の児童政策の反省をふまえつつ，「歴史の希望」としての子ども観，歴史を創造する権利主体としての子ども観に基づいて，すべての児童の幸福を図ることであった。その課題が児童福祉法総則3か条に集約され，また児童憲章にも反映されたのである。いまひとつの側面は，15年に及んだ戦争の後遺症ともいうべき社会秩序の荒廃・混乱や貧困・欠乏・生活苦を背景とする子どもの現実に対応したものであり，とりわけ，非行少年を含む要保護児童の保護育成・自立援助を図ることであった。こんにち，こうした課題はなお依然として引き継ぐべき側面もあるが，さらに子どもの遊びの商品化に伴う課題ふまえつつ，21世紀の児童福祉において改めて児童の幸福を図るための子どもの健全育成が求められているといえる。

21世紀における子どもの健全育成においては，子どもの遊びの商品化にいかに対応するかが主要な課題となる。そこには，児童福祉法制定時と同様に2つの大きな側面がある。ひとつは，戦後50年間における子どもの実態と政策・行政，実践・運動の反省をふまえつつ，従来の，あるいは本来の子どもの遊びの価値を見直し，その消滅をくいとめ，存続を図るための取り組みを進めることである。その中には，たとえば「児童

第1部 子どもの権利と社会的子育ての理論

に健全な遊びを与え」ることを目的とする児童厚生施設の整備・拡充に対する真摯な実情認識などが含まれることはいうまでもない。いまひとつの側面は、子どもの遊びをめぐる新たな状況を前提として、商品化された遊びを凌駕する、より豊かな遊びを創造していくことである。

いずれにしても、子どもの遊びの商品化を背景として、子どもが遊びを通して健全に育つために必要な条件をできる限り確保し、取り戻し、創造していくこと、いいかえれば、子育ち環境を再建していくことは、21世紀における子どもの健全育成にとって最大の課題である。その際、戦後初期とは大きく異なり、この50年の歴史のなかで子どもの健全育成にとって決定的に有利な条件が生み出されていることを確認する必要がある。

その第1は、子どもの遊びの商品化をもたらした条件でもあった経済的「発展」である。すなわち、高度経済成長によって実現した「豊かさ」を子どもの最善の利益原則に基づいて見直すことで、子どもの健全育成は従来になく整備拡充される可能性が生じているのである。第2は、子どもの権利条約の発効である。それは、子どもに対する社会の人権意識がこの50年で大きく発展したことを示しており、権利としての子どもの遊びの思想と実践・運動、条件整備行政をさらに発展させる原動力が与えられたということでもある。そして第3に、子どもの「遊ぶ権利」保障の観点につながる実践・運動が児童館・学童保育などを舞台に豊かに蓄積されていることである。こうした条件の下で、子どもの「遊ぶ権利」保障を基本理念とした21世紀における子どもの健全育成の実現には大きな可能性がもたらされているのである。

3）子育ち保障と子どもの意見表明権

1989年の合計特殊出生率が1.57を記録して以降、少子化問題が政策課題として急浮上し、94年に「エンゼルプラン」、99年には「新エンゼルプラン」が策定されて、乳児保育、延長保育など特別保育事業の拡大等の緊急保育対策を中心とする少子化対策のための重点的な施策が展開された。また同時に、子ども虐待をはじめとする「子育ての危機」や「子育て不安」の状況が深刻化している状況に対して、保育所における子育

て相談事業の実施や地域子育て支援センターの設置等の「子育て支援」施策が各地で取り組まれている。

　ところで、これらの「子育て支援」事業は、文字どおり、子育てをする親を支援し、また、保育所をはじめ関連する施設、制度等の周辺環境を整備しようとするものである。したがって、もしそこに、育つ本人の子どもを権利主体として位置づけることが疎かになった場合を考えると、逆に「子育て支援」事業によって、子どもは、施設の生き残りの道具とされたり、利潤追求の餌食となる危険にさえさらされるであろう。

　20世紀は、労働者、女性、障害者、植民地住民をはじめ抑圧された人々が自らの権利を獲得する闘いを展開し、ついにはすべての個人の権利が国際的に承認された時代である。その闘いは同時に、国家の第一義的な役割を、防衛や対外的権益拡大などのシステムから、すべての人びとの人間らしく生きる権利を「保障する」システムへと転換させた。そのような歴史の大局的な流れのなかで、20世紀は、世界が子どもの権利にめざめ、子どもが権利の主体として認められた時代でもある。

　「子育て支援」事業では、親の「子育て」支援をとおして子どもの福祉の増進もはかられるであろう。しかしその際、最大の当事者であり、場合によっては最大の被害者となることもある子ども自身の権利主体性と、その固有の権利である「人間らしく育つ権利」を「保障」すべき国の役割を明らかにするためには、「子育て支援」ではなく「子育ち保障」という概念こそが適切ではなかろうか[12]。

　とりわけ子どもの健全育成に関しては、何をもって「健全」とするかが重要な問題となる。それは、時代や社会のあり方によって異なり、おとなの、とくに権力者の都合で解釈されやすい概念だからである。いいかえれば、子どもの健全育成は、価値観を伴うきわめて文化的な事業であり、子どもの「遊びの自由」を中核に子ども文化を尊重し育成する事業としての自覚のもとに進められなければならない。

　さらに、子どもの健全育成を図るにあたり、計画策定、実施、評価のあらゆる過程は、基本的・本来的に権利主体である子ども自身の手によっていとなまれるべきである。おとなが直接介入できるのは、財政面での保障等、子どもの力では不可能な事項に限られるべきであり、その場

合にも子ども自身の立場が最優先され，その意見が尊重されなければならない。逆に，おとなとしては，子どもの「遊びの自由」を奪い，子ども文化を破壊する動向に対しては積極的に介入し阻止しなければならない。歴史的に見て，またこんにちの世界の子どもの現実を見たとき，そのような動向のなかでも最も重要な事象は戦争である。そして同時に，子どもの遊びの商品化の動向もまた，戦争と同様に子どもの「遊びの自由」を奪い，子ども文化を破壊する危険性を持つものとして警戒しなければならない。

　21世紀における子どもの健全育成は，子ども自身が，遊びの商品化によって失われた子ども文化を再構築するいとなみであるといってもよい。そのいとなみを専門的に援助することが，21世紀の児童福祉の課題であるということもできよう。児童館・学童保育はその中心的役割を果たすべき児童福祉施設であるということになる。

　また，子ども文化の再構築は，子どもだけではなく，子どもを中心とした社会全体の努力によってはじめて実現できるものである。そのためには，子どもに関わるあらゆるいとなみに子どもが参加するシステムを確立することも必要である。たとえば児童福祉審議会，教育委員会，児童館・学童保育の運営委員会などには，必ず子どもが正規の委員として加えられるべきであり，その委員選出の過程は民主主義社会の一員としての主体形成に寄与できるものでなければならない。そのことにより，子どもは名実ともに「社会の一員として重んぜられる」(児童憲章)こととなるのである。

　さらに，一般行政部門，とくに町づくり関連行政等企画部門の審議会等への子どもの参加や，近年広がりはじめた子ども議会の展開とそこでの決議の尊重などの取り組みを進め，子ども参加の地域・自治体づくりをめざすことも重要である。「子どもの最善の利益」原則，「意見表明権」の保障など，子どもの権利が総合的に保障されるなかでこそ，子どもの「遊ぶ権利」も実現の可能性が開かれるといえるからである。

おわりに

　子どもの健全育成という概念は，児童福祉法の制定当時，戦後児童福祉の基本理念とされたのであるが，当時の日本の絶対的な財政窮乏や子どもの人権に対する歴史的社会的認識の発展水準から，実際にはその理念に応じた制度的保障は具体化されなかった。さらに，この理念と実際との乖離は，その後も日本の児童福祉の基調をなしてきた。経済の復興・高度成長を経て世界有数の経済大国となったこんにちの日本において，財政事情を理由に基本理念としての子どもの健全育成の具体的推進を怠ることはもはや許されないというべきであろう。また，子どもの権利条約によって，少なくとも国際的には，子どもの人権に関する法的・思想的水準は飛躍的に発展している。21世紀における日本の児童福祉は，基本理念としての子どもの健全育成について具体的かつ世界の先進的水準で実施しうる段階に到達しているのである。

　一方，子どもの健全育成をめぐる制度や実践の発展は，財政的保障の貧しさだけでなく，その概念がこれまで十分に整理されてこなかったことによって制約されてきた側面があると思われる。その事情は，ひとつには「健全育成」概念そのものの多義性に見ることができる。たとえば，まず第1に，「健全育成」概念は児童福祉法の基本理念であると同時に，児童厚生施設がその理念を中心的に担う施設であるとすれば，そこには広義と狭義の「健全育成」概念が成り立つはずであるが，その関連は必ずしも明らかではない。また第2に，「健全育成」は児童福祉法の基本理念であるだけでなく少年法の基本理念でもあるが，両者の相違や関連は必ずしも明らかにされていない。さらに第3に，「健全育成」の理念が実際に用いられている具体的場面がいわゆる「青少年健全育成」を前面に出した地域の厚生補導事業や少年警察活動にあることは周知の通りであるが，この場合の「健全育成」は児童福祉や少年司法の理念とどのような関連にあるのか必ずしも明らかではない。第4に，いまひとつ重要な領域として教育との関連がある。すなわち，学校教育における「生活指導」とくに事実上の非行対策としての「生徒指導」，さらに社会教

第1部　子どもの権利と社会的子育ての理論

育における「青少年教育」や地域活動としての「青少年健全育成」事業もまた「健全育成」の基本的な事業領域であるが，そこでも児童福祉としての「健全育成」との関連は必ずしも明らかではない。これらの概念は，いわゆる縦割り行政のもとでそれぞれ独自に用いられてきたといってよいだろう。

　いずれの領域においても，従来の「健全育成」は，子どもを健やかに育てることが国民とくに保護者，そして同時に国および地方公共団体の責務であるとの観点に立つものであり，いわば「おとなによる子どものためのおとなの活動」として考えられてきた。しかしながら，子どもの権利条約によって子どもの権利主体性が確立されたこんにち，それは「子どもによる子どものための子どもの活動」として考えられなければならない。すなわち，子どもたち自身が，自分たちの問題を自分たちで解決していく展望，そのための仲間づくりやその前提となる人間関係を築く力，さらに社会ときり結ぶ力の育成を援助するいとなみこそが，21世紀における子どもの健全育成の中核とされなければならない。そのうえで，従来の「健全育成」概念の関連を改めて統一的に志向する必要があろう。子どもの人権問題は，人間解放の最後の課題であり，そのなかで子どもの権利保障としての健全育成は，いわば現代における人間性回復の契機として「21世紀のルネッサンス」をもたらす活動に他ならないのである。

（1）「子どもの遊ぶ権利宣言」は1977年11月に国際児童年（1979年）の準備のためにIPAが開催したマルタ島での会議で作られた。その後，1982年のウイーンでのIPA評議会，1989年のバルセロナでのIPA評議会で改訂された。
（2）　宮脇厚志『子どもの社会力』岩波新書，1999年。
（3）　上平泰博・田中治彦・中島純『少年団の歴史――戦前のボーイスカウト・学校少年団』萌文社，1996年。
（4）　典型的には，エレン・ケイ『子どもの世紀』1900年（児童問題視研究会監修：日本児童問題文献選集27，日本図書センター，1985年所収）。
（5）　日本の状況については，中野光『大正自由教育の研究』黎明書房，1968年等参照。
（6）　M．エンデ『果てしない物語』岩波書店，1982年（原典は1979年），藁下みさ子『おもちゃ革命――手遊びおもちゃから電子おもちゃへ』岩波書店，

1996年等参照。
（7）　児童福祉法研究会『児童福祉法成立過程資料集成』ドメス出版，上巻1978年，および下巻1979年（下）に詳しい。
（8）　上平泰博「児童館の源流を求めて」『童夢』第6号，1984年。
（9）　学童保育の児童福祉法成立期における位置づけとその後の変遷については，石原剛志「学童保育とは何か」小川利夫・高橋正教編著『教育福祉論入門』光生館，2001年。なお，保育所における学童保育の希少例として，東京北区で，1955年に神谷保育園が学童部を開設した事例などがある。
（10）　全国保育団体連絡協議会・保育研究所編『保育白書1999年版』草土文化。
（11）　最近の成果としては，児童館・学童保育21世紀委員会による『21世紀の児童館・学童保育』Ⅰ，Ⅱ，Ⅲの3巻本（萌文社，1996年完結）がある。
（12）　柏木惠子『子どもという価値──少子化時代の女性の心理』中公新書，2001年。

3 子育てネットワーク
その形成過程と地域型援助専門職の役割

[山野則子]

1 児童福祉サービスの基本方向

「保護」から「自立支援」,「供給者主体」から「利用者主体」へと,現在,福祉は大きく転換しようとしている。

児童福祉分野で見ると,1994年のエンゼルプラン,緊急保育対策等5か年事業,そして1997年児童福祉法一部改正,1999年新エンゼルプランなどの展開が見られた。少子高齢化社会がクローズアップされて久しいが,提言に過ぎなかったエンゼルプランが新エンゼルプランにおいて予算化され,高齢福祉分野に遅れながらの児童福祉分野が動き始めている。

2000年5月には「児童虐待の防止等に関する法律」が成立し,新エンゼルプランに基づく,保育サービス等の子育て支援サービスや母子保健医療施策を充実すると共に,児童虐待防止の推進を盛り込みながら,地域全体で子育て家庭を支援するための施策を総合的に推進する方向性が出されている。

そして,福祉全体の動きとして2000年6月には社会事業法等の一部改正が行なわれ,関係法の一部改正のひとつとして児童福祉法も一部改正,2001年11月にも児童福祉法の改正が行なわれている。地域での支援,ネットワーク,地域資源の利用があらゆるところに打ち出されている。地域福祉的な視点で地域を捉えマネージメントして行くことが必要となってきている。新エンゼルプランは,大蔵・文部・厚生・労働・建設・自治(1999年時点の省庁名)の6大臣合意であり,教育・医療・福祉等縦割りで施策が進められてきた今までの子どもの施策の経緯から考える

と画期的である。提案されている提言，方向性を具体的にどのように実行し，実行の中に理念をどのように浸透させていくのか，現場としての課題でもある。内容の検討を十分おこない，児童福祉サービス，子育て支援体制をそれぞれの地域で体系化していくチャンスとも考えられる。

そこで，ここでは特に地域を視点にして子育て現場の実態から，筆者が過去に児童福祉担当者としてコミュニティワークの手法で子育て支援・子育てネットワークに取り組んできた実践例をふまえて検討する。

2 "子育て"の現状

1) 子育て現場の実際

「1歳と3歳の兄弟ですが，なかなかうまく2人で遊べません。どうしたらいいのでしょう。おかしいのでしょうか」

「2歳の息子ですが，本気で腹がたってしまいます。言い合いして負けたくなんかありません」

「隣の家に子どもがいるのは知っているのですが，何歳の子で女の子か男の子か見たこともありません」

「年長の子どもですが外で遊ばせると何が起きるかわからない，事件もいろいろあるし一歩も出させていなんです」

日々，母親たちからこのような声が聞かれる。地域の子育て講座を開催すると自分たちの子育てを見つめなおして子育てに切羽詰った母親たちの涙の発言が次々とあふれてくる。

「今日の話を聞いて気持ちが楽になった。今までこんなこと聞いたことがなかった」

「自分がダメな母親だと思っていたが，そう思わなくていいのか」

「子どもの育ちに不安があったが，自分だけでないことがわかった」

窮屈な子育て現場で小さな視野でしかものごとを見ることができなく

なっている実態が感じられる。

　また，保育士や教員の研修に出かけると「今どきのお母さんは……」と愚痴がこぼされる。園庭開放を行なうことで母親の姿がいろいろ見え，つい批判的になる。子育て支援と言いながら，ますます窮屈にさせていることもある。一歩深めて母親たちや子どもたちの置かれている現状を客観的に見つめ，何が必要なのかしっかりと検討する必要がある。

　このような子育ての実態については，先行研究において「相談相手がいないこと」「確認する相手がいないこと」を明らかにしている（岩田，2000；丹羽，1999）。総理府の調査（2001）では，小・中学生の母親に価値観等に関する調査を行ない，「子育てに関して途方にくれることがある」（26.2%），「子どもをうまく叱れない」（35.2%），「できるだけ学校で子どもの面倒をみて欲しい」（38.2%）という結果を出していて，小学校に入っても母親は不安を継続し自信を無くしていることが伺える。多かれ少なかれ，夫の帰りは遅く実家からの援助もなく，地域との交流もほとんどない母親が，行き詰まって自分一人で子育てしている姿が感じられる。この状況に実際どのようにサポートしていくかが問われている。

2）相談現場の実際

　地域の相談現場では，不登校，非行，いじめ等家族が子どもの状況を心配して相談に至る場合もあるが，地域機関からの相談もある。

　　「どうも，夜間子どもだけで過ごしているようなのですが…」
　　「万引きで近所のお菓子屋さんで何回か注意を受けていますが，一向に改善しません。お母さんももうほっといて欲しいと言うのですが」
　　「お父さんが出ていかれ，お母さんは病気がちで，参観も来られなくなりました。子どもも荒れて学校では授業に入れず，友達に暴力，先生に暴言と大変です」

　何らかの孤立，行き詰まった状態から，日常を失いかけている家族を心配しての連絡である。ここに追いこまれた家族の姿を見る。どこか親

子関係のボタンの掛け違いが生じてしまっている。子どもの乳幼児期から，子育ての楽しさをつかめたり，地域でのサポートが成立していればここまで追いこまれないで済んだ親子もあるかもしれない。

　保育所，幼稚園，保健所（ここでは「保健センター」を含むものとする。以下同じ），民生委員・児童委員と地域の様々な機関が，「子育て支援」を掲げ，どのように進めていけばいいかそれぞれの機関が手探りで孤軍奮闘している状況である。

3　子育てネットワークへの取り組み

1）コミュニティワークの必要性

　こういった子育ての現状から，子どもの先を見通した支援システムの構築は必須であり，それぞれの地域でどのように作っていくかが課題である。新エンゼルプランでは，親の交流の場，気軽に相談できる場，子ども同士の交流の場として児童館，母親クラブ等地域組織，地域子育て支援センター（保育所以外に地域の小児科医院等医療施設に拡大），保育所，あき教室を利用しての学校，幼稚園等をあげ，幅が広げられている。地域の各機関が開かれることは，『開かれた自治体』（定藤，1989）を作ることであり地域住民にとって意味深い。主人公は地域に暮らす家族であり，様々なサービスを利用・選択できることになる。ここで地域の各機関は，気軽に利用できるような工夫が必要となり，親子が主体的に交流できるように支援役として協働する。そしてより適切な機関の紹介もできるよう地域のお互いの役割や特徴を周知しておくことが求められる。

　日々後を絶たない相談に追われている相談現場でのミクロレベルの不適応への対応には限界があり，マクロレベルとして地域の連帯の希薄さからくる孤立，子育て不安への介入を考えなければならない。そこには，思春期の子どもの不適応や家族関係のゆがみ，あるいは，児童虐待等問題の発生を予防する可能性もある。しかし，地域や家族の中に潜在化されている子育て不安，孤立に関するニーズを地域機関といえども専門職が発見・対応していくのは困難といえる。地域で日常的に生活を共にし

ている住民や子育て当事者を組織化することによって顕在化できる場合も少なくない。

　ソーシャルワーク領域として，コミュニティワークには，問題が複雑化・深刻化しないうちに発見するという予防的な効果もある。ここでは，コミュニティワークの手法で，発生予防の観点で地縁・血縁が欠如していると言われる地域に，社会縁として意図的・人為的に形成されている子育てグループをさらにサポートネットワークへと組織化していく実践事例を取り上げる。

　2）理論的枠組み

　高森（1989）によると，地域社会の環境と個人の生活の間で展開される交互作用は常に均衡の取れた形で営まれるとは限らず，このような不均衡が恒常的・継続的に発生している状態を生活問題という。生活問題の発生の要因には，個人の内的・人格的あるいは心理社会的不適応や家庭及び身近な準拠集団などミクロレベルに起因するものと，地域社会の資源不足・地域住民の連帯意識の希薄さなどマクロレベルで生起するものとが考えられる。コミュニティワークは後者のマクロレベルを取り扱う。以下，子育てネットワーク作りのベースとなったコミュニティワークの代表的な諸概念をあげる（高森，1989，p. 5-6）。

① 地域組織化説

　コミュニティワークの方法について，ロス（1955）は，「コミュニティディベロップメント」「コミュニティオーガニゼーション」[1]「コミュニティリレーション」に大別している。なかでも本事例に関係するコミュニティオーガニゼーションとは，共通の地域生活問題への自発的・協同的な取り組みを通して問題解決と地域組織化を図る活動である。援助プロセスは「地域診断（問題把握，ニードの発見）」→「計画の策定」→「計画の実施」→「評価」である

〈コミュニティオーガニゼーションの特徴〉

・プロセスゴールの重視……地域社会や機能集団の全員が共通の問題を発見し対策目標を実現するための手順を計画し，協同的に推進してい

く，その過程そのものを重視する。
- 専門ワーカーの役割……イネイブラー（開発力を支援する力を添える人）として地域社会の自主的参加能力が増強されるように側面から援助する機能，合意形成のための援助機能，協力・協同的な問題発見と問題解決の過程を導くような調整機能，インターグループワーカーのような役割である。

② インターグループワーク（集団間協働行動）説

コミュニティワークをプロセスとして位置付けて，その目的を，個人やグループがそのエネルギーを向けることのできる共通の目的を見出せるように他と共同して行動する効果的な方法を援助することとしている。これらを通して各個人・グループを連帯させる。目標達成のために以下のような具体的手続きが必要である。

ア．代表力の強化：代表者と所属集団との間に強力な結合関係が必要
イ．代表者会議の民主的運営：自らの個人的見解と彼の所属集団の見解を混同しない，代表者が所属集団に持ち帰って反映させる，代表者が共同分担の結論に到達する
ウ．集団間の直接的な連帯行動の促進：代表者会議と参加各単位集団の関係維持の強化が必要，他の集団・機関に対する理解を深めること（プログラムの用意）を踏まえて直接的な集団連帯行動を円滑に促進する。
 ⅰ 各組織の主体性や対等性を尊重した上で協働化がなされること
 ⅱ 各組織の能力，個別的状況に応じた責任分担を行うこと
 ⅲ 連帯行動を深化するために参加各単位集団の機能強化
  ・すべての参加組織がよく代表者会議や他の組織から受け入れられ一定の役割を果たしていると覚知されるよう運営を心がける
  ・機能の弱体化した集団を育成すること
エ．情緒的満足を伴う活動：連帯感情を喚起させるようなプログラムを導入すること

以上，コミュニティワークは，その機能を多様化・拡大化してきているが，ここでは，コミュニティオーガニゼーションとして，「小地域開発モデル」（表1参照）の枠組みで「インターグループワーク」の手法を活用している実践例を示し，検討を行う。

表1　コミュニティ・オーガニゼーション実践モデル(2)

		小地域開発モデル
1	コミュニティ活動の目標	自助；コミュニティの活動能力や全体的調和（プロセス・ゴール）
2	コミュニティの構造や問題状況に関する仮説	コミュニティの喪失，アノミー；関係や民主的な問題解決能力の欠落；静態的な伝統的コミュニティ
3	基本的な変革の戦略	人々が自身の問題を決定したり，解決していく行動に広範に連帯していくこと
4	特徴的な変革の戦術と技術	合意；コミュニティの諸集団や諸利益の間の相互交流；集団討議
5	特徴的な実践家の役割	触媒としての助力者，調整者；問題解決の技術や倫理的な価値観についての教育者
6	変革の手段	課題を志向する小集団を操作すること

出典：Rothman, J.: Three Models of Community Organization Practice, *Social Work Practice*, 1968. から小地域開発モデルを抜粋したもの。

3）実践過程
①　プロジェクトの概要

　この実践事例は，大阪南部のある市の家庭児童相談室に勤めていた筆者が，同僚とともにソーシャルワーカーとして問題の発生予防的働きかけのために，子育て支援事業が予算化される以前の1995年から自主的にコミュニティに働きかけを行なった例である。
　先述したように，続出する子どもの問題の後追いでなく，予防的にシ

ステム作りを考えたのである。しかし,個々の家庭の子育て状況に介入していくのはとても不可能であった。そこで,自主的に発生し活動している子育てサークルに注目した。市の広報誌やコミュニティ誌等から子育てサークル37団体（回収35団体）を拾い出し,実態調査を行った。結果を子育てサークルに公表する機会に,今後の協力者として保健所・保育所に呼びかけ,子育てサークルのリーダー,家庭児童相談室と共にプロジェクトチームを形成した。

2 実態把握（地域診断）

各地域に自然発生している子育てサークルは,把握ができないほどたくさんある。しかし,出現しては消え,出現しては消える。なぜなら,母親たちは子どもの友達を作ろうと幼児期に同じくらいの子を持つ人とサークルを始めるが,中心になって活動していた母親の子どもが幼稚園に行くようになると,もともとのニーズであった子どもの友達作りの要求は必要なくなる。次を引き継ぐ人がいるときは継続するが,いないとそのまま消滅してしまう。

「子育て支援」として専門職に何ができるか考えたときに,筆者はこの子育てサークルに注目した。何かを1から始めるより自主的に活動している子育てサークルをサポートすることで子育て家庭を支援していこうという視点である。筆者は,そのためにまず,子育てサークルに実態調査を行った。調査の結果,サークルの悩みとしては,リーダーに負担が偏る（後継者がみつからない）,集まる場所に困っている,仲間がつながっていかない,保育内容のマンネリ化,等が主であった（次頁図1）。この結果は,最近の関西圏の調査（こころの子育てインターねっと関西,2001）でも同様の結果を得ている（次頁図2）。

3 計画の策定と実行

次に,「小地域開発」モデルに沿って計画を策定し実行した。
―計画の策定―
〈コミュニティ活動の目標〉

サークルの実態調査の結果から,代表者会議において以下の目的を設

第1部　子どもの権利と社会的子育ての理論

図1　1995年実施した「子育てサークル実態調査」の一部

会を始めてみて良かったこと

項目	件数
友達が増え心強い	24
支えあえる安心感	17
対応への援助の広がり	4
会員が力を得た	7
社会的視野が広がった	11
教育施設の充実	0
福祉施設の充実	0
その他	8

会を始めての悩みは？

項目	件数
仲間がつながっていかない	8
運営の負担が固定化	11
集まる場所が一定しない	2
集まる場所の保証がない	8
マンネリ化しがち	4
お金がなく運営困難	3
その他	11

N＝35サークル
複数回答有

経費
運営メンバー
人数が多すぎてゆっくり話せない
ただ遊ばすだけでいいのか
自治体のバックアップがない
内容を考えるのが大変
参加者が増減により片寄り有り

図2　子育てサークルの抱える悩み・問題点：「こころの子育てインターねっと関西」が2000年に関西圏のサークルに実施（回収548サークル）した調査結果の一部

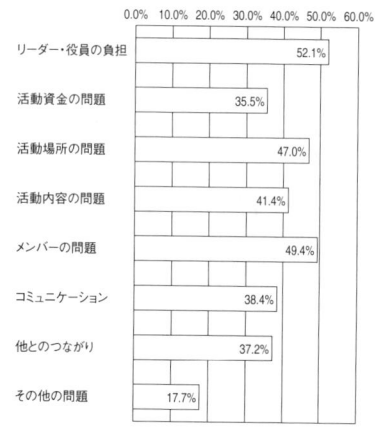

項目	割合
リーダー・役員の負担	52.1%
活動資金の問題	35.5%
活動場所の問題	47.0%
活動内容の問題	41.4%
メンバーの問題	49.4%
コミュニケーション	38.4%
他とのつながり	37.2%
その他の問題	17.7%

出典：こころの子育てインターねっと関西「あなたのまちの子育てサークル」(2001), p.20。

定した。

① サークルとサークルを繋ぐことでサークル同士の自主的な相互援助を育成する（後継者の問題，保育のマンネリ化の問題，仲間のつながりの問題への対応）
② サークル活動，ネットワーク活動により子育てへの意欲を向上させる
③ 潜在化している子育ての孤立・不安現象の発見，解消
④ 子育て支援機関の認知を深める（場所の問題，保育のマンネリ化の問題への対応）

〈コミュニティの構造や問題状況に関する仮説〉

地縁・血縁の欠如は地域で孤立化を生んでいる。気軽に子育てについて相談・確認する人が身近にいない。そのことは子育て不安を増長し問題発生の誘因ともなっている。

〈基本的な変革の戦略〉
　既存の子育てサークルを組織化し，有効な相互作用や合意が形成され協力・協働的な態度を育成する。組織された子育てサークルネットワークの会により個々の子育てサークル同士の相互交流がスムーズになると先輩サークルから助言を得たり，具体的保育の応援等によるサポートをしあったり，個々の子育てサークル自体の存続維持が可能になる。個々の子育てサークルが活性化すると子育てサークルに参加しているメンバーの一人一人は，実際に子育てに関する視点の交流や他児の様子や他の親子の接触をみる。子育て不安が解消されたり，楽しさを発見できたりすることをねらう。また，サポーターとして地域の機関が参加することでニーズをキャッチしたり，ニーズに合わせた社会資源となっていくことをねらう。

―実　行―

〈特徴的な変革の戦術と技術〉
　インターグループワークの手法（「理論的組み」の②インターグループワーク参照）により子育てサークルの相互交流，ネットワーク化を図る。

　ア．代表力の強化：各子育てサークルのリーダーと保健所，保育所，家庭児童相談室のメンバーによる代表者会議を定例化し，目標設定，実行内容を民主的に議論する。コミュニティワークの主導集団は，専門職等からサークルの代表者に徐々に移行し，母親主体の子育てサークルネットワークの会を結成する（次頁資料1参照）。

　イ．代表者会議の民主的運営：子育てサークルのリーダーがサークルの代表として日々感じていることを討議する。リーダーの不安，悩みを解消することにも重点を置く。サークルに話を持ち帰って検討できるように配慮を行う。代表者の中で共同に全体の仕事を分担する。

　ウ．集団間の直接的な連帯行動の促進：各機関・各サークルがそれぞれを理解できるように，代表者会議で毎回各サークルから現状報告をおこない，機関側は自分たちの機関でできること意図的に発言しサークルのリーダーたちがヒントを得られるように心がける。地域の身近な各機関が参加することによって，子育て中の家

資料1　ネットワークの会のリーフレット

子育てサークルネットワークの会
子育てトライアングル

わたしたちの思い
◆ひとりぼっちで子育てしているお母さんをなくそう。

◆子育てサークルのネットワーク作りをしよう。

◆地域の子育て支援に向けて地域，保健所，保育所，幼稚園，学校，福祉事務所，子育てに関わる各機関，家庭との連携を図り横のつながりを持つことで，互いの情報交換を行い，総合的な角度から子育て支援を考える。そして，行政への積極的な働きかけの中から市民主体の子育て支援を確立できるように要請を行っていこう。

◆子育てに携わる母親，父親，子育てサークルリーダーを中心に保健婦，保育士，教師，家庭相談員，学生他，子育て支援に関心を持つ方々と共にそれぞれの立場からさまざまな問題点を出し合い，A市内での子育て状況を把握する。各個別での立場からでは，対応できない問題や情報を交わし連携をとることで具体化できることを見出していこう。

〈○○○子育てトライアングル〉は1995年に家庭児童相談室の呼びかけで子育てサークル活動中の親が集まりA子育てサークルネットワーク準備委員会を結成しました。
翌年5月初めてのイベントを企画し，保育所の協力を得てスタートしました。

子育て交流会
人形劇，リズム体操，手遊び，各子育てサークルごとのコーナー遊び，サークル紹介，など子育てサークルに参加しているお母さんや子育てサークルを探しているお母さんたちの情報交換の場として年1回開催しています。

サークルリーダーママ交流会
各子育てサークルでの活動内容紹介，問題点，サークル運営に関する悩みなどをサークル同士で話し合い，情報交換をすることで解決の糸口を見つけてもらうための場として年1回開催しています。

校区別子育て支流キャラバン
小学校の校区別に地域自治会をとおして現代の子育て状況を把握していただくと共に地域で活動中の子育てサークルの存在を知ってもらい理解と協力をお願いし，地域ぐるみの子育てが実現することを願って，その地域において子育て交流会を開催するための支援を行なっています。

その他の活動
子育て中の親たちが子育てに対して子どもの身体的，精神的発達を認識する機会として『子育て講座』を開催しています。

A市内の子育てサークルの把握と紹介するための**子育て情報マップ作り**を行ないました。

族が地域機関の情報を得ることができ利用しやすくする。また，イベントを協働で取り組むことで各集団を連帯させ機関との連帯も促す。

ⅰ　協働化：各サークルが自分たちのサークルでできることを検討し，主体性を尊重した上で協働する。例えば，イベントにおいてそれぞれのサークルに出し物を提供してもらう。そのことによってサークル内の連帯を深め，代表力の強化を図る。

ⅱ　責任分担：サークルによって，何年も継続できているところ，まだできたばかりのところ，あるいは中心になる人が複数いるところ，1人で抱えているところなど様々である。その状況の違いに応じてネットワークの会に関する役割分担をおこなう。

ⅲ　参加各単位集団の機能強化：
・参加サークルが果たしている役割の明確化をおこない運営していく。
・機能的に弱体化していたり，行き詰まっているサークルの

代表者に対する相談会を代表者会議でおこなったり，メンバーのサークルリーダーがそのサークルに実際に出向いて行って支援する。
　エ．情緒的満足を伴う活動：どのような方向性で動いていくかの検討会を半年おこなったが，会議だけでは情緒的満足は得られない。硬いイメージで子育て中の親にとって満足のいくものでなく行き詰まりが生じた。親子共に楽しめるイベント，子育てサークルリーダーの悩みを交流できる場を中心に企画をおこなう。

〈特徴的な実践家の役割〉

　家庭児童相談室の相談員は，コミュニティワーカーとして意図的にグループ交流を図るが，あくまでも側面から援助する機能，合意形成のための援助機能，協力・協同的な問題発見と問題解決の過程を導くような調整機能というようなイネイブラーの役割，インターグループワーカーのような役割を果たした。

　そして，地方版エンゼルプランに反映できるように担当課である児童福祉課等に働きかけた。保育士は保育技術の提供により，保健師は保健技術により助言を行い側面的援助を行った。また，地域社会への統合に地区担当制である保健師は力を発揮する。取り組みの途中から事業化された地域子育て支援センターは，サークルとサークルを具体的につないだり，新しいサークルを育成したり，孤立している家族にサークルを紹介し，大きな力になった。

〈変革の手段〉

　ターゲットは子育てサークルである。子育てサークルを活性化することで，子育て不安への解消を手がけている。

4　プロジェクトの評価

　具体的にはネットワークの会として，代表者会議で決定した年1回の子ども連れで楽しむイベント，年1回のリーダーママ交流会，年1回の子育て講演会を実施し始めた。取り組みそのものが目的ではなく，まさしく活動を通じて母親同士が親密になったり，子どものことを気楽に話せたり，複数の目で子どもを見ることを実現することにある。プロセス

の重視である。

　当初，呼びかけた家庭児童相談室が主導であったが，だんだん子育てサークルのリーダーたちが主導になり，母親たちの意見で会の名称，会長も決定した。ニーズが高まって自主的に新しい取り組みが次々と発生した。子育て情報マップの作成，ネットワークの会が「子育てキャラバン」と名づけて地域に出向いて地域のサークルと協働してのイベントの開催，ネットワークの会が中心になる親を育成するためにボランティア講座の開催と活動が広がっていった。

　参加協力者も保育所，地域子育て支援センター，保健所，地域によっては民生委員・児童委員，主任児童委員，自治会，老人会，婦人会等地域の役割ある人の協働に広がっていった。そして児童福祉行政の担当課がこの代表者会議に参加するようになった。

　当初のニーズであった場所の問題は民生委員・児童委員等地域の役割ある人の参加で地域会館等が借りやすくなった。また，保育内容については保育士とサークルの交流により情報を得られるようになった。後継者の問題や仲間のつながりの強化の問題については，一人でかかえこまないで他のサークルに相談する動きが生まれている。

　当初の目標であった４点についてみると，次のような成果が得られた。

① サークルとサークルを繋ぐことでサークル同士の自主的な援助を育成する：ネットワークの会が，主体的に「子育てキャラバン」と称して地域のサークルをバックアップするために地域に出向き，その地域での行事を合同で取り組む。あるいは，ひとつのサークルが他のサークルのクリスマス会のような行事に応援に行く等支援の交流が生まれている。また，行政主導でなく，母親の眼を通して実際に役立つマップ作りを行うという自主性が生まれ，主体性が発揮されている。そのことによって，母親とサークル，サークルとサークルを繋ぎ，サークル維持を助けている。

② サークル活動，ネットワーク活動により子育てへの意欲を向上させる：生き生きしてくる母親，助言されていた人が次には助言する役に回るという姿が見られる。保育内容にこだわっていたサークル

③ 潜在化している子育ての孤立・不安現象の発見，解消：イベントの参加は，フォーマル機関の宣伝より親の口コミやサークルからの情報提供によるところが大きかった。そこではフォーマル機関では拾えない新しい家族を拾うことが可能である。インフォーマルなパワーによる浸透度の大きさが明らかになったといえる。しかし，どこまで不安現象の発見や解消に繋がっているかは明らかにできていない。

④ 子育て支援機関の認知を深める：行政の機関と子育てサークル代表である母親たちと協働で『子育てマップ』を作ったり，代表者会議で議論する中で保健所・保育所が身近になり，場所や物を借りるという利用，個々のサークルが，また歩いていける距離の保育所に相談に出かける，あるいは地域の自治会，民生委員と共同して地域行事にサークル活動支援を組み込んでもらうということも発生してきた。

以上，子育てサークルの悩みの全面的解消に至ったわけではないが，ネットワークの会の母親たちが横につながり，発想を広げ，自主的・積極的に活動を展開している。子育てサークルの組織化が，サークル支援に一定の役割を果たしていると思われる。個々の子育て家庭にどの程度，効果をもたらせたかは直接ターゲットにしていないので不明であり，効果測定が今後の課題である。また，ネットワークの会の運営についての課題——役割が大きく負担になること，主メンバーの世代交代等——も残されている。

5　専門職としての評価

この事例は，前述したように家庭児童相談室が勤務外に始めた取り組みで，まずはソーシャルワーカーのコミュニティワークの仕事として認める方向に働きかけ，そして次にはネットワーク自体が認知されるよう，担当課に働きかけたものである。結果的に仕事として認知され，施策を

打ち出す行政部門との橋渡しのみならず，ネットワークの会が社会的信頼を得られるような働きかけもできるようになった。例えば，様々な会合でこのネットワークの会の紹介をおこない，子育てマップの作成や広報を協働してきた。このような働きかけの結果，ネットワークの会にも一定の知名度ができ，各地で講演，研修に呼ばれるようになった。また，地方版エンゼルプランの作業部会にネットワークの会として意見を問われたり，社会福祉協議会主催の校区福祉委員会の小地域ネットワーク事業に呼びかけられたり，地域によっては連合自治会と共同している地域もある。また，社会福祉・医療財団の子育て支援の基金[3]の助成を受け，社会的に認められる位置へと発展している。

　専門ワーカーの役割としてイネイブラーの役割が言われているが，本事例では中心が完全にインフォーマルな母親たちに移行できたと言える。また，支援機関側も，一機関でなく複数の機関でチームをくんだこと，一同に介し目標を定めとりくんだことが地域全体を見渡した支援力の形成に寄与できたと思われる。

　以上，コミュニティワークの手法をもちいた評価として，第1に支援機関を開いていったこと，第2に子育て中の親同士というセルフヘルプ的な機能をうみ出したこと，第3に専門職側に子育てに関する現代的ニーズを把握させたこと，第4に地域としての支援力を向上させたことがあげられる。

　残された課題としては，インフォーマルなグループが行政と対等な状態になっているわけではないことがあげられる。ネットワークの会が依頼されることが必ずしも子育て中のグループのニーズに一致することとは限らない。依頼を受けたネットワークの会は，選択できる状態になっていかなければならない。また，社会的発信をする場の形成，協働で行政のプランの作成ができるような位置の確保を検討しなければならない。

4　まとめ

　子育て家庭への援助，とりわけ子育てネットワーク作りへのアプロー

チは，保育，心理，保健，社会教育等いろいろな分野からのアプローチがおこなわれている。「子育て支援」という点では，様々な手法で様々な支援が展開されるべきであろう。

ここでは，子育てネットワーク化をコミュニティワークの視点でソーシャルワーカーとして実践してきた事例を示してきた。ここで改めて，ソーシャルワーカーの子育て支援機能の重要なポイントを述べてまとめとする。

1)「子育て支援」における専門ワーカーの機能

「子育て支援」にソーシャルワーカーとして取り組むべき機能の第1点は，ソーシャルワーカー，特に地域に密接な機関のソーシャルワーカーが地域に働きかけ開発する機能である。現状は，発生した問題に追われることが多いが，問題に多く対応しているからこそ地域の状況を把握でき，地域に何が不足しているのか見極めることが可能である。そして，「子育て」という特別でない状況で誰もが抱える問題に対し，存在する資源やサービスを当てはめるだけでは不十分である。不足しているものを作っていく，そのために地域に働きかける開発機能（岡村，1983）が必要である。今回とりあげたのは，身近に「子育てについて相談できる場」「子育てを確認できる場」がないという実態から新しくネットワークの会を形成することで，こういった場を開発していった例である。

第2点は，問題が複雑多様になっている今日では，専門職の力だけでは限界があり，特に，「子育て」という特別でない問題に介入していくには地域の力が必須であるという視点である。地域が活性化され自主性が発揮されるような働きかけ，つまり，母親たちが自ら問題を解決していく主体であると認識していく方向，自分たちのパワーを発揮させる方向にエンパワーメント（小田，1999：中村，1999）を促進させる必要がある。

この2つの機能を意識し地域に働きかけていくスキルは，児童福祉分野に今後ますます求められるものと思われる。ただし，現状では地域にワーカー職は非常に少ない。「コミュニティワーカーの役割」の重要性に応じた専門職の整備・充実が強く求められる

第1部　子どもの権利と社会的子育ての理論

2)「子育て支援」の重要なポイント

まず，根本的に「子育て支援」に関して現場では様々な葛藤がある。様々なニーズをもって動きたいと思っているネットワークの会と子育て支援策として展開しようとする行政とのミスマッチ，地域で活動する子育てサークルと何か力になりたいというボランティアのミスマッチ等である（原田，1999）。「こころの子育てインターねっと関西」[4]の第11回フォーラム（2000），子育てネットワーク全国研究交流集会（2001）でもミスマッチが話題になっており，助けてほしいことと支援しようとすることにずれがある。支援者側の専門職はあくまでもイネイブラーとして側面から援助するべきである。これは，保育士，保健師，児童委員等地域の役割ある人みな同じである。直接関与する援助の方が，援助は行いやすい。自分たちが前面にでずにサポートすることは思いのほか難しい。しかし，そのことで葛藤が存在することもある。これから望まれている援助は，専門職は側面的支援として，当事者である親グループが主体性を発揮でき，生き生きと子育てができるように働きかけていくことが望まれる（岩田，2000：原田，1999：丹羽，1999：小出，1999）。そのための子育てサークル支援である。この実践事例においても混乱や葛藤は絶えないが地道に現在も活動している。専門職が前に出てしまうとニーズの主体者は誰なのか見えにくくなることがある。自主的なサークルは育たなくなる。「子育て支援」という名のもとに自主的な力を損なってしまう可能性もある。福祉，保健，保育，いずれの分野でも今までは指導的立場で仕事をおこなってきている。しかし，これからは，冒頭に記述したように自立，利用者主体という流れの中で今までの仕事のスタイルにメスを入れなければならない。

様々な機関が，子育て支援に乗り出しているが子育て現状への認識を一致させ専門職が何をしなければならないのかの検討，そして，今までの発想からの転換が必要である。今後，一層生き生きとした楽しい子育てのできる地域作りを考える必要がある。それぞれの地域で親を主体にしながら，それぞれの立場で検討し地域が一体化して協働していくことが望まれる。

* 本稿は「『子育て支援』における地域組織化活動の展開とその分析」PL学園女子短期大学紀要第28号を基礎として本書収録にあたって必要な修正を加えたものである。

(1) ロスマン (1968) はCOを「小地域開発モデル」「社会計画モデル」「ソーシャルアクションモデル」の3種類に分類し，コミュニティワークの概念の包括化を図ろうとした。その後，ロスマンにおけるCOの3モデルは，トロップマン (1987) との共同研究によって「政策モデル」「アドミニストレーションモデル」以下を加えマクロプラクティスとして総合的展開を図るよう整理をおこなっている。

(2) 表1は，ロスマン (1968) の3分類（注(1)参照）を表にしたもののうち，「小地域開発モデル」の一部を抜粋したものである。

(3) 子育て支援基金：社会福祉・医療事業団が，政府出資金による基金を創設し，民間の創意工夫を活かした社会福祉を振興するための事業に対する支援を行なっている。子育て支援基金では，少子化社会に対応した子育てに必要な各種事業及び青少年の非行防止等への民間団体が取り組む相談・普及・啓発活動などきめ細かな事業に助成している。

(4) こころの子育てインターねっと関西：子どもたちの心とからだの健やかな成長を願って，子育て真っ最中の母親・父親と保育士・保健師・カウンセラー・教師・医師・社会教育などの専門職が一緒に作る子育て支援のための民間 (NGO) のボランティア団体。筆者はこの団体の運営委員でもある。

[引用・参考文献]
原田正文 (1993)，「育児不安を超えて」，朱鷺書房。
原田正文 (1999)，『みんな「未熟な親」なんだ－グループ子育てのすすめ』，農文協。
岩田美香 (2000)，「現代社会の育児不安」，家政教育社。
小出まみ (1999)，「ひとりぼっちじゃないよ！」，ひとなる書房。
小松源助・稲沢公一(1994)，「対人援助のためのソーシャルサポートシステム」，川島書店。
加納恵子 (1989)，「海外の実践事例／英国のCDP (1968-1978)」，高森敬久・高田真治・加納恵子・定藤丈弘著『コミュニティ・ワーク』(pp.184-191)，海声社。
こころの子育てインターねっと関西(2001)「あなたのまちの子育てサークル」。
"こころの子育てインターねっと関西"第11回フォーラム報告集 (2000)，『みんなで考えよう！ ほんとうに必要な「子育て支援」』，こころの子育てインターねっと関西。
"こころの子育てインターねっと関西"第2回子育てネットワーク全国研究交

流集会（2001），「ひろがれ！子育てネットワーク」，こころの子育てインターねっと関西。

牧里毎治(1988)，「ソーシャルネットワークにおけボランティアの役割と展望」，(pp.31-36)，社会福祉研究，第42号。

Mcmillen,W.（1945），"Community Organization for Social Welfare" The University of Chicago Press.

中村沙織（1999），「エンパワーメント戦略と技術」，大田義弘・秋山薊二編著『ジェネラル・ソーシャルワーク』(pp.123-129)，光生館。

丹羽洋子（1999），「今どき子育て事情——2000人の母親インタビューから」，ミネルヴァ書房。

岡村重夫（1983），「社会福祉原論」，全国社会福祉協議会。

小田兼三・杉本敏夫・久田則夫（2000），「エンパワーメント　実際の理論と技法」，中央法規。

Ross, M.（1955），"Community Organization,Theory and Principles"Associate Professor of Social Work University of Tronto.

ロス，M.・岡村重夫（訳）（1968），「コミュニティ・オーガニゼーション／原則，理論および実際」，全国社会福祉協議会。

Rothman, J.（1968）."Three Models of Community Organization Practice, Social Work Practice" Columbia University Press.

定藤丈弘（1989），「コミュニティ・ワークの方法モデル」，高森敬久・高田真治・加納恵子・定藤丈弘著『コミュニティ・ワーク』(pp. 110-123)，海声社。

高森敬久（1989），「コミュニティ・ワークの概念」高森敬久・高田真治・加納恵子・定藤丈弘著『コミュニティ・ワーク』(pp. 2-11)，海声社。

山野則子(2002)，「『子育て支援』における地域組織化活動の展開とその分析」，(PP 1-15) PL学園女子短期大学紀要第28号。

4 カナダ・オンタリオ州の児童保護システム

子ども家庭サービス法を中心に

［大和田叙奈］

1 オンタリオ州の児童福祉

1）歴　史

カナダ・オンタリオ州の児童福祉法制史は，1955年の児童福祉法（Child Welfare Act）制定を起点とする[1]。1977年には，児童福祉行政の系統化に向けて，コミュニティ・サービス省に「子どもサービス部」が設置された。1978年には，児童福祉法が修正され，児童福祉領域に裁判において法的代弁を受ける権利を導入した。また，年齢の高い子どもの場合，裁判によらないケア協定に本人の同意が必要である旨の規定を設けた。1980年の児童福祉法改正では，法的代弁の規定を設けるとともに，裁判官が法的代弁の必要性を決定する際に考慮すべき基準を明確にした[2]。

その後，児童福祉法を含む既存の児童福祉サービス関連諸法は一本化されて，新たな理念を付加した総合立法が行われた[3]。この立法作業により，1984年に子ども家庭サービス法（Child and Family Services Act, 以下 CFSA）が制定され，1986年に施行された[4]。CFSA は，1990年に改訂された後に，1992年から1999年にかけて8回の修正が行われた。

州法に影響を与える連邦法には，1867年の建国と同時に制定されたカナダ憲法（Canada Act）がある。カナダ憲法は，1982年の「権利及び自由に関するカナダ憲章」（Canadian Charter of Rights and Freedoms）によりその内容を充実させた。

また，カナダは，子どもの権利条約を1991年に批准した。106番目の締約国であり，1995年には国連子どもの権利委員会よる審査を受けた。

2）地域サービス

CFSA に基づく子どもの地域サービスは，7つの施設（犯罪少年関連5つ，子どもの精神保健関連2つ）から提供される。地区事務所（regional office, 9つ）は，上記7つの施設に，保育，保護観察（probation services）を加えたものである。ここでは，子どものサービスを包括するシステムを地域全体で確保するために，ソーシャルサービス計画を調整している。養子縁組は，中央（centrally）によってのみあっせんされる[5]。

1998年には，母子保健分野において，secretriat[6]が制度化された。この制度は，プランやサービスの連絡調整を省庁との間で行うものであり，サービスを直接提供するものではない。だが，省庁との結びつきがあることから，母子保健に限らず，児童福祉サービスを推進する役割も期待されている。

3）Children's Aid Society（CAS）

CAS は日本の児童相談所にあたる機関であり，その役割はCFSA15条3項によって以下のように規定される。

（a）16歳未満で，社会的ケアやスーパービジョンのもとにおかれる子どもの調査
（b）16歳未満で，社会的ケアやスーパービジョンのもとにおかれる子どもの保護
（c）家族に対するカウンセリングや指導の提供
（d）子ども自身に対するケアの提供[7]
（e）子どものスーパーバイズ
（f）養子縁組
（g）本法や他法に掲げられているその他の義務の履行

CFSA が規定する CAS は，児童保護システムにおいて多様な機能を担う。CAS を通して行なわれる子どもの保護サービスの流れを図式化すると資料1のようになる。以下では，特に子どもの措置，アセスメントと介入，インケアのレビューの3点をとりあげて，CAS の実践を分析する。

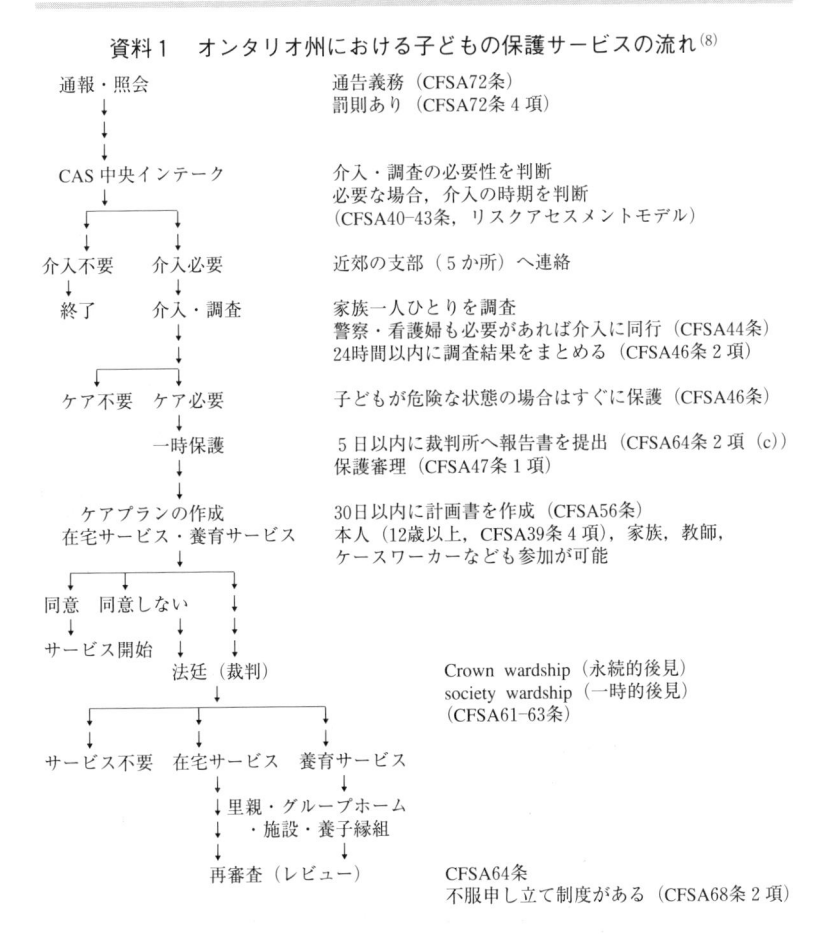

4 カナダ・オンタリオ州の児童保護システム

資料1　オンタリオ州における子どもの保護サービスの流れ[8]

```
通報・照会              通告義務（CFSA72条）
   ↓                   罰則あり（CFSA72条4項）
CAS中央インテーク        介入・調査の必要性を判断
   ↓                   必要な場合，介入の時期を判断
   ↓   ↓              （CFSA40-43条，リスクアセスメントモデル）
介入不要 介入必要         近郊の支部（5か所）へ連絡
   ↓     ↓
 終了   介入・調査        家族一人ひとりを調査
         ↓              警察・看護婦も必要があれば介入に同行（CFSA44条）
         ↓              24時間以内に調査結果をまとめる（CFSA46条2項）
   ↓     ↓
ケア不要 ケア必要          子どもが危険な状態の場合はすぐに保護（CFSA46条）
         ↓
       一時保護           5日以内に裁判所へ報告書を提出（CFSA64条2項(c)）
         ↓              保護審理（CFSA47条1項）
   ケアプランの作成        30日以内に計画書を作成（CFSA56条）
   在宅サービス・養育サービス  本人（12歳以上，CFSA39条4項），家族，教師，
                         ケースワーカーなども参加が可能
 ↓     ↓      ↓
同意  同意しない
 ↓     ↓      ↓
サービス開始
         ↓
       法廷（裁判）         Crown wardship（永続的後見）
                         society wardship（一時的後見）
                         （CFSA61-63条）
 ↓     ↓      ↓
サービス不要 在宅サービス 養育サービス
              ↓     ↓
            里親・グループホーム
             ・施設・養子縁組
              ↓     ↓
         再審査（レビュー）    CFSA64条
                          不服申し立て制度がある（CFSA68条2項）
```

① 子どもの措置

　措置については，マニュアルに基づいて対応する体制があり，即時に判断することが可能である。マニュアルは，ケースの緊急度別に明示された日数内で行動することを義務づけている[9]。

　CASの実践に問題が生じた場合には，対応を批判するためではなく，再発防止を目的とする査問会が開催される。マニュアルとしてリスクアセスメントモデルがある。これは，1997年に作成された後2000年に改訂されており，子どもの成長にとって危険な状態の評価基準になる。また，

「子どもにとってどうか」が最優先に考えられており，何日以内に何をしなければならないかが決められている[10]。

資料2　オンタリオ州における子どもの保護のための
リスクアセスメントモデル[11]

ケースマネージメント手続	リスクの判定	時間制限
照会	判定 #1 ケースは子ども福祉サービスの必要条件を満たしているか	→ 最初やそれに続く通告があった時点でアセスメント
	判定 #2 いつまでに対応しなければならないか	→ 危険度にもとづいて対応までの時間を決定（12時間あるいは7日）[12]
調査	判定 #3 子どもは現在安全か	→ 子どもと最初の面接時に安全性をアセスメント
	判定 #4 子どもの保護は確証のある事実か	→ 30日以内に決定，60日以内の例外あり
	判定 #5 その子どもは保護の必要性があるか	→
アセスメント[13]	判定 #6 子どもに将来虐待・ネグレクトが起きる危険性はあるか	→ 30日以内
	判定 #7 サービス計画を通知するために他のアセスメントの論点で考慮しなければならないことは何か	→ 60日以内
サービス計画	判定 #8 子どもと家族が必要とするサービス計画は何か	→ 60日以内
アセスメントとプランのレビュー	← 判定 #9 そのケースは子ども保護サービスの必要条件をまだ満たしているか	年4回，それが適当でない場合30日以内
	← 判定 #10 アセスメントに変更はあるか	→ 少なくとも6か月ごと
	← 判定 #11 サービス計画を修正すべきか	→ 重大なケースへの対応

② アセスメント,介入

①の措置と同様に,「子どもにとって危険かどうか」が最優先される。

通告などによる情報のインテークは,中央 CAS が一括して行う。そこで,資料2の「リスクアセスメントモデル」に基づいて,中央 CAS により介入が必要であると判断された場合は,5つの地域に分かれた支部に連絡される。そして,支部の調査担当ワーカー,警察(小さな子どもがいる場合は看護婦も)が介入や調査を行う。この時点で子どもが危険な状態であると判断される場合は,親の同意がなくても子どもを一時的に保護することができる(CFSA46条。一時保護は,グループホームや里親に委託される)。調査の結果は,5日以内にできるかぎり速やかに裁判所へ報告されなければならない(CFSA64条2項(c))[14]。

③ インケアのレビュー

ケースワーカーは,子どもが施設に入所した後7日以内に訪問して,その施設に適応できているかどうかを判断する。その後30日以内に再度訪問して,ケアを見直さなければならない。また,裁判所の保護命令を受けて,ケアプランを作成しなければならない(CFSA52条)。12歳以上の子どもはケアプランに参加できる(CFSA39条4項)。ケアプランは達成目標を立てるが,3か月に1度(年4回),その内容をチェックされる。ただし,グループホームでは6か月間にわたりケアプランの内容を毎月チェックされる[15]。

4) 子どもの弁護士事務所

オンタリオ州では,子どもに関連する事件を,その内容により2つの裁判所が管轄する。離婚については,州上級裁判所が管轄する。そして,州裁判所家事部は,親権,面接交渉,養育費,親子分離など子どもの保護に関する事件のみを管轄する。

オンタリオ州の裁判所は,法曹一元体制を採用しており,弁護士,とくに CAS の弁護士を経験した者が裁判官に任命されることが多い。[16]

子どもは,保護手続のすべての過程において,弁護士の代理をうけることができる(CFSA38条1項)。子どもの弁護士は,裁判命令により,「子どもの弁護士事務所」などに委任される[17]。オンタリオ州の「子ども

の弁護士事務所」は，公務員のスタッフ80名（弁護士29名，ソーシャルワーカー12名ほか），契約弁護士325名，契約ソーシャルワーカー150名から構成される。契約職員は，年2回のトレーニングを受けながら3年を期限とする契約を結び，子どもを取り巻く環境調査を行う。8歳以下の子どもには原則としてソーシャルワーカーが配置されており，遊びながら子どもの意向を受け止めるように配慮されている。また，「子どもの弁護士事務所」では親としての養育力を判断するために，子どもの環境調査と同時に親の調査も行う。ただし，「子どもの弁護士事務所」が行う代弁活動は，法廷内に限られる。法廷内という制約があるものの，「子どもの弁護士事務所」は，裁判官と対等な立場で，裁判所では対応しにくいきめ細かい活動を行うことが期待されている。

2　1999年CFSAの修正

1）修正の背景

1997年にCFSAの再検討を行う目的で，学識経験者や医療・福祉の実践家から構成される専門家委員会が設けられた。専門家委員会は，CFSAについて，子どもの保護と家族維持にみられる親子間の権利のバランスに配慮しているか，「保護を必要とする子ども」を明らかにしているか，法の運用が適切かなどに注目して議論を行った。論点に対する専門家委員会の提案や勧告は，1999年のCFSA修正に影響を与えた[18]。修正については，情緒不安定な16歳の少年が留置所で殺された事件を発端とするインクエスト（子どもに代わり施設を法廷外で訴える制度）の影響も大きいとされる[19]。

2）主な修正点

1999年のCFSAの主な修正点は，次の7点である[20]。

① 　法律の主要な目的が子どもたちの最善の利益・保護・福祉を推進すること（promote the best interests, protection and well being of children）を明確にする。

② より迅速な子どもの保護活動を奨励するために,保護を必要とする子どもの通告理由を拡大する。
③ CAS が,子どもを保護するために必要とする情報をより簡単に獲得できるようにする。
④ ある人が子どもに行った過去の振る舞いに関する証拠を,子どもの保護手続に採用することを許可する。
⑤ 報告義務を明確かつ拡大する。
⑥ 子どものためのより早いパーマネンシープランニングを推進する。
⑦ 少なくとも 5 年ごとに,CFSA を再検討する義務があると規定する。

以下では,児童保護システムに関連すると思われる修正点①,②,⑤に注目して,その内容を分析する。

修正点①関連:CFSA の目的(1 条)
旧規定は,子どもの最善の利益・保護・福祉(ウェルビーイング)を促進することを最高の目標としていた。そして,それ以外の目標は,「家族という単位の自律性と尊厳性を支援」すること,「最も制限が少ない方策あるいは子どもや家族を崩壊に導く可能性の最も少ない方策」を採用することを,それぞれ承認していた[21]。

しかし,旧規定では最善の利益が「それ以外の目標」に優るかどうかがあいまいであった。そこで,「主要な目標として最善の利益を位置づける」,「付加された目標は,最善の利益と一致する場合にのみ適用される」という修正が行われた。

また,「両親はしばしば (often) 子どもの世話について援助を必要とする」という旧規定を,「両親は子どもの世話について援助を必要とする可能性がある (may)」に修正した。

さらに,旧規定の「最も制限が少ない方策あるいは子どもや家族を崩壊に導く可能性の最も少ない方策」については,「最も制限が少ない」ということの内容が,子どものニーズというよりもむしろ親の権利や利

益を強調するものとして解釈される恐れがあった。そこで,「子ども」に対して崩壊に導く可能性の最も少ない方策が考慮されるべきであるという内容に修正された。

なお,親の定義は,CFSA 3 条 2 項によれば,「子どもを監護する両親」,「子どもの法的監護権を持つ親」,「子どもの法的監護権を持つ個人」などである。しかし,CFSAの「第 3 章子どもの保護」における親の定義は,総則とは別にCFSA37条に規定される。CFSA37条は,CFSA 3 条 2 項の内容に加えて,CFSAの第 3 章にもとづく介入を行う直前12か月にわたり家族として子どもを育てていたという確固たる意図を示している者も含む。ただし,里親は含まない。

修正点①関連:裁判所における親子分離命令前の考慮事項(57条 3 項)

CFSA57条 3 項は,同 1 条と同様に,子どもと親にとって最も制限が少ない方策を規定していたが,「子どもを崩壊に導く可能性の最も少ない」方策に修正された。

また,旧規定は,親子分離を行う場合として,施設以外のサービスが試みられたが,①失敗した場合,②子どもに責任を持つ人に拒否された場合,③子どもを保護するために不適当であると思われる場合,を列挙していた。これに対して,新規定は,「子どもを保護するために不適当であると思われる場合」のみを強調する内容に修正された[22]。

修正点①関連:裁判所における公的後見の再検討命令前の最善の利益考慮(65条 3 項)

CFSA65条 3 項は,子どもがsociety wardship, Crown wardshipにある場合や家庭にとどまる場合を再検討して命令を下す前に(CASがスーパーバイズをしている場合は除く),裁判所が子どもの最善の利益を考慮しなければならないという規定である。本条による再検討は,(a)~(g)の 7 項目にもとづいていたが,修正により(h)を追加した[23]。

(a) 最初の命令が下された当時の原因はまだ存在するか。
(b) 裁判所がその決定で採用した子どものケアプランは遂行されて

いるか。
（c）どのようなサービスが提供されているか，あるいは CFSA の第3章にもとづく介入の直前に，子どもに責任を持つ人が法にもとづいてどのようなサービスを請求しているか。
（d）その人はそれらのサービスに満足しているか。
（e）CAS は，その人が CAS やあらゆる人やサービス提供機関とも協力することに納得しているか。
（f）その人あるいはその子どもはさらにサービスを要求しているか。
（g）命令の即時終了が採用されているがそれが適当ではないと思われる場合に，命令の終了予定日を推定することができるか。
（h）子どもの最善の利益において最も制限の少ない代替手段は何か。

　society wardship, Crown wardship は，裁判所の審判による公的後見制度[24]である。society wardship は，期間を限定して，保護が必要な子どもを CAS の公的後見におく制度である。期間は原則として1年以内であり，最長2年まで延長することができる。1999年の修正により，6歳未満の子どもについては，原則12か月までに期間を短縮した。society wardship は2年未満での問題解決を目標としており，インケア処遇とあわせて家庭に返す努力が行われる。また，Crown wardship は，期限を限定しないで永続的に子どもを州政府の公的後見におく制度である。Crown wardship には，親の面会を認める「アクセス付き」と，認めない「アクセスなし」がある。面会に関連する CFSA59条2項3項の修正が行われたが，詳細は別稿にゆずる。Crown wardship においても，子どもを養育する責任は CAS にある。基本的には，州政府が責任を持って後見人になり，18歳までは CAS も関与する体制を採用している。子どもが CAS に協力的であれば，学校に通いながら21歳までサービスを受けることができる場合もある[25]。

修正点②関連：保護を必要とする子どもの定義（37条2項）
　旧規定は，保護を必要とする子どもの定義にネグレクトや心の傷（emotional harm）が含まれるかどうかをあいまいにしていた。そこで，CFSA

37条2項（b）の判断基準は，子どもの保護にあたるワーカーがより迅速に介入できるように，「実質的な危険（substantial risk）」から「子どもが苦しんでいると思われる危険」に修正された。また，同じ理由によりCFSA37条2項（f）の明らかな危害（demonstrated harm）の基準は，「厳格（severe）」から「深刻，危険をはらんだ（serious）」に修正された。さらに，ネグレクトが子どもの心の福祉に与える影響を認めて，「発達の遅れ（delayed development）」が，心の傷の兆候を示すものとして判断基準のリストに追加された。これらの修正の背景には，親の振る舞いと子どもに与える傷とのつながりを重視するワーカーの考えがある。

CFSA37条は，保護を必要とする子どもを定義する。その内容は，身体的な危害・そのリスク，性的危害・そのリスク，医療行為，心の傷・そのリスク，複合ケース，遺棄，12歳未満の殺人など，12歳未満の傷害・窃盗など，親によるケアが不可能の12項目である。施設から親が子どもを強制的に引き取ることは，遺棄として要保護の要件に挙げられる。罪を犯した保護を必要とする子どもの年齢は，刑法で罪を問われる年齢が7歳から12歳に引き上げられたことに関連する[26]。

修正点⑤関連：報告義務（72条）

CFSA72条の報告義務は，発見と通告を重視する目的から注目されて，数多くの修正が行われた。

まず，「保護が必要かもしれない，虐待に苦しんでいるかもしれない合理的な原因があると信じる」旧規定は，発見後に通告するための動機として弱いとされた。そこで，「疑うに値する合理的な原因（reasonable grounds to suspect）」に修正された。

また，専門職の報告義務は，子どもが保護を必要とするあらゆる状況を含み，単に虐待があった（とみなされる）場合に限らないことを明確にした（CFSA72条1項）。新規定は，子どもが保護を必要とするあらゆる状況として，身体的な危害（ケアの失敗，ネグレクト）・そのリスク，性的いたずらなど，性的危害のリスク，医療行為，心の傷，拒否や同意がないことによる心の傷，心の傷のリスク，拒否や同意がないことによる心の傷のリスク，複合ケース，遺棄，12歳未満の殺人など，12歳未満

の傷害・窃盗などの13項目を規定した。そして、専門職にはこれら13項目の情報や疑いを報告しなければならない職務上の義務があることが明確にされた。これに伴い、子どもが保護を必要とするあらゆる状況についてその報告を怠ることを追加するなど、専門職の罰則規定が拡大された（CFSA72条4項）。

さらに、専門職の報告義務は、継続的な責務であること（すでに報告した出来事であっても新たに疑惑が生じた場合にはその事実を改めて報告しなければならない、CFSA72条2項）、他の個人に委ねることができないこと（CFSA72条3項）が明らかにされた。

以上のように、修正は、1つの章にあらゆる報告義務の規定を統合した。また、いかなる個人も（州民または専門職）、子どもが保護を必要としている、あるいは、必要かもしれないと考えられる場合に、CASに直接報告しなければならない義務があることを明確にした。そのために、修正は、州民と専門職に単一の報告義務をうみだした[27]。

3）日本への示唆

日本では、2000年11月に「児童虐待の防止等に関する法律」が施行された。同法は、制定のさいに3年後に見直しをすることが予定された。本稿はカナダ・オンタリオ州のCFSAを一部分析したにすぎず、また、日本とカナダの法を単純に比較することはできない。しかし、日本の法制度を見直す作業を進めるにあたり、オンタリオ州のCFSAと児童保護システムは、次のような点が示唆に富むと思われる。

① 児童虐待について単独立法はない。
CFSAは児童福祉サービス関連諸法を一本化した法律として位置づけられる。児童虐待に関連する内容は、CFSAの第3章に規定される。
② 児童保護システムはCASの活動を中心とする。
オンタリオ州の児童保護システムは、中央CASにあらゆる情報を集中させてアセスメントを行う。どのようなケースに何日以内にどのような対応をするかなどは、CFSAとリスクアセスメントモデルを実践指針とする。援助過程にはタイムスケジュールが設定される。
③ 行政と司法の関係は、裁判所に対するCASの報告で結ばれる。

第1部　子どもの権利と社会的子育ての理論

　裁判所は，命令などにより CAS の実践に積極的に関与する体制をとらない。裁判所は，CAS から報告を受けてそれを審査する形で，CAS の実践に関与する。裁判官は，CAS の弁護士を経験した者が就任される場合が多い。そのために，CAS は現状を理解した裁判所の決定を得やすい。
④　虐待を特別視しない報告義務が，州民と専門職に課せられる。
　州民は，子どもが保護を必要とするあらゆる状況を，疑いの段階から報告しなければならない。専門職の報告義務は，継続する義務であり，発見者が直接報告しなければならない。

本稿は，CFSA やリスクアセスメントモデルの内容を検討するにとどまり，現場実践における法の運用を検討することはできなかった。法の全体像を把握した上で，法の運用を分析することを今後の課題としたい。

（１）　許斐有「カナダ・オンタリオ州のアドボカシー機関」『世界の児童と母性』第46号，財団法人資生堂社会福祉事業財団，1999年，50-53頁(特に51頁)。
（２）　許斐有「カナダ・オンタリオ州における子どもの権利保障」『社会問題研究』第48巻第2号，大阪府立大学社会福祉学部，1999年，150-151頁参照。なお，子どもの同意に関連する条文として，CFSA27条（施設サービスの提供における16歳以上の同意），同28条（コンフィデンシャル・カウンセリングサービスの提供における12歳以上の同意）などがある。
（３）　児童福祉法，児童居住サービス法，児童精神保健サービス法，罪を犯した少年に関する履行法(Young Offenders Implementation Act)，児童施設法，発達サービス法，心身障害児のための居場所に関する法律，慈善団体法を統合した (Queen's Printer for Ontario, Highlights of The Child and Family Services Act (1986), 2頁参照)。本法の「児童福祉」とは，施設ケア，施設以外のケア，予防，保護，養子縁組，個人あるいは家族を対象とするカウンセリングなどの各サービスを総括したものである(同上文献，9頁参照)。なお，1999年の CFSA 修正の際に，令状の有無にかかわらず子どもを保護する，あるいは安全な場所（里親家庭，病院，コミュニティ・サービス省より指定された場所）に移す権力（CFSA37条1項）を持つ「子ども保護ワーカー」が新たに設けられた。
（４）　CFSA 1条，同38条，同99-111条については，許斐有による仮訳がある（子ども情報研究センター編集『子どもの権利擁護と自立支援──カナダ・

オンタリオ州の取り組みに学ぶ』カナダ・ユース招聘委員会，1999年，41-44頁参照）。CFSA は，レジデンシャルケア（家から離れてケアを受けるだけでなく，スーパーバイズが設定される）にあるすべての子どもの権利を規定する。詳細については，許斐による同上文献を参照。CFSA は，子どもの弁護士事務所（前オフィシャルガーディアン）や子ども家庭サービス・アドボカシー事務所など，子どものアドボカシーを行う機関をも明規する。

（5） Ontario, Estimates Briefing Book 1999-2000 Estimates Ministry of Community and Social Services Program and Resource Summary (2000)，84頁参照。

（6） 前掲（5），86頁参照。

（7） 子どもに提供されるインケアは以下のとおりである。なお，Children's Aid Society of Toronto の統計によるため，オンタリオ州内の6か所ある CAS のうち，中央 CAS のみの報告に基づく。

	2000年	2001年
里親家庭（foster homes）	759	788
養子縁組家庭（adoption homes）	117	106
CAS の施設ケア（CAS residences）	39	39
CAS 以外の施設ケア（Non CAS residences）	929	933
自立支援（independent living）	258	280
その他（家庭訪問，病院など）	90	91
合　計	2,192	2,237

（8） 「第26回（1999年度）資生堂児童福祉海外研修報告書」（財団法人資生堂社会福祉事業財団，2000年，15頁と62頁），Queen's Printer for Ontario, Office Consolidation Child and Family Services Act（2000）を参照して筆者が作成した。

（9） 前掲（8），9-13頁参照。CAS による保護の対象となる子ども（保護を必要とする子ども）の定義は，CFSA37条に規定される。

（10） Ontario, Risk Assessment Model for Child Protection in Ontario（Revised 2000）参照。

（11） 前掲（10），8頁を筆者が仮訳した。

（12） 緊急ケースの場合，12時間以内に決定しなければならない。また，それ以外のすべてのケースについても，7日以内の決定が求められる。

（13） アセスメントの判断基準は，サービスの必要条件（判定 #1），安全性（判定 #3），将来の危険性（判定 #6）の3段階に分かれる。

（14） 前掲（8），19頁参照。

（15） 前掲（8），72頁参照。

（16） 前掲（8），73頁参照。

（17） 前掲（8），77-78頁参照。拙稿「子どもの権利を代弁する児童福祉の

あり方——カナダ・オンタリオ州の子どもの弁護士事務所 office of the Children's Lawyer から学ぶ」(『研究紀要』第18号，子ども情報研究センター，2001年，13-17頁) も参照。
(18) Ministry of Community and Social Services Government of Ontario, Handout CFSA Amendments (1999), 3頁参照。
(19) 施設の子どもが，エレベーターほどの広さでトイレ用の穴がある以外に家具はない薄暗い独房で，一緒に入れられた相手に殴り殺された。彼が死ぬまでに長い時間がかかった証拠が残っている。殺された少年が助けを求めて叫んだ証拠が残っている。死にかけていた少年自身も，殺した少年も，死にかけている少年を独房から出すようにと訴えた証拠が残っている。このような事件が発生して，インクエストが行われた。インクエストとは，「裁判所で行われるが，犯人やその罪を決定する裁判ではなく，事件がどうして起こったのか，それぞれの立場で何をすべきだったのかを確認」させ，同じような悲劇が二度と起こらないようにするためのものである (敷田万里子「子どもの権利とソーシャルワーク」子ども情報研究センター編『子どもの権利擁護と自立支援——カナダ・オンタリオ州の取り組みに学ぶ』カナダ・ユース招聘委員会，1999年，特に38頁参照)。
(20) 前掲 (18)，5頁参照。
(21) 前掲 (18)，12頁参照。CFSA制定当時は，「最も制限の少ない方策」の一例として，子ども自身の家が里親家庭より好ましいことや，自発的にアレンジしたサービスが裁判所命令による介入より好ましいことが説明された。
(22) 前掲 (18)，11頁参照。
(23) 前掲 (18)，12頁参照。なお，CFSA37条3項は子どもの最善の利益として考慮すべき状況を規定する。「その子どもの身体的，精神的，心理的ニーズとそのニーズに合う適切なケアや治療」，「その子どもの身体的，精神的，心理的な発達段階」，「その子どもの文化的背景」，「宗教上の信念」，「親との積極的な関係や家族の一員として安全な場所が子どもの発達に与える重要性」，「血縁や養子縁組命令によるその子どもの人間関係」，「ケアを継続することの重要性，その継続が妨げられた子どもに起こりうる結果」，「CASによって提案されたその子どもに対するケアプランのメリット，状況を変えることと家庭に戻ることのメリットを比較検討した上で養子縁組に措置する提案を含む」，「もし聴くことができるならば，その子ども自身の見解や希望」，「ケース対応の遅れがもたらすその子どもへの影響」，「生活環境を変える，(家庭から) 出て行くことや戻ることを繰り返される，家庭にとどまることにより子どもが負うかもしれない傷の危険性」，「その子どもが保護を必要としているという発見を裏付ける危険度」，「その他の関連状況」の13項目がある。
(24) 前掲 (?)，167頁参照。許斐有「カナダの子どもの人権・素描」『はらっぱ』1998年2 = 3月号，子ども情報研究センター，1998年も参照。wardship

は,『英米法辞典』(田中英夫編集代表,東京大学出版会,1991年,904頁)によれば,「1　後見権　Feudal incidents (封建的付随条件)の一つとしての後見権。2　被後見　Guardian (後見人)による後見を受けるという法的身分,またはそのことがもっている法的意味。」である。CFSA の wardship は,上記2の意味に該当すると思われる。

(25) 前掲 (13), 22頁参照。
(26) 前掲(18), 14-18頁参照。なお,医療行為の詳細については,横野恵「カナダにおける未成年者に対する医療と同意——児童保護立法による介入を中心に」『比較法学』第35巻第2号,早稲田大学比較法研究所,2002年,113-154頁を参照。
(27) 前掲 (18), 37-41頁参照。なお,CFSA72条5項は,専門家として職務上の義務がある人を以下のように規定する。
 (a) 公衆衛生の専門家(内科医,看護婦,歯科医,薬剤師,精神科医など)
 (b) 教師,校長,ソーシャルワーカー,ファミリーカウンセラー,聖職者(ラビを含む),保育士,ユースやレクリエーションワーカー(ボランティアは含まない)など
 (c) 警官,検視官
 (d) 弁護士(法務官)
 (e) サービス提供者

[参考文献]
大和田叙奈「子どもの権利を代弁する児童福祉のあり方——カナダ・オンタリオ州の子どもの弁護士事務所 office of the Children's Lawyer から学ぶ」『研究紀要』第18号,子ども情報研究センター,2001年,13-17頁。
カナダ・オンタリオ州コミュニティ・ソーシャルサービス省『まず,子どもを——子どものためのサービス諮問委員会報告・1990年11月』日本総合愛育研究所,1994年。
草間吉夫「カナダの子ども家庭サービスに学ぶ」『季刊児童養護』第28巻第3号,全国養護施設協議会,1998年。
子ども情報研究センター編集『子どもの権利擁護と自立支援——カナダ・オンタリオ州の取り組みに学ぶ』カナダ・ユース招聘委員会,1999年。
許斐有『子どもの権利と児童福祉法——社会的子育てシステムを考える[増補版]』信山社,2001年。
許斐有「カナダ・オンタリオ州における子どもの権利保障」『社会問題研究』第48巻第2号,大阪府立大学社会福祉学部,1999年,145-168頁。
許斐有「カナダ・オンタリオ州のアドボカシー機関」『世界の児童と母性』第46号,1999年,50-53頁。
許斐有「カナダ・オンタリオ州のアドボカシー事務所の実践」谷口泰史・安東

第1部 子どもの権利と社会的子育ての理論

忠・野澤正子編集『児童ソーシャルワークの理論及び展開過程の研究』児童ソーシャルワーク研究会，1999年，101-108頁。

許斐有「カナダ・オンタリオ州の子どもの権利ハンドブック」『社会問題研究』第48巻第1号，大阪府立大学社会福祉学部，1998年，139-166頁。

許斐有「カナダの子どもの人権・素描」『はらっぱ』1998年2＝3月号，子ども情報研究センター，1998年。

高橋重宏「カナダの子ども家庭サービス①」高橋重宏編『子ども家庭福祉論』放送大学教材，1998年。

高橋重宏・木村真理子「子どもの権利擁護と子ども家庭サービス・システム構築への課題」『日本総合愛育研究所紀要』32集，日本総合愛育研究所，1996年。

高橋重宏『ウェルフェアからウェルビーイングへ』川島書店，1994年。

高橋重宏訳『カナダからのインフォメーション——レジデンシャル・ケアの児童とティーンエージャーのための手引き』財団法人資生堂社会福祉事業財団，1992年。

横野恵「カナダにおける未成年者に対する医療と同意——児童保護システムを中心に」『比較法学』第35巻第2号，早稲田大学比較法研究所，2002年，113-154頁。

『第26回（1999年度）資生堂児童福祉海外研究報告書』財団法人資生堂社会福祉事業財団，2000年。

Ontario, Estimates Briefing Book 1999-2000 Estimates: Ministry of Community and Social Services Program and Resource Summary (2000).

Ontario, Risk Assessment Model for Child Protection in Ontario (Revised 2000).

Queen's Printer for Ontario, Office Consolidation: Child and Family Services Act (2000).

Ministry of Community and Social Government of Ontario, Handout CFSA Amendments (1999).

Ministry of Community and Social Services, Report of the 1997 Child Protection File Review (1998).

the Panel of Experts on Child Protection, Protecting Vulnerable Children: Report of the Panel of Experts on Child Protection (1998).

The ARA Consulting Group Inc., Child Welfare Accountability Review: Final Report (1998).

Queen's Printer for Ontario, Highlights of The Child and Family Services Act (1986).

＊　本稿は，平成12＝13年度厚生科学研究「児童保護システムと児童福祉法の国際比較研究」における研究成果の一部である。

5 日本におけるパーマネンシープランニングの展望

子どもの権利条約の観点から

［桐野由美子］

はじめに

　日本の児童保護システムも日々進展してきている。年々児童虐待ケースは増えてきているが，2000年に児童虐待防止法が施行されたこともあり，特に児童虐待の通告調査・親子分離を含めた初期介入の部分についてはようやく整備されはじめている。

　そこで今，日本が挑戦すべき次の課題として，児童保護システムのもっとも基礎的なもの，つまり，その体制，システムの全体の流れを検討する必要性が大いにある。つまり子どもが児童保護システムの中にいる期間だけではなく，その子どもの一生涯を通しての展望を確固たるものにしていかねばならない。

　本論では第一に，アメリカにおける児童福祉システムの枠組みであるパーマネンシープランニングの概念を紹介する。そして，日本の児童保護システムをパーマネンシープランニングのもとに再構築する必要性を検討する。第二に，パーマネンシープランニングを基盤としている国連子どもの権利条約に照らし合わせて日本の児童保護システムの今後の方向性を検討する。なお本論では，「児童保護システム」を「親または保護者が子どもに安全で愛情豊かな家庭を自分だけで十分提供できない際に，司法を含めて社会全体が家族を支援して子どもを守るシステム」と定義する。

第1部　子どもの権利と社会的子育ての理論

1　今なぜ日本にパーマネンシープランニングが必要か

1）子どもの権利条約とパーマネンシープランニング

　パーマネンシープランニングは、「すべての子どもに安全で愛情に満ちた永続的家庭環境に育つ権利がある」ことを原理（philosophy）としている（Child Welfare League of America 2000）。国連子どもの権利条約の前文にも、「子どもは、その人格が完全に、調和よく発達するよう、家庭でしあわせに、愛情と理解に包まれて成長する権利がある」ことが謳われている。そこには子どもの権利条約がパーマネンシープランニングの概念に基づいていることがうかがえる。実は、1970年代から20年以上の間、すでにパーマネンシープランニングの概念に基づいた児童福祉サービスを率先して行なっているアメリカが子どもの権利条約の草案作成に関わっていたのである[1]。

　パーマネンシープランニングについては、一般に「西欧諸国で里親委託や養子縁組を実施する考え方である」と言われるが、この表現はパーマネンシープランニングの神髄をついていない。どの国の児童福祉にもパーマネンシープランニングが必要である。パーマネンシープランニングとは、児童保護システムに関与するそれぞれの子どもの「流れ」、「全体を見通したもの」を指すからである。パーマネンシープランニングは、例えば児童虐待の通告を受けて児童相談所のワーカーが調査をした結果虐待が確証された後、在宅指導にするか親子分離になるかに関わらず、子どもとその家族に対する全てのサービス過程についての概念である。

　なお、パーマネンシープランニングの関連用語として「フォスターケア」がある。ここで、フォスターケアは里親制度のことのみを意味するのではなく、子どもが何らかの理由でもとの肉親（実親）から一時的に離れて生活をする状態、つまり代替ケア[2]全般を指す。日本の「フォスターケア（代替ケア）」は施設が主流であり、その他にも養育里親、グループホーム、病院への入院等を含む。さらに言えば、施設入所中の子どもが児童相談所のスーパービジョンのもとに一時的な家庭復帰、つまり実家への外泊時もフォスターケアに入ることに注意していただきたい。

5 日本におけるパーマネンシープランニングの展望

2) パーマネンシープランニングの発展過程

1950年代のアメリカでは,「被虐待児に必要なのは,子どもに愛情・指導・治療的環境を与える『良い里親家庭』である」と考えられていた。当時のソーシャルワーカーにも,代替ケアは子どものために最善ではないとわかっていたが,子どもが実親の元に帰ることができるように,実親へのサービスを提供することにまだそれほど力を入れていなかった。そのため,一時的措置であるはずのフォスターケアにいる子どもの数は激増していき,多くの子どもたちがフォスターケアにとどまり,しかも複数の里親家庭を転々としていた。その間,子どもの家族の抱える問題を解決するための支援は非常に限られたものであった。児童救済に焦点をあてたまま,家族支援サービス,あるいは家族再統合を目標とする加害者である親の回復のためのサービス提供が不十分であった点については日本の現状に類似している。

2000年に成立した日本の「児童虐待の防止等に関する法律」に相当する法律,つまり,「児童虐待の定義,通告の義務等に関する虐待防止法」は,1966年にはアメリカ50州中の49州が州法として定めていた。児童虐待防止連邦法であるCAPTA (Child Abuse Prevention and Treatment Act) が成立したのは1974年であり,公的機関ならびに民間団体に,児童虐待の早期発見,治療,予防等サービスの改善を奨励したものの,CAPTAにはパーマネンシープランニングの概念は含まれていなかった。

いわゆる「パーマネンシー法」,つまり「養子縁組および児童福祉に関する法律」(Adoption Assistance and Child Welfare Act of 1980. 以下AACWAと略す) が施行されたのは1980年になってからであった。AACWAは,各州が責任を持って被虐待児に対して,安全な永続的家庭を敏速に確保するよう要請した[3]。しかし,満足な成果が得られなかったため,1997年にAACWAが改定され,「養子縁組および安全家庭法」(Adoption and Safe Families Act of 1997. 以下ASFAと略す) が成立した[4]。

3) 日本政府への国連子どもの権利委員会「最終所見」

一方,日本は1994年に国連子どもの権利条約に加盟し1996年5月に国連子どもの権利委員会に「第1回政府報告書」を提出し,1998年6月に

委員会から「最終所見」を受けた。この「最終所見」では概して，日本の児童虐待防止及び治療プログラム等が不十分であること，さらに日本の「不適切な児童保護体制」が指摘されている。その詳細な説明の1つとして，親から分離され施設に措置された子どもが非常に多いことが書かれていた。日本はこの「最終所見」に応え，その後5年間，児童保護システムの強化にあたる必要があった。その成果を政府は「第2回報告書」として2001年11月にジュネーブの国連子どもの権利委員会に提出した。

　現在日本では，都市部を中心に多くの児童養護施設・乳児院・一時保護所が満杯状態になっている。児童虐待件数が毎年うなぎ登りに増大していることが原因である。この現状を考えると，将来的には今の施設と養育里親では対処できない程多くの要養護児童を家庭外措置しなければならなくなる可能性がある。こういう時にこそ，システムの入り口のみに焦点を置くのではなく，システムの出口を含めた構造を再検討すべきである。その全体構造をパーマネンシープランニングと呼ぶのである。

　親から分離された子どもは何を望んでいるのだろうか。親に「良くなってもらい」，再び安全で愛情に満ちた元の家族に戻りたいのだろうか。それとも，虐待をされた，あるいはネグレクトを受けたことは過去のこととしてそのまま施設から自立していくのを望むのだろうか。

　現場の専門職の方々は何度か見てきたと思うが，私が以前かかわった被虐待児のほとんどが，親から引き離されたのは自分が悪かったからだと思い込んでいる。ゆえに，ソーシャルワーカーは，決して子ども自身が悪かったのではないことを繰り返し子どもに言い聞かせなければならないのが常である。このことに関して，何年か前に，日本の或るベテランの児童相談所職員と意見を交わしたことがある。その職員は，「措置当初に子どもは『家に帰りたい』と言う。しかし子どもは変わっていく。家に帰りたいと言わなくなる」と述べたことを記憶している。一方，ある児童養護施設の職員は，「施設に長い間いる子どもの内，家庭復帰の可能性が明確でない状況にいる子どもは概して不安定であるのに対し，もう親の元には帰ることができないと確認できる状態の子どもはかえって『ふっきる』ことができ，自分の将来に向かって建設的な生き方を始

めていく」と述べた。この2人の話を比較した場合，後者の施設職員が話してくれた考え方が，今回筆者が論じるパーマネンシープランニングの概念と，「どっちつかずの状態は子どもの発達にとって否定的な影響を及ぼしかねない」という点で一致する。

この論議をさらに進めるために，次にパーマネンシープランニングとは何かを説明する。

2　パーマネンシープランニングとは何か

1) パーマネンシープランニングの定義

パーマネンシープランニングの定義は時代とともに微妙に変化してきている。パーマネンシープランニング実践の初期であった1970年代には，すでに家庭外措置をされた子どもに焦点をあてて，「パーマネンシープランニングは，子どもの家庭外措置の意図・目的を明確化し，一時的措置の間中，子どものパーマネントプランを維持することである」と定義され，現在のパーマネンシープランニングの定義のように家庭維持をパーマネンシープランニングの第一優先にしていなかった (Pike, V. et. al. 1977)。家庭維持を重視し始めたのは前述のパーマネンシー法 (ACCWA) の施行以来とみてよいであろう。しかし，パーマネンシープランニング実践初期から現在まで，「全ての子どもは家族，できれば実親家族と住む権利がある」という，パーマネンシープランニングの基盤の考え方だけは一貫している。

1980年代前半には「パーマネンシープランニングとは，限られた短期間内に，定めた目標に向かい活動を実施する組織的 (systematic) プロセスであり，子どもが，愛情豊かな親・保護者との持続的関係を提供する永続的家庭に住み，家族と一生涯続く関係を維持することを支援する」と定義された (Malucchio, A. & Fein, E. 1983)。また，1990年代中頃にバースら (1994) は，「パーマネンシープランニングの原理 (philosophy) のもとでは，子どもを自分の家族の元にとどめるか，あるいはできるだけ早く子どもを他の永続的家庭に委託するかを，迅速に決定する。簡単

に言うと，パーマネンシープランニングは，フォスターケアに措置される子どもの数を軽減し，フォスターケアに措置された場合には，その子どもを家庭復帰あるいは養子縁組により，手早く解除する系統的（systematic）プロセスである」と述べている。最新の定義として，CWLA（Child Welfare League of America：全米児童福祉連盟）は，「パーマネンシープランニングは児童福祉実践の原則（principle）であり，家庭外措置を制限し，また家庭外措置の期間を最小限にすることをめざしている。パーマネンシープランニングは子どもが家庭外措置されるリスクを抱えている，あるいは子どもがすでに親子分離された家族を対象とし，家族中心型とコミュニティー中心型の原理（philosophy）・プログラム構成要素・実践対策を混合したものである。パーマネンシープランニングのもとで，生涯，安全にしかも大切に育てる家族を子どもに確保するため，一連のソーシャルワークならびに法律上の作業がなされる」としている（2000）。

2）パーマネンシープランニングの優先順

次にパーマネンシープランニングのプロセスで，要保護児童がどのように動くべきとしているかを，プランの優先順にそって説明する（図1・図2参照）[5]。

まず図1の「家の図A」はパーマネンシープランニングの第一優先である「家庭維持」を表わしている。児童保護機関（日本の児童相談所に該当）に通告され（下向き矢印），ソーシャルワーカーが通告ケースの調査とアセスメントを実施する（上向き矢印）。その結果，まだ起こっていないが将来的にみて虐待発生の危惧がある，あるいは軽度の虐待と判断された場合，パーマネントプランを「家庭維持」と決定し在宅サービス提供を開始する。ほとんどの子どもは自分が悪かったから親子分離になったと考えて悩む。親子分離によるトラウマを子どもに与えないために家庭維持が第一優先される。

次に「家の図B」は，パーマネンシープランニングの第二優先である一時的家庭外措置（フォスターケア）後の「家庭復帰」を描いたものである。在宅のままでは子どもが危険であると判断し親から分離する時点で速やかにパーマネントプランが書き上げられ，裁判所の審問で決定さ

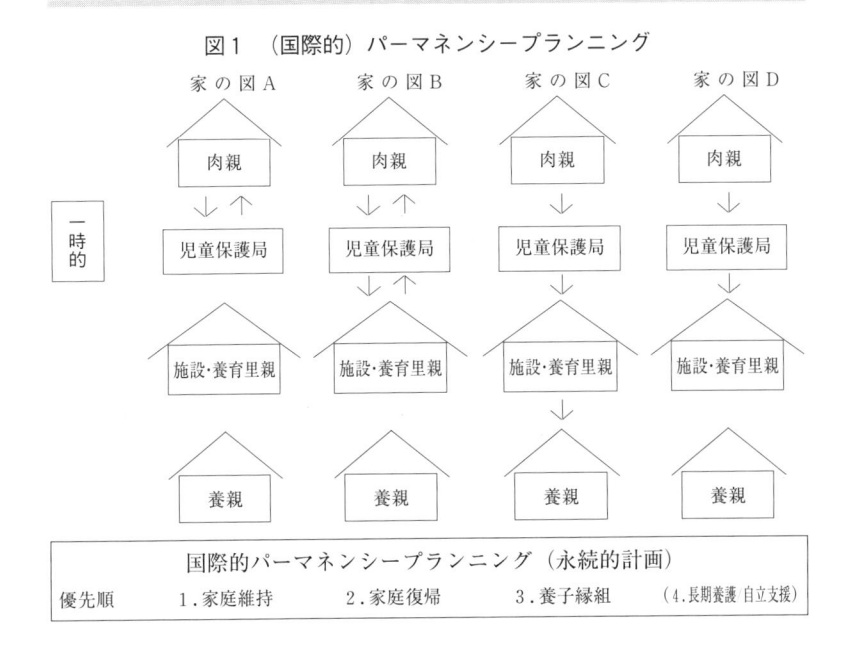

5 日本におけるパーマネンシープランニングの展望

図1 (国際的) パーマネンシープランニング

	家の図A	家の図B	家の図C	家の図D
一時的	肉親 ↓↑ 児童保護局 ↓ 施設・養育里親 ↓ 養親	肉親 ↓↑ 児童保護局 ↓↑ 施設・養育里親 ↓ 養親	肉親 ↓ 児童保護局 ↓ 施設・養育里親 ↓ 養親	肉親 ↓ 児童保護局 ↓ 施設・養育里親 ↓ 養親

国際的パーマネンシープランニング (永続的計画)
優先順　1.家庭維持　　2.家庭復帰　　3.養子縁組　　(4.長期養護 自立支援)

れる。ケースプランは定期的に再審査され、子どもができるだけ早く安全な家庭に戻れるよう、親と家族へのサービスを提供する。

　言い換えれば、パーマネンシープランニングとは、ケース再審査、親との契約、方針決定 (decision-making)、またその過程での親の参加などの実践策を強調するケース・マネージメントである (ペコラら　2000)。例えば児童保護局ソーシャルワーカーと裁判官は親に、「今から6か月間セラピーとペアレンティング・クラスを毎週受けて、子どもを月2回訪問して下さい。これができなかった場合には子どもは家に帰れなくなります」という具合に説明し、期限付きのサービスを親に提供するわけである。ちなみにアメリカでは概して、親子分離後1,2年内にフォスターケアの子どもたちの約6,7割が家庭復帰に成功している。

　「家の図C」は第三優先の養子縁組で日本の特別養子縁組にあたり、子どもは新しい永続的家庭に迎えられる[6]。最後の「家の図D」は、優先順で最後、第4番目のパーマネントプラン「長期養護／自立支援」を示している。この「長期養護／自立支援」は、子どもに安全で愛情に満

ちた永続的家庭を確保できない場合の手段である。ちなみにアメリカでは，1997年に制定された新連邦法 ASFA で，この第4番目の「長期養護」を実質的になくす努力をするよう要請している。長期の家庭外措置を経験すると，子どもの発達に相当な悪影響を及ぼしかねないと考えるからである（アメリカ児童福祉連盟　2000）。

　このようにパーマネンシープランニングは司法が関与する期限つき体系であり，パーマネントプランを子どもの措置後即座に立てて，全専門機関と地域（民間機関，ボランティア，市民など）が連携して敏速に期限内にその目標達成に向かって行うサービスを提供する。

　親子分離後子どものケアに力を入れるだけでは真の意味での「子どもの最善の利益」にならない。パーマネンシープランニングは，例外はあるにしろ，被虐待児にとっての一番の癒しは，加害者である親の回復，そしてそれによる家族再統合であるとする。

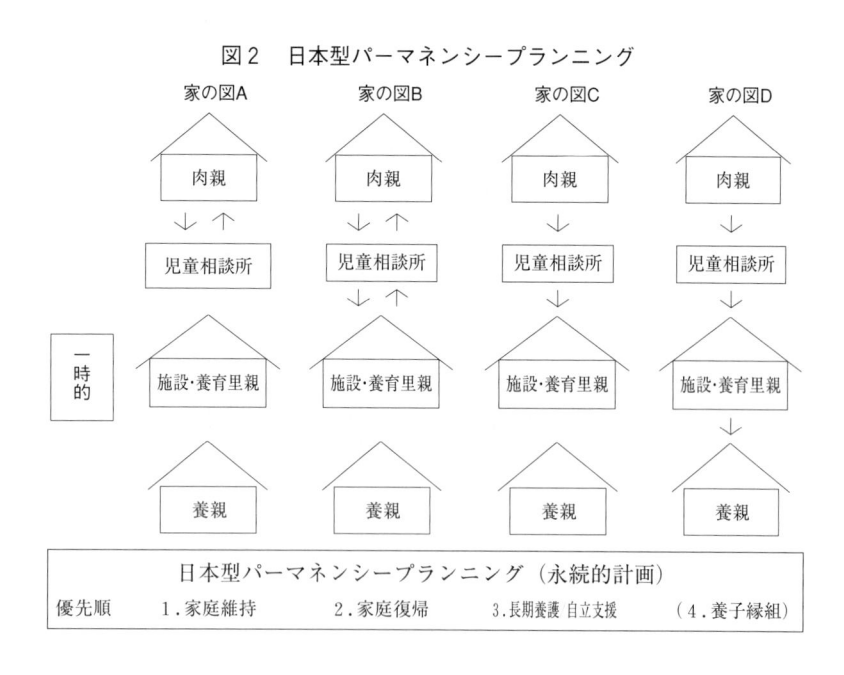

図2　日本型パーマネンシープランニング

	家の図A	家の図B	家の図C	家の図D
	肉親	肉親	肉親	肉親
	↓ ↑	↓ ↑	↓	↓
	児童相談所	児童相談所	児童相談所	児童相談所
		↓	↓	↓
一時的		施設・養育里親	施設・養育里親	施設・養育里親
				養親

日本型パーマネンシープランニング（永続的計画）
優先順　1.家庭維持　　2.家庭復帰　　3.長期養護 自立支援　　（4.養子縁組）

3）日本型パーマネンシープランニング

　日本の児童保護システムもパーマネンシープランニングの概念に基づき児童保護システムを再編成すべきであると筆者は考える。もちろん，西洋諸国とは異なる日本の文化を尊重しながらである。筆者自身，今後も特別養子縁組啓発に努力を続けるつもりであるが，実際には日本の特別養子縁組は年間約400件程度しか成立していない。元の親のもとに帰ることができない要養護児童を特別養子縁組によって迎えようとする人が少ないのが日本の現状である。

　そこで筆者の案として「日本型パーマネンシープランニング」を図に表してみた（図2）。オリジナルのパーマネンシープランニングの優先順1「家庭維持」と優先順2「家庭復帰」は日本型でもそのままである。しかし日本型パーマネンシープランニングでは，長期養護（自立支援）を第三にし，日本の特別養子縁組を第四番目にあげておいた。この方が目標達成に現実味があると思われる。ここで最も強調したいのは，日本でも西欧のパーマネンシープランニングと同様に，第一に家庭維持，そして第二に家族再統合に，社会全体が全力投球するシステムを構築しなければならないことである。

4）パーマネンシープランニングに基づく実践対策

　効果的なパーマネンシープランニングの実践は，①子どもの安全性，②パーマネンシー（永続性），③子どもと家族のウェルビーイングに関する包括的アセスメントと政策決定から成り，バランスのとれたケースワークと法律上の作業を必要とする。

　パーマネンシープランニングの3つの目標である安全性，パーマネンシー，ウェルビーイングの中で最優先されるのは子どもの安全性である。子どもの安全を保障すると同時に，子どもが親との別れや，親を失うことから受けるトラウマを防ぐ，あるいは軽減する努力を必要とする。子どもの安全性と安定性を確保するには，親子分離が必要になる以前からサービスと支援提供を開始しなければならない。その際に，パーマネンシープランニングの3つの原則に従わなければならない（National Resource Center for Permanency Planning 2000）。第1の原則は家族を強化す

ることで子どもの安全性とウェルビーイングを確保する「家庭支援サービス」であり，家庭維持のための早期介入・予防プログラムを含む。第2の原則は「目標達成志向型ケースワーク」であり，第3の原則は「子どものウェルビーイングを思慮したサービス提供の時間枠」である。

次に，全米児童福祉連盟（CWLA）が児童福祉に関わるソーシャルワーカー（実践家），組織・団体，地域の3つのカテゴリーそれぞれを対象に，パーマネンシープランニング最善実践対策を比較的わかりやすく発表したもの（Child Welfare League of America 2000）の要旨を紹介する[7]。なお，3つのカテゴリーに共通する中核要素がある。それは，子どものパーマネンシーのオプションを選択する時，①家族のストレングス（強さ，潜在能力など），②家族の持つリスク，③家族が回復する見込み[8]の全てを考慮することがまず重要である。

a．子どもと家族対象のソーシャルワーカー（実践家）の対策

ソーシャルワーカーにとって，親が自分の子どもに関するプラン作成に積極的にかかわるよう勧めることが肝心である。また，ソーシャルワーカーはより多くの子どもが家族のもとにとどまるよう，あるいはより速く家庭復帰するよう支援すべきである。子どもが家庭復帰できない場合には家庭復帰に代わるパーマネントプランを手早く決めることが重要である。そして親からの異議申し立てケースを最小限にとどめるためにも，なるべく親と対立しないような問題解決策をとらなければならない。

次にソーシャルワーカーの心構えの例のいくつかを箇条書きにあげる。

・ケースをどの方向に持っていくべきか，また，何を達成したいかの洞察力を持つ。また，自分の価値観を再確認し，子どもと家族のために仕事を運ぶ。
・家族と連携し協力する。子どもに関与する全ての機関が同じ目標のもとに仕事をする。
・それぞれの子どもと家族の個性を大事にする体制を開発する。その体制の中で特にケース再検討とスーパービジョンを強化する。
・サービス提供の時間枠，親が時間枠内にするよう期待されること，審

判を含む場合はその日程に関する文書を親に提供する。親が持つ権利，責任，計画通りに親が目標を到達しなかった場合に取られる手段などをありのまま伝え，家族に全てを理解してもらう。
・子どもが家庭外措置されている場合には，実親，代替ケア提供者，サービス提供諸機関から成る会議を頻繁にもつ。また，頻繁な親子訪問を促進する。
・親，ソーシャルワーカー，代替ケア提供者の三者がオープンにコミュニケーションをとることを促進する。

　b．組織・団体の対策
　パーマネンシープランニング実践における組織・団体の対策および心構えは次のようなものである。
・「人は自分を良い方向に変えることができる」という信条をよりどころにし，「実親に優しい」原理をそれぞれの組織ではぐくむ。
・「ストレングス志向」で仕事をする。親に目標を達成する公平な機会を提供する。
・パーマネンシーを達成するためには，単に「他機関に紹介する」だけでは真のサービス提供をしたと言えない。
・ケース再検討とマネジメントシステムを開発し，毎月1回は各ケースをチェックする。
・スタッフの転職率を下げる努力をする。各スタッフの役割を明瞭化する。ケースをチームで担当する。それぞれの子どもと家族がシステムの中でどのように動いているか，はっきり把握できる構造を整える。
・できる限り理事会のメンバーを組織の仕事に巻き込むこと。理事会が持つ政治や法律界への影響力を最大限利用する。
・組織の政策開発，オリエンテーション，研修などに，できるだけ「利用者」に関与してもらう。利用者こそがエキスパートである。
・裁判所におけるパイロットプログラムを試み，ケース優先順と各ケースの時間枠にもとづいた裁判のタイムテーブルを厳守して審問の調整をはかる。
・優秀な人材が「ここで仕事をしたい」と思えるような魅力的現場づく

りをする。多種の研修を提供し，優秀な職員を維持する。

　c．地域の対策

　最後に，アメリカのそれぞれの地域でのパートナーシップのもとにパーマネンシープランニングを実践する際の心構えの内，参考になると思われるいくつかを箇条書きで記載する。
・地域の諸機関が連携し，マンパワーと資金を地域に注ぎ込み，地域を基盤としたプログラムをより一層強化する。
・地域が持つ児童保護システムに対してのイメージや評価を調査し，地域パートナーシップを再構築する必要性を検討する。
・地域での連携事業の目標を立て，その事業の進展ぶりを定期的に測定する。この効果測定は，①子どもの措置期間が縮小したか，②措置先変更回数が減少したか，③地域内に住む親戚への子どもの措置が増加したか，④子どもの家庭復帰件数が増えたか，などを含む。
・家族と地域のニーズを満たすために，従来の実践方法に執着せず適宜な実践方法に変える。
・それぞれの子どもの「タイムテーブル（予定表）」から目を離さない。「タイムリーなサービス提供」がいかに重要であるかについて一般市民の理解を得る。
・人間は過ちを犯すので，「許す」気持ちと謙虚な気持ちを大事にする。

　以上，子どもの権利条約中の児童保護システムの基盤であるパーマネンシープランニングについて論じた。次に，子どもの権利条約に照らし合わせて，日本の児童保護システムの改善点を検討する。

３　子どもの権利条約関連のその他の課題

　１）緊急に必要な親へのサービス強化

　子どもの権利条約第19条2項により加盟国は，親の回復のためのサービス提供が要請されている。日本の児童虐待防止法では，加害者が児童福祉司の指導を受けることを義務づけているのみであるが，パーマネン

シープランニングの第一優先目標「家庭維持」、第二優先目標「家庭復帰」を達成するための親と家族へのサービス提供には多数の専門家と諸機関、民生委員・児童委員を含めた地域の協力、そして莫大な資金などが必要とされる。

　子どもの最善の利益につながる親と家族へのサービスのことをよく「親への治療プログラム」と呼ぶが、これは専門家による個別のセラピー・カウンセリングだけを指すのではない。次に親の治療プログラムの例をいくつかあげる。

　最近日本でも各地で急速に芽生えてきているペアレンティング・クラスは、過去10年以上の間にアメリカでも優れた親のケアとして脚光をあびており、ソーシャルワーカー、心理職、家庭裁判所調停員、教育者などが中心になりさまざまな機関で提供されている。ペアレンティング・クラスには裁判所の命令により受講し、家族再統合を目標とする親が通うものもあれば、親が自分自身で虐待の危惧を察し、任意に受講できるものもある。効果的しつけ方法の再教育や怒りのコントロールなどのメニューが定番となっている。

　ペアレント・エイドとホームメーカーも米国中で提供されている在宅サービスである。虐待・ネグレクトの傾向がある家庭に派遣され、ペアレント・エイドは母親の良きモデルとして子育て支援、またホームヘルパーは家事一般に関する指導をする。

　親への職業斡旋・職業訓練提供も、子どもの家庭復帰のために重要な、親の自立のためのサービスである。また、措置中の子どもとの面接、外泊のケースマネジメントにも力をいれなければならない。概してソーシャルワーカーが子どもに1の時間を注ぐ時、親にはその3倍程の時間を注ぐことになると筆者は考える。

　専門職員の不足、経済的援助皆無、法律のバックアップ無しという厳しい状況下にある日本で、いかにして家族再統合を目指す実親の治療プログラムを実施していくかが我々の抱える大きな課題の1つである。

2）親権・一時一部親権停止・一時保護システム
　子どもの権利条約第9条第1項に「子どもの最善の利益のために必要

であると裁判で判決される場合を除いて，親の意に反して子どもを分離してはならない」と規定されている。しかし日本は裁判所の命令なしに親子分離をして一時保護所あるいは施設に措置しているのが現状である。このシステムは子どもの権利条約違反であると思われる。アメリカなどのいわゆる児童虐待先進国では，親の意に反して強制分離してシェルター（一時保護所）や里親家庭に措置した直後，例えば24時間から72時間以内に裁判所に「一時一部親権」つまり「一時監護権（custody）」を児童保護局が獲得するよう申し立てる。その結果裁判所の命令により，監護権が一時的に期限付きで委ねられる。

　さて，親権に関して，日本では親が児童相談所に協力しない場合に親権喪失申立て（児童福祉法第33条の6及び民法第834条）がなされることがある。アメリカには親権喪失の法律はなく，親権終了（termination of parental right）の制度があり，ケースがシステムに関わる最初の時点から親に「この治療プログラムを受けて回復しないと，あなたの親権は終了され，子どもは養子として新しい家族に迎えられます」と説明する。ちなみにパーマネントプランが養子縁組（日本の特別養子縁組）の場合，縁組が成立する以前に，その子どもの親権（身上監護権とガーディアンシップ）は実親から国家（裁判所を通して州児童保護機関）に移されるので，万が一養子縁組崩壊が起こった場合でも，その子どもの親権は州保護機関に戻ることになり，子どもは再度一時的代替ケアに措置され，実親の元に戻ることはまずない。

　ともあれ，親が児童相談所に協力しないからといって，威嚇的に親権剥奪を申し立てるのは親の「人」としての権利の侵害であると思われる。2001年11月に国連子どもの権利委員会に提出した日本からの「第2回政府報告書」の中の虐待及び放置に関する第201節にも，「我が国においては，民法の規定により，親権の濫用等があった場合には，家庭裁判所が親権の喪失を宣告することができ」るとある。このように，未だに以前と同様のことを報告していることを筆者は残念に思う。これに対し，親の「人」としての権利を尊重し，養育里親なり施設に子どもを預かってもらっている間，監護権つまり子育てをする時に必要な親の権利のみを一時的に一行政機関（児童相談所）に委ねる制度であれば，親が強制的

に施設等に入所中の子どもを引き取りにくることは法違反となる。児童福祉法第47条に，児童福祉施設長が親権を行うとあるが，家庭外措置中に子どもが一時保護所・施設・養育里親家庭・病院にいようが，あるいは親のもとに外泊しようが，常に一貫して児童相談所が一時一部親権を持つことを筆者は勧める。

　日本の児童福祉法では原則として一時保護は2か月を限度と規定している。また，現に子どもが一時保護所に滞在する平均期間は10日ないし2週間で，4分の1の子どもは2，3か月間に及ぶと推測される。

　子どもの一時保護期間の長さはともかく，一時保護所や施設での親の強引引き取りで嘆いている実態を考えると，早急にシステムを変える必要がある。行政や施設が「子どもを観察します。子どもと離れて少しの間考えましょう」など，いくら理屈をつけようが，そもそも親権者には子どもを引き取る権利がある。行政の権限だけで親の面会の制限や引き取り禁止をすることは不可能である。一時保護は一時的身の上監護権を獲得しないまま「子どもの観察」等の目的で実施してはならないと思われる。アメリカの児童保護局・警察・病院は，緊急事態時に子どもを加害者の親から保護する権限「緊急監護権（protective custody）」を24時間から72時間程与えられており，そのことを法律で明記している。ゆえに，実親はその権限が無効になる以前，つまり強制親子分離後24時間から72時間内に，一時一部親権を申し立てる権利をもつ。

　日本の場合，親権に関しては民法で規定されていることもあり，法律改正は非常に複雑になることは予測されるが，一時一部親権停止のシステムを導入することが「子どもの最善の利益」にとって不可欠であると筆者は考える。

　3）その他の課題

　「第3回政府報告書」をジュネーブに提出する2006年までに，日本政府がさらに改善しなければならない児童保護システム関連事項のいくつかを次にあげる。

　第一に，親の参加に関する課題である。児童相談所長は，施設入所等の措置を必要とする子どもについて通告を受けた場合，「これを都道府

県知事に報告」しなければならないが（児童福祉法第26条第1項），その報告書には「児童及び保護者の意向」等を「記載しなければならない」（同条第2項）。また，都道府県知事は，「児童又は保護者の意向が当該措置と一致しないとき」などには，「都道府県児童福祉審議会の意見を聴かなければならない」とされている（同法第27条第8項および同法施行令第9条の8）。これは，措置のプロセスに親が参加しその意向を確認するシステムであるともいえる。しかし，日本では従来から，一方で，「あれは（虐待ではなく）『しつけ』だった」と言う親があり，他方で，行政は，親との「良い関係を維持する」ことを最優先するため，子どもが入所する施設には，子どもの措置理由が親からの虐待であるという情報提供はするが，親には措置理由が虐待であることを「あいまい」にしてきた現実があると筆者は理解している。前述のように，パーマネンシープランニング実践により子どもの家族再統合の目標を達成するには，児童保護システム関与の初めから終わりまで，全ての情報をありのままに親と共有することが必須である。

　将来的に日本はどの程度の親の参加を願うのであろうか。ニュージーランドのファミリー・グループ・カンファレンスのように，子どものパーマネントプラン（処遇計画）を決定する際にまず加害者の親と親族が，行政側のソーシャルワーカーの参加無しで論議し，行政はそれらの当事者が決議した処遇計画を基盤にしてサービス提供を開始する，という過程を取り入れることを考慮するであろうか。あるいは，イギリス・香港のように，通告ケース調査後のアセスメントの段階で，多職種の専門家から成る処遇会議に，当事者である親に参加してもらうレベルまで持っていくことを希望する可能性はあるのだろうか。この点に関して，筆者にとってもまだ未知数であるが，サービス提供に関する政策決定プロセスに，親がより深く関与する体制づくりは不可欠と考える。

　第二に，児童保護システムに関するデータ改善の必要性があげられる。通告されたケースの内，何件が虐待と確証されたかを明確化するため，厚生労働省は各児童相談所に児童虐待通告件数と調査件数の両方を数字で報告するよう要請しなければならないだろう。また，全児童相談所が共有できるように機密保持を厳守した上でデータをコンピューター化

し，子どもと家族が全国どの地域に移動してもサービス提供が継続できるシステムをつくることも重要であると思われる。

その他，児童保護システムに関わるソーシャルワーカーの取り扱い件数基準設定，性的虐待および重度の身体的虐待を受けた子ども対象の法的インタビューを実施する多職種チーム設置なども課題である。

4　結　論

パーマネンシープランニングは，1970年代に，アメリカで被虐待児の家庭外措置件数が急増する中で発祥したが，その理念と方法は，現在，世界中どの国でも採用できる児童福祉システムの体制であり，事実，子どもの権利条約もパーマネンシープランニングに基づいたものである。「子どもが家庭で育つのをいかに支援するか」がパーマネンシープランニングのテーマである。パーマネンシープランニングでは，まず親子分離の予防，次に家庭外措置が避けられない際の家族再統合の実践を一定の時間枠内で展開する。ソーシャルワーカーは，パーマネンシープランニングの枠組みの中で，全ての子どもが安全で安定した家庭の中で家族と共に育つ権利を持っていることを確信し，タイムリーな判断のもとに，それぞれの子どもと家族のニーズや状況に合った繊細なケースマネージメントを実施する。パーマネンシープランニングの実践は幅広いもので，児童虐待の早期発見，虐待のリスクを持つ家族への予防サービス提供，そして家庭外措置を経験した子どもの家族に対する再度の親子分離を防ぐアフターケアサービスを含む。加えて，パーマネンシープランニング実践において，家族・親戚・地域の支援者が，必ずプラン作成と問題解決のプロセスに積極的に参加すること，また，子どもと家族とのつながり，家族に属しているという安心感をもてるよう支援することが重要である。

今，児童保護システムは，歴史的にみて，「子ども救済」から「家族救済」に焦点を転移している。日本においても，行政機関，民間団体，および地域が連携して家庭支援プログラムを実施しようとする動きが始

まった。しかし，パーマネンシープランニング実践を取り入れるには，公的政策を再構築しなければならず，そのためには，実践家のみでなく，さらに一般社会にも，現行制度を「変えよう」とする，相当な意志と団結が必要となる。

つまり，日本の児童保護システムに，この革新的な家族中心アプローチであるパーマネンシープランニングを取り入れる際には，司法の関与はもちろんのこと，社会政策とソーシャルワーク実践方法を劇的に変えていかなければならない。パーマネンシープランニング実践，特に「時間枠を設けた親へのサービス提供」にはソーシャルワーカーの高度な技術ならびに社会全体からの十分な理解と支援が必要である。パーマネンシープランニングを取り入れれば，おのずとソーシャルワーカーの仕事の量が倍増するのは明らかで，その上，地域の多種機関，専門職，フォーマルならびにインフォーマルな支援システムのさらなる協力と同時に，十分な経済的支援が不可欠である。

今日の日本において，家庭外措置を必要とする子どもが急増し，一時保護所をはじめとする施設がほぼ満杯状態になってきている今こそ，この問題を根源から解決する鍵を握るパーマネンシー実践を始める良い機会であると筆者は考える。

筆者にとって残る問題は，国全体が，子どもの権利条約の基盤であるパーマネンシー実践の導入を希望するか否かである。年月を要する作業ではあるが，子どもと家族の最善の利益のために，やる気さえあれば，できないことはないと確信する。

> （1）　このことについて，2001年10月に筆者が実施したアメリカ・ワシントンDCにあるアメリカ弁護士協会・子どもと法センター局長ハワード・デービソン氏対象の聞き取り調査で確認をとった。子どもの権利条約草案作成に関与した国であったにもかかわらず，アメリカはまだ子どもの権利条約に加盟していない。9・11のテロによるアフガニスタン攻撃のため，アメリカは国際的協力を呼びかけている時なので，デービソン氏は，今こそが議会に権利条約加盟案を通過させるチャンスだと信じてロビー活動に力を入れているとのことであった。なお，草案作成時のポーランドとアメリカの関係を探ることが筆者の次の課題である。

（2）「ケア」という言葉ほど，多様に解釈される日本語英語はまずない。ここで本論中に出てくる「ケア」の定義をする。子どもの代替「ケア」は代替監護を意味する。親の「ケア」は親対象の治療プログラムを指し，サービス提供を継続しながら子どもの安全を保障できるレベルまで親が回復することを目標とする。

（3）連邦法 AACWA が各州に，可能な限り子どもを家庭に維持するために努力するよう要請した主要事項は次の3点である。
 1．不必要な子どもの家庭外措置の予防。
 2．家庭外措置をされた子どもの家族再統合。
 3．家庭復帰が不可能な子どもにタイムリーな養子縁組。

（4）連邦法 ASFA は安全性，パーマネンシー，子どもと家族のウェルビーイングの3点を目標としており，下記の4項目を明確化している。
 1．サービス提供・家庭外措置・パーマネンシープランニングに関する全ての政策決定をする際に，「子どもの安全性」を最も重要視する。
 2．時間枠内に子どものパーマネンシープランニングを決定する。
 3．元の家庭に安全に復帰できない子どもを対象に，タイムリーな養子縁組を促進する。
 4．児童福祉システムは高度な質と成果のある実績をあげることに集中する。

（5）ペコラら（2000）は，このパーマネンシープランニング・オプションの優先順をヒエラーキー（hierarchy．階級組織）ととらえており，優先順第4番目の長期養護は特に，実親との関係を維持している年長の子どもに適切としている。下記の図は筆者がそれを図式化したものである。筆者独自の「家の図」と同じ概念をペコラらはピラミッド状に描写しているわけで，土台となる底辺が第一優先の「家庭維持」であることが評価されている。

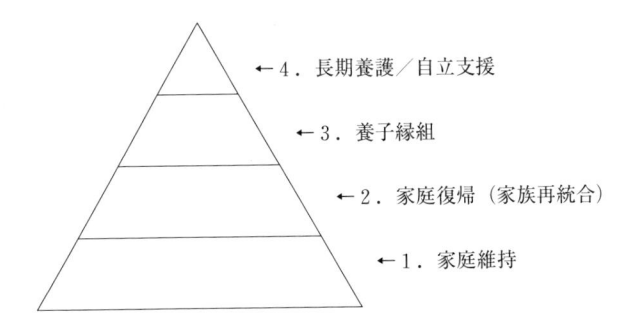

 ←4．長期養護／自立支援
 ←3．養子縁組
 ←2．家庭復帰（家族再統合）
 ←1．家庭維持

（6）家族再統合が不可能な場合の第3優先オプションとして養子縁組のほかに，アメリカ親戚や里親などによるガーディアンシップ（後見人制度）などもある。

（7） 連邦法ASFA成立後，1998年に，州行政機関，民間団体，研究機関，弁護士，裁判官，子どものアドボケート（代弁者）の代表者がウィスコンシン州に集まり，肯定的でタイムリーなパーマネンシーの成果をあげるための諸対策を2日間にわたり論議した。その大会参加者が現在のパーマネンシー実践課題をまとめて出版した小冊子「子どものパーマネンシーへのコミットメントの更新（Child Welfare League of America 2000）」から抜粋した。

（8） 本論での「親の回復」は，親が多種の治療プログラムを受けて，最低限に安定し，安全な環境を子に提供できるまでの状態に達することを意味する。治療プログラムはたとえ効果がでてきてもすぐに終了すべきではない。ある家族にとっては，子どもが成長するまでの継続サービスを必要とする。

[参考文献]

Barth, R.; Courtney, M.; Berrick, J.; & Albert, V.(1994). *From Child Abuse to Permanency Planning : Child Welfare Services Pathways and Placements*. Aldine de Gruyter. New York.

Child Welfare League of America.(2000). *Renewing Our Commitment to Permanency for ChildrenWingspread Conference Summary Report*. CWLA Press. Washington, D. C.

Davison,H. (1998). "A Model Child Protection Legal Reform Instrument : the Convention of the Rights of the Child and Its Consistency with Unites States Law," Georgetown Journal on Fighting Poverty,Vol. V, Nnmber 2 , 185-197.

Malucchio, A. & Fein E. (1983). "Permanency Planning : A Redefinition,"*Child Welfare*, Vol. LXII, No. 3, Child Welfare League of America, Washington, D. C.

Malucchio, A.; Fein, E.; & Ollmstead, K. (1986). *Permanency Planning for Children : Concepts and Methods*. Tavistock Publication. New York, NY.

McHugh, D. W. (2000). *The Implementation of Managed Care in Child Welfare : The Legal Perspective*. National Resroce Center for Foster Care & Permanency Planning at Hunter College School of Social Work of the City University of New York, NY.

National Resoudce Center for Permanency Planning. (2000). *Draft : Overview of Permanency planning*. National Resroce Center for Foster Care & Permanency Planning at Hunter College School of Social Work of the City University of New York, NY.

Pike, V.; Downs, S.; Emlen, A.; Downs, G., & Case, D. (1977). *Permanent Planning for Children in Foster Care : A Handbook for Social Workers*. Washington, D. C. : U. S. Department of Health, Education and Welfare. Publication No. [OHDS] 78-30124, p. 1.

6 被虐待児の家庭引き取りに関する法的諸問題

[吉田恒雄]

はじめに

　子どもの権利条約によれば，子どもの養育に第1次的に責任を負うのは親であり，子どもは虐待により受けた心身の傷の治療を受け(39条)，できるかぎり家庭的環境のもとで養育されるべきものと規定されている(18条1項)。親による養育が不可能ないし困難な場合には，国は親による養育を援助する責務を負い(同条2項)，こうした家庭的環境での養育を保障するものとされている。他方で，親による虐待がある場合には，司法的手続にもとづいて，親子の分離がなされなければならない(19条1項)。

　このように子どもの権利条約の枠組みからすれば，虐待により親子が分離されたのちも，できるかぎり子どもが親のもとに引き取られ，親により養育されるという「親子の再統合(reconsolidation)」がもとめられるのである。

　反対に，親子が分離されたにもかかわらず，親子再統合のための援助がなされず，子どもが長期間代替的養育(わが国の場合，そのほとんどは児童福祉施設における養育)に委ねられるのは，子どもの権利条約の趣旨に反するといわなければならない。

　もっとも，被虐待児の家庭引き取りを機械的に押し進めれば足りるというものではない。被虐待児をいったん親子分離したのちに家庭引き取りをした場合，引き取りに必要な社会的・経済的・心理的条件が整っていないときには，虐待が再発する危険のあることはこれまでも指摘され

ているところである。

　たとえば，ある調査によれば⁽¹⁾，被虐待体験をもつ子どもが児童養護施設を退所した理由として，親による強制的引き取りを経験した施設がのべ67施設もあった。これら退所ケースのうち虐待者のいる家庭に引き取られたのが230ケースであった。さらに，家庭復帰後の子どもに生命の危険があったと回答した施設が91施設であった。その後の調査では，強制引き取り後の危険性が予測されていたのは，回答した児童養護施設のうち29施設もあったのである⁽²⁾。このような強制引き取りに対する施設側の対応として「親権の問題からなにもできなかった」との回答が18施設，「児童福祉司や施設職員が説得したが無理だった」が最も多く88施設であった⁽³⁾。

　児童虐待相談件数の増加により，児童相談所および児童福祉施設は，困難ケースのみならず，親子分離されたケースについていかにして家庭引き取りを進めるかといった困難な課題に直面せざるをえない。一時保護所および児童福祉施設の定員に限界がある以上，急増する施設入所児童の対応としては，いかにして家庭引き取りを安全かつ円滑に進めるかは緊急の課題である。しかし現実には，これらの調査に見られるように，強引な家庭引き取りに応じざるをえないケースや，児童相談所の人員の不足，さらには施設側の体制の不備といった理由から，家庭環境の改善が十分になされたとはいえない状況での引き取りも避けがたいのである。こうした中で児童虐待が再発するとすれば，これはたんなる親の問題としてだけでなく，制度の運用および制度それ自体の問題としてとらえざるをえない。

　本稿は，こうした現状をふまえて，虐待親による施設入所児の家庭引き取りについて現在の法制度を概観し，児童虐待の再発防止に必要な法制度のあり方を検討するものである。とくに，家庭引き取りについて親と措置権者の意向が一致しない場合，現在では親による実力行使がしばしば行われ，児童相談所や施設ではその対応に苦慮している状況にあるが，現行法制度ではこのような対立場面に有効に対応できる制度が用意されてはいない。そこで本稿では，こうした紛争の解決方法について，現在の法制度の限界を明らかにし，あるべき制度を検討する。

1 措置解除に関する法制度

1）児童福祉施設入所等の措置解除の権限と関係者からの意見聴取

児童福祉法（以下，児福法と記す。）によれば，児童福祉施設入所等の措置権限は，都道府県知事が児童相談所長に委任することができるとされているが（32条1項），その措置を解除する権限を児童相談所長に委任することまでは認められていない。しかし，入所等の措置権限のみが児童相談所長に委任され，措置解除の権限が委任されないのは，入所等の措置が継続的な措置であり，一貫したかかわりが必要であることを考慮すれば，地方自治法153条2項により，措置解除についても児童相談所長に委任されるべきであろう[4]。

① 児童相談所長の意見聴取

施設入所等の措置解除について，児福法の法文上，その権限が都道府県知事にあるとされているため，児童相談所長の意見を聴かなければならないとされている（27条7項）。措置解除の権限が児童相談所長に委任されている場合には，このような手続きは必要ないであろう。

また，児童虐待防止法（以下，防止法と記す）によれば，都道府県知事または児童相談所長は，被虐待児について施設入所等の措置が採られ，かつ当該児童の保護者について児童福祉司指導（児福法27条1項2号）の措置が採られている場合，入所等の措置を解除するに際して，当該保護者に対して指導をしていた児童福祉司の意見を聴かなければならないとされている（防止法13条）。この趣旨は，児童虐待を行った保護者について児童福祉司指導が採られているとき，保護者はこれに従わなければならず（防止法11条），保護者がこれに従わないときは，都道府県知事がこの指導を受けるよう勧告することができるものとされているにもかかわらず（同条2項），保護者がこれに従わないときに児童福祉司指導を間接的に強制することにある。すなわち，措置解除をもとめる保護者が児童福祉司指導を受けず，または指導を受けたにもかかわらずその効果があがっていない場合には，その旨児童福祉司から意見が述べられ，そ

れが都道府県知事または児童相談所長による措置解除の際の判断材料とされるため，保護者はおのずと指導に従うと期待されるからである(5)。

② 児童福祉施設長の意見聴取

都道府県知事または児童相談所長は，施設入所等の措置を解除しようとするときは，現にその子どもの保護に当たっている児童福祉施設長の意見を参考にしなければならない（児福法施行令9条の4）。これは，児童福祉施設長は，親権者または未成年後見人のある子どもについて，その福祉のため監護，教育および懲戒について必要な措置をとることができるところから（児福法47条2項），入所児童の日常生活および保護者との関係についてもっともよく知りうる立場にある施設長の意見を措置解除の際に反映させようとする趣旨であろう。

とくに，児童養護施設については，1997年の児福法第50次改正によりその目的として「自立支援」が加えられたことから（児福法41条），子どもの保護者に対する家庭環境の調整が重要な機能となった。すなわち，子どもの自立を支援するために，児童養護施設の長は，子どもの家庭の状況に応じ，その家庭環境の調整を行わなければならないとされたのである（児童福祉施設最低基準44条2項）。

このように，児童養護施設の長が家庭環境調整を行うものとされていることから，当該被虐待児の措置解除の際には，保護者の家庭の改善状況について，その意見が参考にされることになるのである。

③ 親権者等および児童の意見聴取

都道府県知事または児童相談所長は，施設入所等の措置を解除する場合，その子どもの親権者または未成年後見人に対し，措置解除の理由を説明するとともに，その意見を聴かなければならない（児福法33条の4第4号）。

この規定は，1993年の行政手続法の制定に伴って設けられた規定であり，行政庁の行う不利益処分について，公正・透明な手続を法的に保障しつつ，不利益処分を受ける者に対して，その原因となる事実について，聴聞または弁明の機会を与えることを目的としている。児福法において

は，施設入所等の措置を解除する処分は行政手続法2条4項にいう不利益処分に相当する。もっとも，措置解除手続はかならずしも行政手続法による弁明手続になじまないことから，行政手続法の関連規定は適用除外とするとともに，行政手続法の趣旨に沿って，理由の説明と当事者からの意見聴取が義務づけられたのである[6]。

　被虐待児についての施設入所等の措置解除は，一方では，施設サービスを受けることができなくなるという点で不利益処分の面もあるが，他方では，措置解除により親権者等の監護教育権および子どもが親により養育される権利が回復されるという点で利益処分的側面も有している。実際に，親権者等から被虐待児の引き取り（＝措置解除）の申し出があったからといって，そのまま措置解除することが，児童の最善の利益の観点から相当でない場合があることはいうまでもない。こうした意見聴取の制度が設けられているからといって，保護者が自己の同意によらないで子どもを施設入所させているときには（児福法28条1項），措置解除の権限が都道府県知事または児童相談所長の裁量に委ねられている以上，保護者が自己のイニシャティブをもって家庭引き取りをもとめることは制度的に保障されていないことにかわりはない。なお，親権者等から措置解除の申出があった場合には児福法33条の4第4号は適用されない（児福法33条の4）。

④　児童福祉審議会の意見聴取

　施設入所等の措置を解除するに当たり，都道府県知事または児童相談所長は，政令の定めるところにより，都道府県児童福祉審議会の意見を聴かなければならない（児福法27条8項）。具体的には，措置解除について都道府県知事または児童相談所長の意向と子どもまたは保護者の意向が一致しないときの他，法律や医療等の幅広い分野から専門的意見を求める必要等を児童相談所長が認めたときである（児福法施行令9条の8第1項）。この制度の目的は，複雑多様化する児童問題について，児童相談所における処遇決定に客観性と透明性をもたせることにあるといえる。

　これにより，保護者が被虐待児の家庭引き取りを求めるにもかかわら

ず，都道府県知事または児童相談所長がそれに応じない場合等，関係者の意見が一致しない場合には，児童福祉審議会の意見を求めることにより，措置継続の妥当性が客観的に判断されることになっている。しかし，児童福祉審議会は都道府県知事の諮問に応える権限しか有しておらず（児福法8条5項），保護者が児童福祉審議会に措置継続の妥当性の審理を直接に求める仕組みになってはいない。また，児童福祉審議会の意見は，かならずしも都道府県知事または児童相談所長を拘束するものではない。このため，児福法28条にもとづき，家庭裁判所の審判により施設入所の措置をとられた子どもの保護者が措置解除をもとめる場合，この方法により被虐待児の引き取りを求めるには限界がある。

2）親権者等の同意による入所措置と同意の撤回

親権者等の同意による施設入所等の措置の場合，これら措置に対する親権者等の同意が撤回されたときには，施設入所等の措置の要件を欠くことになる。この場合，都道府県知事または児童相談所長は，入所等の措置を継続することができなくなり，制度上は，被虐待児を家庭に復帰させるべきことになる。しかしながら，被虐待児の家庭復帰に伴う児童虐待再発の危険が予想される場合には，措置の要件を欠くからといって，当然に家庭引き取りを認めるのは相当ではない。

法的手段としては，直ちに児童福祉法28条の申立をし，家庭裁判所の承認のもとに措置を実質的に継続することが望ましい[7]。そして家庭裁判所の承認審判までの間は，入所児童については親権者等の同意を要しない一時保護委託（児福法33条）に切り替えて，保護を継続することになろう[8]。もっとも，この方法はあくまでも便宜的なものであり，一時保護委託には時間的制約もあり（児福法33条3項），また委託された児童福祉施設にとってもそのことによる財政的負担は小さくない。

子どもの引き取りを要求する親権者等に，親権濫用等の親権喪失事由がある場合には，親権喪失宣告の申立をすることもできよう（民法834条）。この申立と並行して，親権者の職務執行停止，親権代行者選任の保全処分（家事審判規則74条1項）により，代行者の同意により措置を継続することもできよう。もっとも親権喪失宣告の効果の大きさを考慮

すれば，その前に児福法28条の申立が先行されるべきであろう。

2　措置解除制度の運用および立法上の課題

1）家庭引き取り後の援助——関係機関との連携

　施設入所等の措置がなされていた被虐待児について入所等の措置が解除され，家庭に引き取られたにもかかわらず，虐待の危険が完全に除去されたとはいえない場合には，その後も虐待家庭に対する児童福祉司指導等の援助が継続されなければならない。

　この場合には通常の在宅援助と同様の扱いになるが，家庭引き取り後の援助は通常長期の援助が必要になることから，児童相談所のみの対応では限界がある。そのため，児童相談所を中心に緊密かつ継続的な援助体制が形成されなければならない。具体的には地域に密着した活動を行う児童委員，主任児童委員，家庭児童相談室，児童家庭支援センターといった児童福祉法上の機関のみならず，母子保健，教育，警察との連携が不可欠となる（防止法4条1項）。このような連携をとる際，市町村児童虐待防止ネットワークは，組織的に対応できる要素をもっており，この制度の活用が望まれる。

　とくに，児童福祉施設に附置される児童家庭支援センター（児福法44条2項）は，児童虐待の問題について児童や家庭からの相談に応じ助言する他に，児童福祉司からの委託にもとづき（児福法27条1項2号）指導を行い，児童相談所，児童福祉施設との連絡調整を行うことができる（同法44条1項）。また施設に附置されている利点を活かし，保護者等の意向の把握（最低基準88条の4第1項）や施設による治療的かかわりなどが積極的にが試みられてもよいであろう。今後これらの多様な役割を果たすことが，児童家庭支援センターには期待される。

　児童福祉司の増員を早急に望めない現状では，児童家庭支援センターをはじめとする地域に密着した機関（民間機関を含む）との連携が重要になる。そのためには，防止法4条1項の趣旨を活かし，とくに市町村児童虐待防止ネットワークをより効果的に展開することがもとめられよ

う。

　措置解除に当たっては，同居している親子の分離とは異なるリスク・アセスメントが必要であり，虐待再発の危険だけでなく，再発予防のための援助体制が確保されているか，緊急時の対応ができているかなどの判断が重要になる。また，そのためには，分離のような一回的な連携ではなく，関係機関の長期にわたる連携が必要となり，援助者の異動による連絡の不備や緊張感の欠如などが生じないよう配慮することが重要となる。

　２）児福法28条審判による入所児童の措置解除と親権の制限
　児福法28条審判による施設入所措置は，親権者等の同意によらない措置である。したがって，親権者等による入所中の被虐待児の引き取り要求があったとしても，入所措置に対する同意の撤回といった問題は生じない。むしろ，家庭裁判所の承認により，親権者等の身上監護権等がどの程度制限されるのか，その引き取り要求を法的にどのように理解するかといった問題がある。

　1997年６月20日児発434号通知では，「法28条による家庭裁判所の承認があった以上，児童福祉施設に与えられた監護権が保護者等の監護権に優先することになるので，これを拒むこと。」とされ，保護者からの引き取り要求に対抗できるものとされている。

　たしかに，施設入所している子どもに親権者等がある場合でも，児童福祉施設長には，「監護，教育および懲戒に関し，その児童の福祉のため必要な措置をとることができ」（児福法47条），監護教育等の権限が認められている。しかし，親権者等の監護教育権について，児童福祉法28条による施設入所等の措置を承認する審判があるときには，当然に施設長の監護権が優先するという理論的根拠は明らかでない。

　さらに，防止法12条では，28条審判により施設入所している子どもについて児童相談所長および施設長は，児童虐待の防止および被虐待児の保護の観点から児童虐待を行った保護者による面会または通信を制限することができるとされている。その理由として，28条審判が行われた場合，「親権者等は，その親権の一部を制限され，代わって児童相談所長

及び児童福祉施設の長が児童の監護に必要な措置を採ることができるとされている。」という，前記通知と同様の理由付けがなされているが，その根拠は明らかでない[9]。もっとも，児童虐待防止法で制限されるのは，面会・通信だけであり，引き取りまでは含まれていないため，いわば身上監護権の一部のみが制限される結果となっている。

学説では，28条審判の効果について争いがある。

第1の見解は，28条審判により親権者の監護教育権とそれに付随する懲戒権は停止され，児童福祉施設の長に付与されるのであるから，親権者は監護権をもたないことになり，したがって措置継続中は子どもの引き取りをすることができないというものである[10]。

第2の見解は，児福法28条審判により親権（監護権）が制限されると解すべきではなく，28条審判によって承認された措置の目的に反するような親権（監護権）の不当な行使を認めることは子どもの福祉を侵害し28条の趣旨に反するものであるから，子どもに関して採られた措置と矛盾するような親権（監護権）の行使は許されないとする。したがって措置の目的に反し，子どもの福祉に反するような引き取り請求は許されないことになる[11]。

第3の見解は，保護者等によってその子どもの福祉が著しく害される状況が続く限りは，親権者と施設の長との関係においてのみ，相対的に親権者の親権の行使が結果として制約されるとするものである[12]。

第4の見解は，28条審判により親権者の措置に関する親権者の同意が擬制されるのであり，固有の意味での親権停止までもが認められるものではないとする[13]。

思うに，28条審判により被虐待児について施設入所等の措置がとられた場合であっても，親権者等の同意による入所の場合と同様に，入所中の援助の目標は可能なかぎり親子の再統合を図ることである。そのためには，入所中の子どもに対する援助のみならず，親権者に対する家族再統合のための援助も不可欠となる。家族再統合のための援助においては，施設入所中の子どもと親権者等との関係をいかにして維持・強化するかが課題となる。そのためには，親権者等が入所中の子どもと接触を保ち，心理的結びつきを強化できるようにしなければならない。親権者等は，

その子どもの施設入所等についての同意の有無を問わず，こうした接触を保障されなければならない。この観点からすれば，28条審判により親権者の監護教育権がすべて停止すると解するのは妥当ではなく，入所中の子どもに対する親権者としての義務を果たしうるようにする法的な構成が必要である。

すなわち，28条審判の制度は，親権者等の反対があるにもかかわらず都道府県知事または児童相談所長が施設入所等の措置を採ろうとするときに，家庭裁判所がこれら措置権者による権限の行使をチェックすることを目的とする制度であるともいえる[14]。したがってこの制度は，措置承認審判により当然に親権が全面的に停止することまでをも予定していると解することはできない。

児童福祉施設長の監護・教育の権限は，施設入所中の子どもの日常生活や自立の支援というその職務を遂行するうえで必要な親権者等の親権との調整のために設けられたと解することができるから[15]，親権者等の監護教育権と施設長の権限は併存しているとみることができる。換言すれば，施設入所中の子どもに関する親権者等の監護教育の責任は，28条審判により免除されることはなく，その間も継続しているのであるから，必要に応じて扶養義務（費用負担義務）や訪問の義務は果たさなければならない。しかし，親権者等による監護教育の権利行使により，入所児童の福祉が害されるときには，その限りで権利行使が制限されることになる。児童相談所長および施設長は，子どもの福祉に必要な限りでこれらの権限を制限できると解するのが相当であろう。

3）児福法28条審判による入所児童の家庭引き取りを求める法的手続

28条審判がなされた場合，親権者等はその子どもの引き取りを法的に争うことは困難である。たしかに親権者等は，処分のあったことを知った日の翌日から起算して60日以内に施設入所等の措置に対して不服申し立てができ（行政不服審査法14条1項，45条），処分または裁決があったことを知った日から3ヶ月以内であれば，取消訴訟を提起することができる（行政事件訴訟法14条1項）。また28条の承認審判に対して，親権者等は即時抗告をすることができる（特別家事審判規則20条2項）。

しかし，施設入所等の措置が採られている被虐待児の引き取りを親権者等がもとめようとするのは，かならずしも措置から短時日にはかぎらない。施設入所に際して自立支援計画が作成され，虐待した親権者等について児童福祉司指導等がなされた場合，親権者等がこれに応じないかまたは指導の効果があがらないと判断されたときには，家庭引き取りが認められないことになる。このときすでに不服申し立て等の期間が経過しているのであれば，親権者等はその引き取りを争う途を閉ざされることになるからである。

これらとは別に，親権者等が施設入所等の措置に付されている子どもの引き取りを争う方法として，家事審判法9条1項甲類13号（親権または管理権の辞任，回復の許可）を類推して，措置の解除または変更を求める方法が考えられる[16]。28条審判により監護教育権が停止すると解するのであれば，同号の類推適用によりその回復をもとめるために，家庭裁判所の審判でこれを争うことができると解することもできよう。しかし，28条審判により監護教育権が当然に制限される効果まで認めることができないとするのであれば，親権の回復と類推する必要はないであろう。

類推適用という点では，むしろ，施設入所中の子どもの引き取りや面会については，施設長の監護教育権と親権者等のそれとが併存しているとの立場に立ち，これを子の監護に関する紛争として民法766条，家事審判法9条1項乙類4号を類推適用する方が，紛争の実質に着目するのであれば妥当であろう[17]。もっとも，こうした解釈については，本来離婚後の子の監護に関する民法766条を施設入所児童の監護紛争にまで類推できるか[18]，行政処分としてなされた施設入所等の措置の解除に関する事項を，家庭裁判所の手続で処理しうるかといった行政行為の公定力に関連する問題もある[19]。

とはいえ，家庭引き取りという目標に向けて努力している親権者等について，中立の立場でその成果や家庭引き取りの可否を判断する仕組みが必要なのはいうまでもない。現行法制度上，児童虐待について親による養育の権利および子どもが親により養育される権利を保障する仕組みとして，他に適切な制度がない以上，もっともこれに近い子の監護処分

制度を類推適用の可能性を検討してもよいのではないだろうか。

この点は，立法論としても検討されなければならない課題でもある[20]。検討に当たっては，28条審判にもとづいて継続されている措置の適否を家庭裁判所が判断する制度だけでなく，その前提として28条審判の有無を問わず，措置継続中の親権者等の権利義務と都道府県・児童相談所および児童福祉施設長の権限の明確化も必要である。とはいえ，これらの課題は親権・監護にかかわるものであることから，民法上の課題も視野に入れた検討が不可欠であろう。

おわりに

被虐待児の施設入所等の措置解除による家庭復帰は，子どもにとって児童虐待の再発という不利益をもたらしかねない処分である。そのため，運用のレベルでは解除（＝家庭復帰）にあたり慎重な検討がなされる仕組みが用意されている。しかし，これらの仕組みがそれぞれどのような目的で設けられているのか，明らかでない。そのため，措置解除に必要な関係機関相互の連携が適切にとられないおそれがある。現在のところ児童虐待対策は，予防発見から介入のレベルにまで進んできているが，今後ますます要請される分離後の援助すなわち家族再統合のための援助を円滑に進めるために，これら連携の仕組みを整備する必要があろう。

他方，この措置解除は，一面では親子の同居の再開という利益的側面も有している。それにもかかわらず，児福法28条審判により施設入所等の措置が採られた場合，この解除をもとめる手だてが当事者に認められていない。児童福祉審議会の意見を聞き，措置権者がその適否を判断する制度が用意されているとはいえ，これは当事者による要求を中立の立場から権限をもって判断する仕組みとはいえない。親子の権利が施設入所等の措置により制限されるという面から考えれば，こうした権利制限の是非を司法の場で争う制度が用意されてしかるべきであろう。

家庭復帰の問題は，被虐待児の援助の方策の一つにすぎない。かりに虐待した保護者が被虐待児を再び迎え入れる意思がない，または迎え入

れることができないときは，本来は被虐待児は養子縁組または特別養子縁組といった法的に安定した環境での社会的養育が保障されなければならないのである。わが国におけるこれらの代替的養護の実状は，理想にはほど遠いのであるが，今後は，家庭引き取りと代替的養護という二つの要請を円滑かつ確実に見極める手続の制度の検討を虐待対策の重要な目標として明確に視野に入れておく必要があろう。

（1）　高橋重宏他「児童養護施設における被虐待・ネグレクト体験児童に関する研究」日本子ども家庭総合研究所紀要34集（1997年）26頁以下。
（2）　高橋重宏他「児童養護施設入所児童の強制引き取りに関する研究（その1）」日本子ども家庭総合研究所紀要35集（1998年）12頁。
（3）　同上論文11頁。
（4）　桑原洋子・田村和之編『実務注釈　児童福祉法』（信山社，1998年）203頁（加藤佳子），児童福祉法規研究会編『最新児童福祉法母子及び寡婦福祉法母子保健法の解説』（時事通信社，1999年）243頁，昭和26年11月8日，児発69号。
（5）　吉田恒雄「児童虐待と家庭への介入」法学セミナー550号（2000年）60頁。
（6）　児童福祉法規研究会，前掲書（4）252-253頁。
（7）　審判例としては，大阪家審昭和48年1月11日家月25巻12号57頁参照。
（8）　厚生省児童家庭局編『子ども虐待対応の手引き』（日本児童福祉協会，1999年）179頁。
（9）　太田誠一他『きこえますか　子どもからのSOS——児童虐待防止法の解説』（ぎょうせい，2001年）81頁。本書は，議員立法である児童虐待防止法の成立に直接かかわった国会議員による解説である。
（10）　石川稔「児童虐待」『現代家族法大系3』（有斐閣，1979年）325頁（『子ども法の課題と展開』（有斐閣，2000年）所収）。
（11）　許末恵「児童福祉法に関する二，三の問題点について」社会福祉研究77号（2000年）12頁。
（12）　釜井裕子「児童福祉法28条1項1号の家庭裁判所の承認について」家月50巻4号（1998年）67頁。
（13）　米倉明「親権概念の転換の必要性」『現代社会と民法学の動向（下）』（有斐閣，1992年）400頁。古畑淳「被虐待児に対する措置の決定過程における家庭裁判所と児童相談所の役割」神奈川大学大学院『法学研究論集』9号（2000年）48頁。
（14）　児童福祉法規研究会編，前掲書（4）223-224頁参照。
（15）　許，前掲論文（11）11頁。

(16) 床谷文雄「判批」判タ933号（1997年）88頁。
(17) 鈴木隆史「里親制度改革と法的対応について」石川稔他編『家族法改正への課題』（日本加除出版，1993年）425-4266頁参照。
(18) 許，前掲論文（11）11頁。
(19) 仙台高決平成12年6月22日家月54巻5号125頁は，一時保護中の子どもについて，家庭裁判所が一時保護委託を受けて実際に子どもを監護している者に対して引渡しを命ずるか否かの判断を行うことは，行政処分の効力を家庭裁判所で争うものとなり，家庭裁判所の審判権の範囲を超えるものであるとして，実母から一時保護委託を受けている者に対する子どもの引渡しの申立てを却下した原審を支持した。
(20) 石川稔「児童虐待をめぐる法制策と課題」ジュリスト1188号（2000年）8頁参照。立法論としては，児童福祉法28条2項に「親権者または未成年後見人は，家庭裁判所に，措置を承認する審判のを取り消しを求めることができる。」旨の規定を新たに設けることが考えられる。この取消審判があった場合には，施設入所措置の要件としての家庭裁判所の承認の効力が失われるのであるから，措置を継続する要件を欠くこととなり，結果的に措置を継続することができなくなることになろう。

［追　記］本稿は，児童福祉研究第9号（2001年10月）に掲載した論文に，若干の加筆訂正を行ったものである。

第 2 部

子どもの自立支援と社会的子育て

1　児童相談所における子どもの権利擁護　　石谷英治・前河　桜
2　児童養護施設における自立支援　　阪本博寿
3　自立支援とアフターケア　　農野寛治
4　当事者から見た10の自立支援　　草間吉夫

1　児童相談所における子どもの権利擁護

［石谷英治］
［前河　桜］

はじめに

　少子化，核家族化，家庭や地域の養育機能の弱体化など，社会や家族構造の変化に伴い，子どもを取り巻く環境は厳しさを増し，児童虐待やいじめ，不登校など，子どもに関する問題が増加，深刻化している。このような状況のなかで，児童相談所は，1994年の「子どもの権利条約」の批准，1997年の児童福祉法の一部改正による自立支援と子どもの権利擁護の理念化，2000年11月に施行された「児童虐待の防止等に関する法律」（以下，児童虐待防止法という）による児童虐待における権限の集中などを契機に，その役割が大きく期待されるようになった。

　児童相談所の役割は，時代とともに，子どもや家庭の問題と社会的ニーズによって変化してきたが，いま，児童虐待対応の中心的な援助機関として位置づけられたことにより大きな転換期を迎えている。

1　児童相談所の業務

　児童相談所は，児童福祉法に基づき，18歳未満の子どもの福祉に関するあらゆる問題に応じて，子どもの福祉を図るとともにその権利擁護を図ることを目的として都道府県および指定都市に設置が義務づけられている行政機関である（児童福祉法第15条）。「子ども家庭センター」（大阪府）等の名称が付けられているところもあり，現在，全国に約180か所

の児童相談所が設置されている。児童相談所の職員は，所長，児童福祉司（以下，ケースワーカーという），心理判定員（心理職），医師（精神科医，小児科医）などのほか，一時保護所に，児童指導員や保育士，看護師などの専門職が配置されることになっている。児童相談所の業務は，児童の福祉に関するあらゆる相談に応じ，必要な調査，診断，判定を行い，一時保護，在宅指導や施設入所などの措置を行うことである。児童相談所運営指針によると，児童相談所における相談援助活動の体系と展開は次のとおりである（図1参照）。

図1　児童相談所における相談援助活動の体系・展開

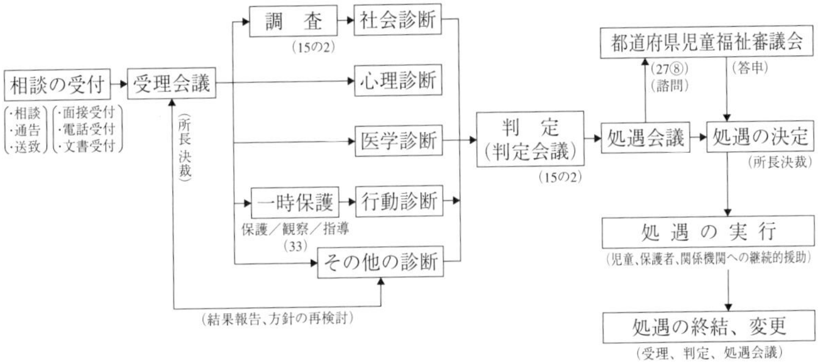

（出典　児童相談所運営指針2000（平成12）年11月改訂版　監修才村純）。

1）相談の受付

　家庭，学校等から相談，地域住民や関係機関からの通告，福祉事務所や家庭裁判所からの送致を受ける。相談の種類は，養護相談，保健相談，非行相談，障害相談，育成相談（不登校等），その他の相談と幅広い（表1。表2は児童相談所の相談内容別受付件数である）。

2）調査・診断・判定

　児童相談所で受け付けた相談は，主にケースワーカー等により行われる調査に基づく社会診断，心理判定員等による心理診断，医師による医学診断，一時保護部門の児童指導員等による行動診断，その他の診断を

表1　受け付ける相談の種類及び主な内容

養護相談	1. 養護相談	父又は母等保護者の家出，失踪，死亡，離婚，入院，稼働及び服役等による養育困難児，棄児，迷子，被虐待児，被放任児，親権を喪失した親の子，後見人を持たぬ児童等環境的問題を有する児童，養子縁組に関する相談。
保健相談	2. 保健相談	未熟児，虚弱児，ツベルクリン反応陽転児，内部機能障害，小児喘息，その他の疾患（精神疾患を含む）等を有する児童に関する相談。
障害相談	3. 肢体不自由相談	肢体不自由児，運動発達の遅れに関する相談。
	4. 視聴覚障害相談	盲（弱視を含む），ろう（難聴を含む）等視聴覚障害児に関する相談。
	5. 言語発達障害等相談	構音障害，吃音，失語等音声や言語の機能障害をもつ児童，言語発達遅滞，注意欠陥障害を有する児童等に関する相談。ことばの遅れの原因が知的障害，自閉症，しつけ上の問題等他の相談種別に分類される場合はそれぞれのところに入れる。
	6. 重症心身障害相談	重症心身障害児（者）に関する相談。
	7. 知的障害相談	知的障害児に関する相談。
	8. 自閉症相談	自閉症若しくは自閉症同様の症状を呈する児童に関する相談。
非行相談	9. ぐ犯等相談	虚言癖，浪費癖，家出，浮浪，乱暴，性的逸脱等のぐ犯行為，問題行動のある児童，警察署からぐ犯少年として通告のあった児童，又は触法行為があったと思料されても警察署から法第25条による通告のない児童に関する相談。
	10. 触法行為等相談	触法行為があったとして警察署から法第25条による通告のあった児童，犯罪少年に関して家庭裁判所から送致のあった児童に関する相談。受け付けた時には通告がなくとも調査の結果，通告が予定されている児童に関する相談についてもこれに該当する。
育成相談	11. 性格行動相談	児童の人格の発達上問題となる反抗，友達と遊べない，落ち着きがない，内気，緘黙，不活発，家庭内暴力，生活習慣の著しい逸脱等性格もしくは行動上の問題を有する児童に関する相談。
	12. 不登校相談	学校及び幼稚園並びに保育所に在籍中で，登校（園）していない状態にある児童に関する相談。非行や精神疾患，養護問題が主である場合等にはそれぞれのところに分類する。
	13. 適性相談	進学適性，職業適性，学業不振等に関する相談。
	14. しつけ相談	家庭内における幼児のしつけ，児童の性教育，遊び等に関する相談。
	15. その他の相談	1～14のいずれにも該当しない相談。

（出典　児童相談所運営指針2000（平成12）年11月改訂版，監修才村純）。

表2 児童相談所の受付件数

厚生労働省報告例

年度＼種別	総数	養護相談	非行関係相談	障害相談	相育成談	その他の相談
1998年（平成10年度）	336,241（100%）	36,819（11.0%）	17,669（5.3%）	177,059（52.7%）	70,881（21.1%）	33,813（9.9%）
1999年（平成11年度）	347,833（100%）	44,806（12.9%）	17,072（4.9%）	183,748（52.8%）	69,108（19.9%）	33,099（9.5%）
2000年（平成12年度）	362,655（100%）	53,867（14.9%）	17,211（4.7%）	189,843（52.3%）	68,324（18.8%）	33,410（9.2%）

もとに，原則としてこれらの者の協議により総合診断を行い，個々の子どもに対する処遇指針を作成する。

3）立入調査

児童相談所は，家庭裁判所に施設入所等措置の承認の申立（児童福祉法第28条）を行った場合，もしくは，児童虐待が行われているおそれがあると認めるとき（児童虐待防止法第9条），子どもの住居等に立ち入り調査を行うことができる（児童福祉法第29条）。

なお，立入調査の執行上必要があるときは警察官の援助を求めることができる。（児童虐待防止法第10条）

4）一時保護

児童相談所長または都道府県知事が必要と認める場合には，子どもを一時保護所（児童相談所に付設）に一時保護し，または，児童福祉施設，里親等に一時保護を委託することができる（児童福祉法第33条）。

一時保護を行う場合は，原則として児童，保護者の同意を得て行うことが必要である。しかし，虐待など，生命の危険がある場合や人権侵害の可能性がある場合など，児童をそのまま放置することが児童の福祉を害すると認められる場合はこの限りではない。

第2部 子どもの自立支援と社会的子育て

5）児童相談所における処遇

児童相談所は，児童，保護者，関係者等に対して指導，措置等の援助を児童相談所における処遇として行う。指導，措置等の援助は処遇指針に基づいて行われ，次のような種類がある。

① 在宅指導
　a）措置（行政処分）によらない指導として，ケースワーカーや心理判定員による専門的な助言指導および継続的なソーシャルワーク，心理療法やカウンセリング，集団心理療法，キャンプなどを行う継続指導
　b）措置による指導として，児童福祉司，児童委員，児童家庭支援センター知的障害者福祉司，社会福祉主事，障害児相談支援事業を行う者による指導
② 児童福祉施設等への措置等
　a）児童福祉施設（乳児院，児童養護施設，児童自立支援施設，知的障害児施設，知的障害児通園施設，盲ろうあ児施設，肢体不自由児施設，重症心身障害児施設，情緒障害児短期施設等）への入所措置
　b）指定国立療養所等委託
　c）里親又は保護受託者に委託する等
　d）児童自立生活援助措置
　e）福祉事務所送致等
　f）家庭裁判所の審判に付すことが適当であると認める子どもを家庭裁判所に送致すること

6）民法上の権限

児童相談所は，家庭裁判所に対して，施設入所の承認申立（児童福祉法第28条），親権喪失宣告の請求（同法第33条の6），後見人選任及び解任の請求（同法第33条の7及び同8）を行うことができる。

7）児童福祉審議会への意見聴取

施設入所等の措置を採る場合や施設入所等の措置を解除する場合などにおいて，児童もしくは保護者の意向が児童相談所の措置と一致しない

とき，および，児童相談所長が必要と認めるときは，児童福祉審議会の意見を聴かなければならないとされている（児童福祉法第27条8項）。これは，子どもの意見表明権（子どもの権利条約12条）を保障するとともに，児童相談所における処遇決定の客観性と専門性の向上を図ることによって，児童の最善の利益を確保するためである。

2 大阪府における子どもの権利擁護の取り組み

1）子ども施策の理念

大阪府は，1995（平成7）年9月に「大阪府子ども総合ビジョン」を策定した。これは，1994（平成6）年12月に国が策定した「エンゼルプラン」を受けて，少子化社会においての子どもの健全育成や子育て支援のための基本指針としてまとめられたものである。

「子ども総合ビジョン」は，施策目標のひとつに「子ども参加型の社会づくり」をあげ，子どもの意見や権利が尊重され，子どもが主体的に社会参加できる社会づくりの推進をうたっている。また同年，大阪府社会福祉審議会は，「今後の児童福祉施策のあり方について」の答申を行い，相談支援体制の基本的な視点のひとつとして，「家族一人ひとりの人権の尊重と自己実現への配慮」をあげ，子どもの最善の利益を図ることを最優先するサービスの提供などを提唱している。

なお，大阪府は，「子どもの総合ビジョン」を見直し，「大阪府子ども総合プラン」を策定中である。

2）「児童相談所」から「子ども家庭センター」へ

大阪府では，1994（平成6）年4月，府内7か所の児童相談所の組織を改編するとともに，郡部を担当していた府福祉事務所との統合により，子どもや家庭に関する総合的な相談・支援を行う「子ども家庭センター」を設置した。その背景には，社会や家族のあり方が変容し，いじめ，不登校，育児不安や児童虐待の増加など子どもや家庭に関わる問題の複雑化・多様化があった。また，児童相談所についても，これまでの施設入

所や個別指導を援助の中核とした要保護児童対策から，社会のニーズに応じ，多彩な援助メニューを用意して在宅援助を中心としたサービスを提供する機関へと変化することが求められていた。そこで，子ども家庭センターは，次のような組織体制となった。

① 地域育成室（2001（平成13）年4月より地域育成課，中央は企画情報室）：関係機関との連携の強化や地域ネットワークの構築を行う
② 家庭支援課：養護相談（児童虐待含む），非行相談や障害児など即応を要する相談を担当する
③ 健全育成課：不登校相談，性格行動相談などを担当し，心理，医学的診断やクリニック機能を持つ

　こうして，子ども家庭センターは，住民の誰もが気軽に相談できる相談機関として，子どもの発達と人権を守ることを基本視点としつつ，より質の高い確かな援助サービスを提供することを目指した。

3）『子どもの権利ノート』作成の目的

　「子どもの権利条約」の批准を契機として，大阪府児童福祉課は，1995（平成7）年12月，全国に先駆けて『子どもの権利ノート』（以下，『権利ノート』という）を作成した。これは，「大阪府子ども総合ビジョン」で示された子どもの権利尊重の基本的理念を踏まえ，児童養護施設等（以下，施設という）に入所している子どもたち，これから入所する子どもたちに，「子どもの権利条約」の趣旨に沿い，子どもが自らの権利を十分に理解し，また主体的に行使できることについて学ぶことを目的としたものである。

　施設に入所している子どもたちは，「子どもの権利条約」でいう第一の権利である「親と一緒に住む権利」を奪われている子どもたちである。両親に替わる大人が，その子どもたちに対して，最低限これだけのことは自分自身の固有の権利としてあるということを知らせ，権利の主体として生き生きと生活し成長してくれることを願って『権利ノート』とした。

　また，入所児童の「義務」を明記すべきであるという議論もあったが，あえて「義務」という表記をさけた。この『権利ノート』では，「子ど

もがみんな幸せになるには，自分のことだけでなく，ほかの子どものことも大切にしなければならないんだ。みんなで仲よくくらすために，『やくそく』があるから，きちんと守るようにしよう」と呼びかけている。

　大阪府の『権利ノート』は，子どもの権利条約の精神を基本としつつ，その内容については，カナダのオンタリオ州トロントにある日本の児童相談所の機能を有するCAS（Children's Aid Society of Metropolitan Toronto）の取り組みを参考にしている。すなわち，CASでは，グループ・ホームなどに入る子どもにガイド・ブック（"A GUIDE FOR CHILDREN & TEENS–IN RESIDENTIAL CARE"）を配布し，そこで子ども自身の権利が説明されているのである。『権利ノート』は，これを参考にして，次の3点を柱に内容を構成した。

① 子どもの権利ノートの目的や使い方についての説明
　・子ども自身が，自分の持っている権利を知る
② 入所から，施設生活，退所に至るまでの援助内容についての説明
　・アドミッション・ケア（施設に入所する前後に必要な援助）
　・イン・ケア（入所中の援助）
　・リービング・ケア（社会的自立に必要な社会生活準備の援助）
　・アフター・ケア（施設退所後の援助）
③ 権利行使のための代理人（アドボケーター）への連絡先・方法
　・権利侵害を受けた場合の対応方法を示す

権利侵害を受けた場合の連絡先は，本来的には，第三者機関が望ましいが，現状における方法として，子ども家庭センターの担当者名と連絡先および子どもと家庭電話相談室の電話番号（現在は，子ども専用子どもの悩み相談フリーダイヤル）を記載した。

　また，編集にあたっては，下記のような方針を採った。
① 表現は，小学校3〜4年生程度が理解できる内容にする。
② 挿絵等を用いて，見て理解しやすいものにする。
③ 子どもたち自身の日常会話のような言葉で表す。
④ 子どもたちの意見を聞き，内容に反映させる。

『権利ノート』は1995（平成7）年12月から，児童養護施設，情緒障害児短期治療施設，児童自立支援施設に入所している子ども，また，こ

れから入所する小学1年生以上の子どもに配布している。なお，児童自立支援施設は，児童養護施設とは生活様式が異なり，生活における制約が多くなるため，通常の『権利ノート』に加え，児童自立支援施設での生活についてより理解できるように副読本的ノートが作成された。また，幼児に対しては，絵本を作成し，権利の大切さを伝えるように工夫するといった取り組みもなされた。

4）『権利ノート』による子どもの権利擁護の取組み

子どもは，施設入所にあたって，「どうして施設で生活しなければならないの？，いつまでいるの？」，「施設はどんなところなんだろう，どんな生活をするのかしら」などの不安を抱いている。その不安の軽減を図るため，子ども家庭センターのケースワーカーは，子どもの年齢や発達に応じて，入所する理由や入所期間，施設での生活の内容を説明するとともに，子どもが自らの権利を十分に理解し，その権利を行使できることを説明する。

子どもや保護者の不安を取り除くためには，施設生活に関する情報，たとえば面会・帰宅，日課，小遣い等などを具体的にイメージしてもらうことが必要である。そこで，施設と子ども家庭センターとが協力して，施設要覧の改訂（1999年より日課等の詳しい情報を掲載し，ケースワーカーが施設の情報を説明する資料して利用している），施設紹介アルバム（施設の建物や居室等の生活空間や生活の流れ，行事などのスナップ写真等）の作成などに取り組んでいる。

子どもの権利が侵害された場合，現行では，担当の子ども家庭センターに救済を求めることになるが，子ども家庭センターは措置機関であることから純粋の第三者機関ではなく，状況によっては，子どもとの意見が対立することも考えられるため，将来的には，第三者機関の設置が必要である。

5）「援助計画」と「自立支援計画」

子ども家庭センターは，『権利ノート』を配布するに当たり，子どもの自立支援，家族の再構築に向けて，援助の筋道を明確化するとともに

子どもの権利の擁護を図るため，1996（平成8）年から，「援助計画」の内容について検討を始めた。1997（平成9）年4月からは，実際に施設に入所する子どもの「援助計画」の作成を始め，また同時に，施設側でも大阪府社会福祉協議会児童施設部会で「自立支援計画」の検討が行われ，1998（平成10）年度に実施に至った。

これらの計画作成の流れは，子どもの入所後1か月以内に「援助計画」を作成し，施設はそれを受けて3か月以内をめどに「自立支援計画」を作成，その後は，「援助計画」の点検に基づき，毎年6月には「自立支援計画」を評価・策定するというものである。

「援助計画」は，入所が必要な理由，現時点で子どもや保護者等が抱えている課題や問題点を把握し，中長期的な見通し・目標を子どもの意向や保護者の意見を踏まえて立てる。その見通し・目標に到達するために必要な現状の課題・問題点とその除去の見通しなどを，子どもや保護者，家族への具体的な援助方策としてまとめたものである。当然，施設においての援助も含まれていることから施設と協力して進めていくことになる。

「援助計画」は，子どもが施設入所した時にその子ども（家族を含め）の当面の課題，長期的な目標を設定している。「援助計画」は，その課題や目標の達成度，子どもや保護者の変化や家族の変動によって，設定した課題の適否を点検する必要が出てくるので，点検の時期を定めて，その時期がくれば見直すこととしている。しかし，すべての子どもたちに同じウエイトで「援助計画」の点検を行っていくことは物理的に困難な状況もあって，以前より，年に1回子ども家庭センターが実施してきた施設訪問調査を点検に代えることとした。また，2001（平成13）年度には「施設訪問調査表」の改訂を行い，点検する事項を記入できるようにした。

施設と子ども家庭センターは子どもへの援助の両輪である。施設と子ども家庭センターが協議しながら，子どもの意向や保護者の意見を踏まえ，援助方針を定期的に点検することによって，子どもの権利擁護と最善の利益の実現に向けたよりよい援助が可能になる。

6）子どもの育成支援事業の実施

子ども家庭センターでは，子どもの権利を守るための具体的な施策として，1997（平成9）年度より，次のような「子ども育成支援事業」を実施した。

① 子ども専用フリーダイヤル「子どもの悩み相談フリーダイヤル」
　　全国に先駆けて365日24時間体制で実施することにより，子どもの立場にたった電話相談として，緊急時の子どもの救済体制を整備した。

② 「学校派遣相談事業」
　　子ども家庭センターのケースワーカー，心理職が，要請に応じて定期的に学校に出向き教員等と連携しながら子どもと家庭に関する相談援助活動を実施して，子どもの問題の早期発見・早期解決を図るとともに福祉と教育の連携をより強化した。

3　児童虐待への取り組み

1）大阪府におけるこれまでの児童虐待への取り組み

大阪府が取り組んできた虐待相談に関する経過を簡単に述べると，まず，1975（昭和50）年に「虐待を受けた児童とその家族の調査」（昭和50年大阪府児童相談所紀要2号）を実施し，その後調査研究を続けている。1990（平成2）年からは，被虐待児地域処遇モデル化事業を開始し，1991（平成3）年には被虐待児地域処遇会議の実施，同年，関係機関向けリーフレット『子どもからのSOS』や保護者向けリーフレット「なんでいうこときかへんの」の発行などに取り組んできた。また，1990（平成2）年には「被虐待児童の早期発見と援助のためのマニュアル」を作成，1995（平成7）年には「虐待防止ハンドブック」を作成した。1996（平成8）年度には，これまでも取り組んでいた虐待防止のための地域ネットワークを再編し，各子ども家庭センターに関係機関による「地域虐待問題連絡会議」として設置した。さらに，同年「被虐待児童の施設入所治療プログラム」を作成し，1998（平成10）年には「虐待の発見と

対応について」学校教員向けリーフレットを発行した。
　このように，子ども家庭センターは，虐待相談ケースへの直接的対応はいうまでもなく，地域のネットワークづくり，さらに，虐待の予防への取り組みを積極的に行ってきた。

2）弁護士との連携
　児童虐待への対応は，基本的には，ケースワークによって保護者の同意を得て施設入所等の措置が採られる。しかし，保護者の同意を得られない場合や，虐待がひどく子どもの生命の危険などが認められ緊急に保護しなければならない場合などには法的な対応が必要となる。大阪府では，1995（平成7）年より大阪弁護士会の協力により各子ども家庭センターに配置された弁護士との連携により，児童虐待の法律的な相談，児童福祉法第28条による申立に伴う保護者への対応などの法律的な問題の解決がスムーズになった。

3）虐待対応課の新設
　子ども家庭センターを設置してから，当初，虐待相談への対応は家庭支援課が担ってきた。しかし，家庭支援課のケースワーカーは虐待相談のみならず，即応を要する養護相談や非行相談，学齢児障害相談などの相談を受けており，これらの相談ケースの面接予定をやりくりしながら虐待対応をすることに困難が生じていた。
　そこで，子ども家庭センターでは，2001（平成13）年4月から，虐待対応についての相談の受理，調査，一時保護，施設入所等，主に初期の行政権限の執行を行う虐待対応課を新設した。これにより，虐待対応課・健全育成課が施設入所あるいは在宅指導を通して子どもの安定を図り，家庭支援課が家庭復帰等の家庭調整を行うという機能分担がなされ，虐待相談のより円滑な対応が進められることとなった。

4）虐待対応の専門家チーム
　大阪府は，2000（平成12）年度に虐待対応の専門家チームとして，弁護士，精神科医師などで構成される危機介入援助チームを各子ども家庭

センターに設置した。専門的な見地からの助言を行うこの危機介入援助チームは、社会福祉審議会の付属チームとして活動し、審議会の法的権限を活用して関係機関への意見具申、報告の聴取等を行うことができるとされている。

4 児童相談所の現状と課題

1）人員体制

児童福祉法第11条は、児童相談所に「児童の福祉に関する事務をつかさどるもの」として児童福祉司をおかなければならないとし、また、児童福祉司は、「児童の保護その他児童の福祉に関する事項について、相談に応じ、専門的技術に基づいて必要な指導を行う等児童の福祉増進に努める」ものと定めている。児童福祉法施行令で、この児童福祉司は人口10万～13万人に1人の配置とされている。

児童福祉司すなわち子どもの福祉に関するケースワーカーは、児童虐待対応では、子どもの生命に関わるために、緊急を要する子どもの安全確保や職権保護などの対応が必要となる一方で、家族関係再構築のための家庭調整なども必要であり、1つひとつのケースに時間と労力がかかり、精神的、身体的な緊張感、負担感を背負わざるを得ない。それに加え、虐待対応だけではなく、非行相談や養護相談、健全育成相談などの在宅指導、施設入所児童や保護者への援助などが加わり、1人で受け持ちできる相談数を越えている状態にあるというのが現実である。

児童相談所では、虐待の初期対応は整備されつつあるが、心のケアについては端緒についたところであり、すべての児童相談所への心理職員や児童精神科医の配置が緊急の課題となっている。国の「健やか親子21」プランでは、目標値として、2010年に児童相談所への児童精神科医の配置を100％にするという数値をあげているが、自治体の財政難により厳しい状況にある。そのような中でも、各自治体では児童相談所の人員の増員や体制整備が取り組まれており、大阪府では、先に述べたように、7か所の子ども家庭センターに虐待対応課を新設するなど、人員の増員と

組織体制の強化・整備を図っている。

２）専門性の確保

専門職の任用については，2001年12月の児童福祉法改正等によって，児童福祉司の資格の厳正化が図られている。大阪府では，児童福祉司は専門職採用を行っているが，専門職が任用されていない自治体も多く，また，２～３年で転勤していくところが多いと言われている。複雑化，困難化している子どもと保護者への指導・援助には，専門的知識や相談援助技術と経験の蓄積などにより高度な専門性を確保していく必要があり，専門職の任用と勤務の継続性などが課題である。

３）研修体制の整備

複雑化，困難化する子どもや保護者への対応には，専門職の任用が不可欠であるが，それだけで問題が解決するのではなく，児童に関する幅広い知識を基礎に，関連する社会制度，法律などの知識や相談援助技術などについて，ケースワーカーや心理職員としての専門性を不断に高めていくことが必要である。そのためには，体系的な研修体制，研修条件の確立が大前提であり，また，全国の児童相談所を通じて，困難事例に対する児童相談所の組織的な役割を理解できるマニュアルや危機状況等の問題解決手法の開発がなされること，そして何よりもスーパーバイズ体制を早急に整備するなどが課題である。

４）児童相談体制

児童相談所は，子どもの福祉を図るとともに，その権利擁護の中核的機関としての機能と役割を持っており，幅広く子どものあらゆる相談を受けている。そこでは，急増する児童虐待に対して，一方で子どもの安全確認，一時保護，施設入所といった強権的介入を行い，他方で子どもの家族の再構築に向けての家庭調整，心のケアを行うという相反する援助活動を求められている。

子どもの問題では，児童相談所のみならず，同じ都道府県関連機関としては，児童家庭支援センター，保健所，各種児童福祉施設など，市町

第2部　子どもの自立支援と社会的子育て

村の関連機関としては，家庭児童相談室，保育所，子育て支援センター，保健センターなどがそれぞれの役割を果たしている。今後，全体的な児童相談体制の整備の問題としてこれらの機関の役割や機能を明確化していく中で，児童相談所が果たしていく機能や役割を整理していくことが課題である。

［参考文献］
「子どもの権利擁護・大阪府『子どもの権利ノート』その後」『世界の児童と母性』資生堂社会福祉事業財団，1994年4月号。
川岸祥泰「児童臨床の現場から・大阪府子ども家庭センターの新たな挑戦⑫『子どもの権利ノート』と『児童の権利に関する条約』」『月刊少年育成』1998年5月号。
大阪府社会福祉協議会施設部会編『つながり』2001年。
山内稔「大阪府の虐待対策について」『月刊少年育成』2001年5月号。

2 児童養護施設における自立支援

[阪本博寿]

1 児童養護施設への入所

1）児童養護施設とは

児童養護施設は，子どもの家庭や家族に何らかの養護問題が発生し，子どもに家庭に代わる生活の環境が必要となった場合に，児童相談所（以下，大阪府の例に則して「子ども家庭センター」と称する）から子どもの入所の措置委託を受けて，家庭養護の補完・支援・代替を行う社会的養護の場である。

その目的は，児童福祉法第41条により，「乳児を除いて，保護者のない児童，虐待されている児童その他環境上養護を要する児童を入所させて，これを養護し，あわせてその自立を支援することを目的とする施設」と定められている。

入所の対象となる子どもは，原則として満1歳から満18歳未満の児童であるが，児童福祉法第31条の規定により満20歳に達するまで延長して入所させることができることになっている。さらに，入所中の子どもが大学・専門学校等へ進学した場合などで家庭復帰等が難しい場合には，年齢超過で措置が解除された後も，卒業するまで施設からの通学が認められている。ただし，その場合には，食事等の実費の徴収をするなどして，入所している他の子どもの処遇低下を招かないように配慮する必要が求められている。

児童養護施設は，大別して大舎制と小舎制の形態があり，生活環境や処遇方針等において，それぞれの施設が独自性をもっているが，いずれ

も措置費で運営をしている点は共通している。措置費は，子どもが児童福祉施設に入所措置が取られた場合に「必要な最低基準の維持をするために要する費用」であり，国および地方公共団体から支払われる。

厚生労働省の省令である児童福祉施設最低基準（以下，最低基準と略す）は，第2条でその目的を明示し，施設に「入所している者が，明るくて，衛生的な環境において，素養があり，かつ，適切な訓練を受けた職員の指導により，心身ともに健やかにして，社会に適応するように育成されることを保障するもの」としている。すなわち，最低基準は，行政庁による児童福祉施設の許認可基準を示すものであり，また，子どもが児童福祉施設に入所後，個人として尊重され，「健康で文化的な最低限度の生活を保障」されるための最低限の援助内容水準を示した公的基準でもある。

最低基準第41条では，子どもたちが暮らしていく生活空間の設備について，具体的に，①児童の居室，調理室，浴室および便所を設けること，②居室の1室の定員は15人以下とし，面積は1人につき3.3m²以上とすること，③児童の年齢等に応じて，男子と女子の居室を別にすること，④便所は，男子用と女子用とを別にすること，⑤児童30人以上を入所させる施設には，医務室および静養室を設けること等を示している。

また第41条では，児童養護施設の職員について，①子どもの生活指導を行う児童指導員をはじめ，嘱託医，保育士，栄養士および調理員を置かなければならないこと，②児童指導員および保育士の配置数は，通じて満3歳未満児2人につき1人，満3歳以上の幼児4人に1人，少年6人に1人とすることなどを定めている。

2）子ども家庭センターの役割

子ども家庭センターは，各都道府県，政令指定都市に義務設置されており，児童福祉司，相談調査員，心理判定員，医師，保健師，児童指導員，保育士等の専門職員が配置され，子ども・保護者等に対して指導，措置等の処遇を行う専門機関である。また，子ども家庭センターは，児童福祉法に基づき相談機能，診断治療機能，児童福祉法上の行政機能および児童の一時保護機能を持つ。こうした機能や行政権限を行使しなが

ら子どもの福祉に関する問題について，種々の援助活動を展開している。

児童養護施設への入所措置は，一般に，〈相談→調査・診断→判定→(一時保護)→処遇(措置)→終結〉と続く一連の相談援助活動の一環であり，判定に基づき行なわれる。子ども家庭センターは，措置という行政権限を行使することで，さまざまな理由から養護に欠けることとなった子どもに対し，責任をもって最も適する施設を選択し入所の決定を行っている。措置権は原則的には都道府県にあるが(児童福祉法第27条)，事実上これを行使する権限は，子どもについては基本的に子ども家庭センターのみが持っている。

2　社会的養護のあり方

1) 児童養護施設を取り巻く動向

児童養護施設等の社会的養護の役割は，子どもや家庭を取り巻く環境の変化や時代の移り変わりとともに変わってきている。

児童福祉法が制定された1947年ごろは，戦後の混乱期であり，戦災孤児，浮浪児，引き上げ孤児を，飢餓，栄養失調，犯罪，非行から救済し，保護することが主要な役割であった。1960年代以降は，父母の死亡や父母の長期入院などで経済的に貧困な状態に陥ったことを要因とする入所が多くなった。この頃まで，養護問題は絶対的貧困の問題を基調としていたと考えられる。

1970年代から80年代の前半にかけては，高度経済成長後の歪みからくる家庭の荒廃の現れとして，父母の行方不明の増加傾向や離婚，父母の子育て不安など家庭の養育機能の低下が大きな問題とされだした。特に1975年以降は，サービス社会化，情報社会化など社会の構造的変化に伴って生活様式や意識が急激に変化する時代を迎え，養護問題の複雑化・多様化が進んだ。親の養育能力の脆弱化や未熟な親の増加がみられ，親の性格異常，精神障害，親による虐待・放任・怠惰など，両親がそろっていながらも養育できないケースが急増した。サラ金問題が社会問題化したのもこの頃であった。

1990年代からは、親の養育問題の深刻化とそれを起因とする子どもの発達課題から生じる問題がより顕著化してきた。このためこれまでのように親のない子どもに対して、親代わりとして、衣食住の世話と健康管理を主な内容とした施設養護では不十分になってきた。すなわち、子どもへの生活援助と子どもと親が抱える課題に向けて、単に子どもを施設で保護して終わりとするのではなく、家庭全体を視野に入れ親子関係の修復を意識しながら施設と保護者が協働して子育てを行っていくという考え方が求められるようになった。

近年、養護問題が複雑で多様化しているので、従来のように施設のみで処遇の完結ができなくなってきている。そのために子ども家庭センター、学校、福祉事務所、病院等の関係機関との連携が不可欠で、各機関がもつ機能と役割を担ってもらうことが必要になっている。

1997年の児童福祉法改正では、それらを踏まえ、従来の日課に沿って日常生活の世話をするという保護・救済の養護観ではなく、安心感・安全感のある生活の確保のために、個人の尊厳と基本的人権の尊重という理念のもとで、一人ひとりの生活習慣を認め、理解し、その子らしく充実した施設生活が過ごせるように、心理的、経済的、社会的等のあらゆる面で組織的・計画的に人権の擁護と自立の援助をしていくことを打ち出している。要保護から自立支援への理念の転換である。

2）大阪府における子どもの権利擁護の取り組み

1994年の「子どもの権利条約」批准、1997年の児童福祉法改正などを背景にして、児童福祉の理念や子ども観は大きく変化した。児童養護の分野では、保護から自立支援への基本理念の転換、施設の名称・機能の変更、子どもおよび家庭に対する相談支援体制の充実、施設入所の措置をとる際の子どもの意向聴取規定の新設、子ども等の意向と子ども家庭センターの援助判断が異なる場合等における児童福祉審議会の意見聴取、子ども家庭センターによる「援助計画」および児童養護施設による「自立支援計画」の策定、児童福祉施設の長の懲戒権の濫用禁止規定の新設など子どもの権利擁護および自立支援の取り組みが強化された。

大阪府の児童福祉の分野では、1994年4月に児童相談所の組織を改編

整備し，名称を「子ども家庭センター」と改めて，地域支援体制の整備のため「地域育成室」を設置，企画調整・情報発信機能の強化のため「企画情報室」を中央子ども家庭センターに設置，緊急対応・家庭支援機能の強化のため「家庭支援課」を設置，クリニック・健全育成機能の強化のため「健全育成課」を設置するなど，機能の充実・強化が図られた。

また，大阪府は，同年，国が策定した「エンゼルプラン」を受けて，1995年に，「すべての子どもたちの成長を支え，権利を尊重する社会づくり——子どもと大人の新しいパートナーシップの実現と安心して子どもを生み育てることができる社会づくり」をめざして，子育ての社会的支援を基本理念とした「子ども総合ビジョン」を策定した。「子ども総合ビジョン」の施策目標のひとつには，「子ども参加型の社会づくり」があげられている。このなかで，子どもも府民のひとりであり，子どもたち一人ひとりの意見や権利が保障され，子どもが主体的に社会参加できる子ども参加型社会づくりを推進することが謳われている。同年，全国に先駆けて生活型の児童福祉施設で生活する子どもたち向けに作成された『子どもの権利ノート』もこの流れをくんでいる。

さらに，1998年，大阪府社会福祉協議会児童施設部会が「児童施設援助指針」を作成している。施設養護の場に置かれた子どもたちが安心して生活できるように，施設における援助の目標，内容を具体的に示した指針である。そこでは，援助指針の基本理念について次のように述べている。

> 子どもの権利を尊重するという考え方は，もともと児童福祉法の理念としてあったものであるが，児童福祉法50年の歴史を経て改めて重視されることとなった。すなわち子どもの権利条約が国連で採択され，日本政府がこれを批准したことにより，状況は大きく変わったのである。これからの児童福祉の最も基本的な理念は，子どもの権利を尊重し，子どものウェルビーイングを実現することにあるといっても言い過ぎではないだろう。

児童養護施設においては，何よりもまず，施設で生活する子どもたちが主人公であること，子どもが権利の主体であることを，つねに心に留めておくべきである。そして，それぞれの「子どもの最善の利益」を図

ることこそが児童養護施設の最大の目標である。

　私たち大人には，一人ひとりの子どもの個性を尊重し，子どもの希望や意見に最大限の配慮を払うことが求められている。子どもには，自分の考えや思いを聞いてもらう権利がある。また，可能な限り，それぞれの子どもの個人としての自由とプライバシーが確保されなければならない。

　子どもは親によって養育される権利があるが，それが「子どもの最善の利益」に反する場合には，代替的なケアが提供されなければならない。児童養護施設においては，子どもたちが安心して生活できるよう，生活条件および環境の整備を行うことが，私たちの責任である。子どもは，「身体的，心理的，精神的，道徳的および社会的発達のために十分な生活水準に対する権利」(子どもの権利条約第27条)をもっているからである。施設で生活している子どもは，自分の生活状況について定期的に見直しを受けることができ(同第25条)，また，家庭，学校等あらゆる場面において，暴力・虐待等から守られるとともに，「健康，自尊心および尊厳を育成する環境において」，身体的・心理的な回復や社会復帰のための措置をとってもらうことができる(同第39条)のである。

　1997年の児童福祉法「改正」により，「子どもの自立支援」が児童養護施設をはじめとする児童福祉施設の重要な理念のひとつとなった。これからの児童養護施設に課せられた使命は，何らかの事情により施設で生活することとなった子どもたちの権利を擁護し，子どもたちの自立を支援することにある。

　なお，「児童施設援助指針」の作成にあたり，前述の基本理念を執筆したのは大阪の児童福祉の転換期に大きな影響と業績を残された故・許斐有(元・大阪府立大学社会福祉学部)である。

　また，大阪府の『子どもの権利ノート』も許斐の理論や理念を基礎にして作成されたものであり，施設を取り巻く環境や意識の変化，ケア水準の向上等を踏まえてこれまでに3回の改訂が重ねられ，現在に至っている。

3)『子どもの権利ノート』の活用と子どもの権利保障

　大阪府の『子どもの権利ノート』(以下，『権利ノート』と略す)は，家

庭から離れて児童養護施設で暮らすことになった子どものための施設生活の手引き書である。

　施設で行なう援助のプロセスをアドミッション・ケア（施設に入所する前後に必要な援助），イン・ケア（入所中の援助），リービング・ケア（自立に必要な社会生活準備の援助），アフター・ケア（施設退所後の援助）としてとらえ，①目的や使い方，②子どもがもつ権利及び退所後の大人の関わり，③不都合が生じたときの改善方法や相談の仕方を柱に構成している。すなわち，子どもが何かをしたいとき，困ったときなどに「あなたにはこういう権利がある」「あなたにはこういう権利の主張をしてもよい」といった子どもの権利を子ども自身が知り，理解でき大切にする，さらに生活をともにする仲間も同じ権利をもっていることを理解し，適切にその権利が使えるように成長してほしいとの大人の願いが書かれている。

　そのために，子ども家庭センター職員や施設の職員が，役割分担をしながら子どもの最善の利益を第一に考え共働して社会的養護の役割を担い，子どもの権利保障のための環境づくりをしてくことを子どもに約束したものである。

　『権利ノート』の内容の説明では，「子どもが尊厳をもって，その子らしい自立した生活が送られるように支援する」という理念に基づき，日々の生活や活働で子どもの意向が尊重され，見守られながら援助を受け，そのうえで日常生活の相談や悩みや苦情の申し立てができること，そのことが子ども家庭センターや施設で解決できないときには，外部の権利擁護機関で調整をしてもらえるシステムになっていることを子どもに知らせていることになるが，この説明は担当ケースワーカーが施設の決定後に行っている。

　これから始まる未知の世界での暮らしに適応できるか否かを左右する重要なもので，インフォームド・コンセント（説明と同意）の考えを反映したもので，アドミッション・ケアの位置づけである。

　『権利ノート』を活かしたものにするために大阪府内の子ども家庭センター及び一時保護所には各施設の『ガイドブック』も置いている。

　『ガイドブック』は，アルバム形式で施設の規模がわかるように建物

第2部　子どもの自立支援と社会的子育て

の全景，部屋の様子（和室の畳部屋であるのかベットの部屋なのか）や設備，日課，各種行事など生活全般の様子が理解できるように写真・イラスト入りで作られている。

　さらに子どもと保護者には入所する施設の詳細の情報が必要になると考え施設ごとに「生活のしおり」の小冊子が用意されている。小冊子には施設の理念や基本方針など施設の特色の紹介をはじめとして，これからの生活が実感できるように，分かりやすく具体的に，①入所する施設がどのようなところか，②幼稚園は，学校は，地域社会はどうか，③世話をする職員の説明，④日課や行事，しつけや手伝い，⑤面会・一時帰宅・通信（電話・手紙），⑥大人と意見の相違があったり，納得がいかない場合に調整役をしてくれる第三者委員の名前や仕組みに関することが記載されている。「生活のしおり」は，子どもの施設生活への心構えの資料であるが，入所前に子どもと保護者が施設見学を希望した場合にも活用できるようになっている。

　このように，今日の社会的養護の援助活動では，説明責任の考え方を反映させることが大切で，子どもや保護者に十分な情報を提供をしたうえで，子どもの年齢と発達段階に応じてわかりやすく，ていねいに説明し，その意向を聞き入れる実践が必須になっている。

　子どもが施設に入所するのは措置＝行政処分であり，子ども及び保護者が社会福祉援助を受けることである。社会福祉援助では，何をもって現実的，具体的に子どもの自立支援や家庭への復帰を実現できるようにするのか，家庭環境の整調をどうすすめるのかなど，その目的の達成のために援助の計画が必要になる。そのために子ども家庭センターが策定する「援助計画」があり，「援助計画」を受けて施設を策定する「自立支援計画」がある。

　それぞれの援助の計画は，一貫性及び継続性が保たれており大人が子どもの発達や成長の子育ちを子どもに約束したもので，大人の子育ての責任と役割及び可能な範囲で環境の整備を図っていくことを明文化したものである。

4　要養護児童の自立支援プログラム

1）子ども家庭センターの「援助計画」

　子ども家庭センターは，児童養護施設への入所措置を決定した子ども一人ひとりについて，その自立を支援するための「援助計画」を策定する。これは，子ども・保護者に対する具体的処遇をいかに行うかという選択肢であり，選択された処遇プログラムの中で実行される具体的援助の指針である。その意味で，「援助計画」は，子ども家庭センターと児童養護施設，さらに，それらと子ども，保護者をつなぐ橋渡しの役割を果たすものである。

　「援助計画」には，児童養護施設に入所措置を採った理由，施設入所に対する子どもの意向もしくは保護者の意見，都道府県児童福祉審議会の意見を聴取した場合はその意見が明記され，個々の子どもが持つそれぞれの問題点や課題，家庭環境の調整を含めた援助の目標，援助方法，その他の留意点が短期的および中・長期的に明確にされている。さらに，子ども家庭センターと施設の役割分担や活用できる人的資源，制度等の社会資源についても明らかにされ，具体的に援助方法が示されている。

　また，援助における課題や援助の方法は諸条件によって変化することから，「援助計画」の定期的見直しが必要になるので，次回の点検時期も明確にしている。

　大阪府における援助の点検及び見直しは，子ども家庭センターが施設を訪問して実施する「児童養護施設等在籍児童の状況調査」がある。

　子どもが施設に措置された場合には，子ども家庭センターが策定した「援助計画」は，施設が策定する「自立支援計画」に引き継がれていく。

2）児童養護施設の「自立支援計画」

　施設養護の内容は，子どもが施設に入所してから退所に至るまでの毎日の生活を通して，子どもが自立することを目標に，あるいは家庭に復帰（再統合）することを目標に，日常生活面，学習面，対人関係面，家族関係面等への援助を行うことである。児童養護施設で策定される「自

立支援計画」は，施設養護において一貫性および継続性をもって取り組もうとするプログラムであり，一人ひとりの子どもがもつ課題の克服と家庭環境の調整のための目標，援助方法を記載するものである。その基本的性格は次のように整理することができる。

① 1998年3月5日付け厚生省児童家庭局家庭福祉課長通知「児童養護施設等における入所者の自立支援計画について」で策定が義務づけられた公的な書類であり，児童養護施設が子ども家庭センターの「援助計画」（処遇指針）を受けて策定されるものである。

② 子ども家庭センターと児童養護施設とが定期的に再評価するものである。

③ 子ども・保護者に十分な情報を提供したうえで，子ども・保護者の意向と関係機関の意見を踏まえて作成するものであり，インフォームド・コンセント（説明と同意）の考えを反映させている。

④ 子どもの援助のための診断と治療に重要な役割を果たす資料である。

⑤ 交替勤務の引き継ぎや年度替わりのケースの引き継ぎにおいて，処遇の一貫性および継続性を維持する上で重要な役割を果たすものである。

⑥ 実践記録としての重要性を持つ資料である。

3）「自立支援計画」の策定および記載上の留意事項

児童養護施設における「自立支援計画」は，まず第1に，施設長，担当職員だけでなく，援助にあたる職員全体で合議のうえで策定すべきである。また第2に，「自立支援計画」の策定にあたっては，子ども家庭センターと十分協議するとともに，その他関係機関と必要事項の協議を行う必要がある。そして第3に，「自立支援計画」に基づいた実践の経過を記録し，在籍児童の状況調査等で再評価を行い，再評価に基づいて次期の計画を策定する必要がある。また，重要な見直しが必要な場合は，子ども家庭センターと協議してその時期等を決めることになる。なお，これらの原則を貫くために次のようなことが前提となる。

① 管理職中心になることなく，すべての職員が自由に意見を述べ

条件ができているか。特に，複数の職員が集り，評価ができる時間が確保されているか。
② 職員自身が，「自立支援計画」およびその評価の意義，重要性を自覚しているか。また，職員同士が，互いに同僚の意見を十分に傾聴する姿勢をもっているか。
③ 施設運営において，すべての職員が業務分担を理解でき，評価ができる実力を育てる努力をしているか。

「自立支援計画」を評価するためには，その資料として，日常のケース記録が不可欠となる。したがって，記録を書く時間の確保とともに，各職員には，記録を書くことは施設職員としての義務であるという自覚が求められる。特に，記録は永久保存されるものであり，公的な帳簿の性格をもつものであることを理解しておく必要がある。

「自立支援計画」の策定・評価の基本資料となるケース記録に関しては，いくつかの留意事項がある。まず第1に，ケース記録には基本的に次のような性格があることをおさえつつ記載する必要がある。

① 目的性……援助計画と自立支援計画の内容にそったものであること。
② 客観性……記録者の判断や意見，感情に左右されないこと。記録者個人の見方ではなく，自立支援計画に基づく施設としての見方であるという位置づけをすること。ただし，主観的な記載と客観的な記載を分け，ポイントを明確にして自分の意見を整理して記載することが必要な場合もある。
③ 簡潔性……簡素明瞭な文章で，読みやすく，内容，問題点が分かるように書く。また，すっきりした文章を心掛け，当て字，誤字，脱字のないようする。

また第2に，ケース記録を書く上でのより具体的な留意事項として次のような点をあげることができよう。

① 情報や資料等の出所を明らかにし，使用した重要な通信や子どもの作文等の保管方法には十分注意する。
② 記録そのものについても，記載する場所，保管する場所などは慎重に吟味して定め，秘密を保持する上で十分注意して取り扱う。

③ 記録を読むことのできる人の範囲などを明確にするとともに，事例として発表する際などには，子どもの年齢，性別を変えるなどの配慮をする。
④ 情報の公開において自己情報開示請求に対応できるようにする。

第3に，児童養護施設の職員は，記録者としての立場に立つことで，改めてその日常実践に対する姿勢が問われることになる。すなわち，記録者には，施設の機能や役割を理解するとともに，「援助計画」と「自立支援計画」の内容をしっかりとらえていることが求められる。また，ケース記録は，子どもの言葉，行動等を正確にとらえ，表現していること，特に，面接等については，子ども・保護者・関係機関職員等の会話や態度から重要なポイントをとらえ，表現していることが必要であり，日常業務に追われて忙しくても，そのような姿勢で日々実践に取り組み，記録を採る習慣を身につけることが求められる。

4）「自立支援計画」の内容

「自立支援計画」の内容は，児童養護施設における実践そのものであるといってもよい。その意味で，記録者は，「自立支援計画」の策定・評価ともにかかわるので，施設の運営方針，援助方針をよく理解しておく必要がある。これは，最低基準第44条でいう生活指導を実効性のあるものにするためにも必要である。その際，自立支援の観点にたって，日常の生活を管理面，援助面，指導面に整理をすると記録がまとめやすくなる。

管理面については，子どもの健康，安全保護を主な目的とするが，子どもの個性に応じてさまざまな選択肢を用意し，自ら決定する機会をつくることが重要である。日常生活における規則正しい生活リズムのしつけについても，自己決定を促すような柔軟性のあるプログラムを用意しつつ安定的な生活の保障と管理をめざす必要がある。将来家庭生活を営む上での基礎的な知識と技術としては，健康管理，金銭管理，調理，洗濯，掃除等の家事労働の理解が必要であり，生活の中で主体的にこれらを学ぶ機会を用意することが肝要である。

援助面については，情緒的に安定した生活を持続しつつ，子どもにと

っていつも信頼できる大人と，同じ境遇の仲間がいること，子どもが希望したり具体的に要望したことが実現できるような環境を築くことが基本である。その上で，生活主体としての子ども自身が日常生活を積極的に営むことを可能にするような援助，いいかえれば，子どもの年齢と発達段階に応じ，生活の各場面で自主性や自己決定力を養うような援助が求められる。そのためには，子どもが意見表明できる場や機会を設けたり，地域の子ども会への参加，ボランティア活動等の奨励や援助を行うなど，生活経験の拡大を図る取り組みが必要である。また，情緒の安定や生活意欲の形成とも関わって，親子関係の継続を重視し，その調整，回復を図ることが不可欠である。また同時に，施設生活における人間関係の調整も必要であり，個人の尊厳を基盤に集団生活を豊かに築いていくことが求められる。

　指導面については，子どもが，社会人すなわち社会的に自立した個人となるために必要な知識，能力，態度を育てる取り組みがその内容となる。たとえば，法律や制度を含む社会の仕組みを学ぶこと，具体的には，サラ金被害を予防することを含めた金融機関の利用方法，結婚・出産等の届け出やさまざまな諸権利を利用・行使するための役所の手続き等である。また，職業についての確かな知識と見通しがもてるように，卒業生との交流や職場見学，職場実習等を体験する機会を設けることも重要である。さらに，家庭生活を営む上での基礎的な知識と技術は，日常生活を自立的に営む上で不可欠である。すなわち，健康管理，金銭管理，調理・洗濯・掃除等の家事労働の技術を施設生活を通して習得すること，あるいは近所付き合いや人間関係のもち方を学ぶ機会を意識的・日常的に用意する必要がある。また，余暇の過ごし方等についても，生活をより豊かにする方向で一人ひとりの子どもの趣味・嗜好を育むような指導が求められる。

　「自立支援計画」は，施設におけるこのような日常実践を意識的に整理し評価する意味を持つものであるといえる。その実践内容は，児童福祉施設が公的制度であり公費によって運営されている限り，情報開示請求に対応できるものでなければならないが，同時に，子どもの生活はプライバシーに関わるものでもあることに留意しなければならない。その

意味で,「自立支援計画」や関連する記録に含まれる個人の秘密事項の保持に留意するなど,子どもやその家族の人権擁護を第一に心がけることが大切である。

5　児童養護施設の機能と役割

1）児童養護施設の生活と職員の仕事

　一般に,家庭の子どもは親と子どもが日々繰り返す自然な生活の営みの中で,人間関係のもち方,法律や社会制度の仕組み,健康管理,金銭管理,調理・洗濯・掃除の知恵や技術などを学んでいる。親は子どもの成長過程で子の誕生から,幼児期,少年期,青年期と一貫して継続した関わりや見守りをしながら,社会的に必要となる生活環境,生活スタイル,子育て意識の変化を親子で発展させている。このような柔軟で自然な子育ち・親育ちの環境が,子どもの情緒の安定や知的発達,身体的成長など人格形成の基盤となっている。一方,児童養護施設は,社会的に意図的・計画的につくられた他人同士が生活する集団で,自然発生した生活形態ではない。日常の世話をしている保育士・児童指導員も通勤による交替勤務,退職による職員の交替が頻繁であったりなどして一貫して継続した関わりがもちにくいのが現状である。また実際の生活場面で施設運営の都合,職員の業務の多忙を理由としてどうかすると子どもが培ってきた価値観,個性や特性の違いに配慮することなく,大人の養育観を押し付けがちになるなど家庭に比べて柔軟でゆとりのある環境に欠ける面がみられる。

　不十分ではあるが児童養護施設には子どもへの援助として,最低限しなければならない自立に向けた生活指導,家庭環境の調整機能,関係機関との連携のあり方などが最低基準で定められている。また,職員の配置基準も最低基準の第42条第3項で定め（詳細は前述）,生活型の施設の必要性から,第46条で「夜間の職員の配置を少なくても1人を子どもと起居を共にするように」との定めもある。さらに,社会福祉法で施設が提供する援助内容に関する苦情を適切に解決する仕組みの整備や苦情へ

の対応のシステムの導入も義務づけられている。

　このようななかで職員は，子どもの家庭への復帰あるいは社会的に自立ができるように1日24時間絶え間なく仕事をしており，一人ひとりの人間の一生を左右する重要な役割を担っている。

　このように，児童養護施設の仕事は多岐にわたっている。こうした仕事をすべて実施するためには，最低基準で定める人的配置基準ではきわめて厳しく，断続勤務体制，住み込み制，超過勤務が不可避となる。児童養護施設の運営は，労働基準法を遵守していては不可能であるといっても過言ではないのが現実である。このことは，職員の労働条件の問題だけではなく，子どもの福祉と権利保障の不十分さに結び付くものであるだけに，最低基準の改善は重要な課題である。児童養護施設における子どもの権利保障は，そこで働く職員の労働基本権の確立と不可分の関係にある。

2）子どもの権利擁護を基本とした生活の場

　児童養護施設の日常生活は，言うまでもなく子どもが主役である。そこでは「子どもの最善の利益」を第一に考え，子どもの権利擁護の観点にたった生活づくりを心掛けなければならない。その意味で，児童養護施設の職員には次のような姿勢が求められる。

① すべての子どもを，かけがえのない存在として，人間として尊重する立場にたつ。
② 子どもの個性を尊重し，人格をもった社会的存在として認める。
③ 子どもの主体性を尊重し，意見を表明する機会の確保や自己決定ができる処遇を心掛ける。
④ 子どもと保護者の生活背景を見据えて，その改善のための取り組みを図る。
⑤ 可能な限り一人ひとりのプライバシーが守られる環境づくりをめざす。

　児童養護施設が，子どもたちにとってより快適な生活の場であるためには，児童養護施設での生活をできる限り「望ましい家庭的環境」に近づけることが重要である。その際，「望ましい家庭的環境」とはどのよ

うな環境なのかを見定めるために,子どもと職員とが意見を出し合って,施設生活における QOL（生活の質）の向上に努めることが重要になる。QOL には,経済生活,家庭生活,社会参加,余暇活動等多岐にわたる側面がある。一般的に,児童養護施設の QOL の指標としては次のような側面が考えられる。

① 意見表明の場や不服申し立ての場,例えば自治会活動などが活発である。
② 選択できる状況や選択肢が多くある（日課,行事など）。
③ 親子,友だち,ボランティアと自由に連絡できる状況にある。
④ 子どもが,子ども家庭センターといつでも連絡できる状況にある。

3）不適切な養育態度や人格的辱めをしない援助

児童養護施設で生活している子どもたちは,被虐待をはじめ入所前における家庭での不幸な体験から,低身長・低体重・発育障害などの身体的問題,情緒的未熟・反社会的問題行動などの性格行動上の問題,知的発達面などの問題,親密な人間関係の希薄さや自己中心性など対人関係の問題など,さまざまな課題をもっている場合が多い。そうした子どもには,特別な配慮を含む関わりが必要になってくる。

しかしながら,日常の生活とりわけ集団生活の中で特別の配慮をすることは,ベテラン職員にとっても容易ではなく,相当の忍耐や努力が必要である。子どもの「試し行動」の挑発に乗ってついカッとなってしかる,邪険に接する,無視する,嫌みを言うなど不適切な養育態度や人格的辱めをしないように常に心掛ける必要がある。

それ以上に留意したいことは,子どもは,保護者などの要養護問題から施設生活を余儀なくされて入所しているということである。多くの子どもが,「突然,何がなんだか分からんうちに施設に来た」,「どうしようもなくなって施設に来た」と考えているのである。また,入所やその原因についても,「自分のせいだ」,「いや,親のせいだ」,「家庭の事情でしかたない」など,子どもの内面は絶えず揺れている。それは,家庭と施設の間での自分の居場所探しの揺れであり,「普通の子どもとは違っている」,「周りに理解してもらえない」,「受け止めてもらえない」と

の思い込みやあきらめなどから，自分を否定的に捉えることから派生しているといえる。

児童養護施設の職員には，そのような子どもの心情の理解が必要である。しかし，職員自身もまた，「我々は，どこまで子どもたちの不幸に関わり得るのか」という苦しい課題を背負っている。ケア・ワーカーとしての施設職員は，そのような心情の機微を制しつつ職務にあたらなければならず，常に次のような専門的素養の涵養に努力する必要がある。

① 子どもと家族の歴史を大切にすることができる。
② 子どもや保護者の気持ちを素直に受け止めることができる。
③ 情緒が安定しており，感情に左右されないなどの技能を身につけている。
④ 問題行動や個性の強さ等をもつ子どもへの理解，対応，支援が適切にできる。
⑤ このような資質の向上を図るために常に自己の研修に勉めている。

このような努力を欠いた場合，専門職として不適切な処遇がなされやすいといえる。最低基準第9条の2では，施設長が懲戒に関する措置をとるとき，「身体的苦痛を与え，人格を辱める等その権限を濫用してはならない」と定めている。このことは，子どもの人権を保障するための施設においてはあまりにも当然のことであるが，現実には，施設長や職員による「体罰」が堂々と行われている実態があり，報道されるひどい事例も後を絶たない。「身体的苦痛を与え，人格を辱める等」の行為は，たとえ教育的目的に基づく「体罰」であっても法的に明確に禁止されているのであり，まして，体力的に未熟で成長過程にある子どもに対して，大人である職員が感情的に暴力を振るうことは犯罪行為と言うほかなく，子どもの権利を保障する専門職として厳に戒めなければならない。

少なくない子どもたちが，入所前に親の暴力によって心も体も傷つけられた体験を持っている。その親の多くもまた，社会的な暴力によって傷つけられ，子どもに対する接し方を歪めさせられているといえる。施設において再び暴力による「指導」を再現することは，暴力を容認し，暴力によって他人を支配したり，逆に暴力に屈従する人格を育てていく

ことに他ならない。このことが、子どもの権利条約はもちろん、児童福祉法や児童憲章、日本国憲法の精神に反することは言うまでもない。職員は、普段から自己を洞察する力を身につけ、子どもの性格行動を理解し、適切な指導やしつけのあり方を探求するとともに、それが行き過ぎないよう心掛けておくことが必要である。

6 児童養護施設における処遇の意義

1) 心とからだの安全の確保と健全な発達の保障

　近年、特に被虐待児の入所が増えており、その中には、親の同意を得ないまま入所措置をとらざるを得ず、さらに、面会禁止を含む親子分離が決定されるケースもある。その背景には、親によって著しい身体的虐待、性的虐待、ネグレクト、心理的虐待を受けていたこと、親にその自覚がないこと、また、子ども自身がその心とからだの安全を著しく傷つけられていることなどがある。親子分離の目的は、一刻も早く、生命・身体の危険から子どもを緊急保護するとともに、児童養護施設等への入所措置によって、子どもにとって安全な場を確保し、安心して生活できる環境を保障することにある。

　被虐待児の多くは、最も信頼している親からひどい仕打ちを受けたという「心の傷」をもっている。また、被虐待児に限らず、施設で生活している子どもは、家族と別れ、あるいは家族を失って施設に入所しているのであり、多かれ少なかれ、みな何らかの「心の傷」を負っている。児童養護施設では、家庭に代わって安心できる場、安らげる環境を用意し、そこで「心の傷」を回復していく援助を行いつつ、生活指導を通して、それぞれの自立に向けた発達を保障していくことがますます重要な課題となっている。

　施設で行われる生活指導は、最低基準第44条において、「児童の自主性を尊重し、基本的生活習慣を確立するとともに豊かな人間性および社会性を養い、児童の自立を支援することを目的とする」とされている。それは、毎日の生活全体の場面で、掃除、排泄、食事、作業、洗濯、学

習，遊び等を通して行われる。生活指導の方針は，全体的な施設の運営方針，援助方針の中心であり，直接子どもの処遇に携わる職員だけでなく，すべての職員が理解し取り組む必要がある。

2）家庭の再統合を目指す親子関係の修復・調整

児童養護施設や里親などの社会的養護の最終目的は，子どもが元の家庭に戻り，再び親とともに生活できる状況を整えることにある。したがって，児童養護施設の機能は家族再統合までの支援・補完・代替機能にあるわけであるが，それは，単に日々の子どもの生活を保障することにとどまるものではなく，子どもの親・家族への積極的な働きかけを必然的に含んでいると言わなければならない。

最低基準第47条は，「児童養護施設の長は，児童の通学する学校および児童相談所並びに必要に応じ児童家庭支援センター，児童委員，公共職業安定所等関係機関と密接に連携して児童の指導および家庭環境の調整にあたらなければならない」と定めている。一度切り離され，あるいは引き離された親子関係を修復することは，児童養護施設が最低限取り組まなければならない役割として位置づけられているのである。虐待を入所理由とする子どもの場合，親子関係の歪みが原因であるため，親子関係の改善・修復には困難が伴う。そのため，そうしたケースは，子ども家庭センターをはじめとした関係機関とりわけ専門的なケース・ワーカーとの連携が不可欠である。

虐待の再発の恐れのある事例など親子関係の修復が特に困難な場合や，親に引き取りの意思が全くない場合などには，子ども家庭センターに対し，親に代わる親族等による引き取りや里親委託措置の検討を進めるよう求めることも必要である。また，義務教育を修了した児童については，保護受託者制度の活用を検討するよう子ども家庭センターに具申するという方法もある。保護受託者は，近年その利用が減少しているが，通称職親ともいわれ，「義務教育を修了したものを自己の家庭に預かり，又は自己の下に通わせて，保護し，その性能に応じ，独立自活に必要な指導をすることを希望する者であって，都道府県知事が適当と認めるもの」（児童福祉法第27条）である。都道府県知事，児童相談所長，児童福

祉司，福祉事務所長，社会福祉主事，児童委員，児童福祉施設の長，里親，企共職業安定所長，労働基準監督署長が運営に関わり，子ども家庭センターを中心とする関係機関の緊密な連絡・連携のもとに子どもの保護と職業指導等を行っている。

なお，施設措置を解除され，家庭復帰や自立生活に至った者に対し，当該施設は，可能な範囲で連絡，助言等の支援を行うこととされている。

また，子ども家庭センターも，必要な場合には，相談に応じ，「指導」や一時保護を行い，児童自立生活援助事業（いわゆる自立援助ホーム等）の対象とすることや施設再入所の措置を採ることができる。しかしながら，こうした機能やシステムは必ずしも活用されているとはいえない。むしろ，その機能を積極的に果たしうるような人的・物的条件が決定的に不足しているのが現実である。退所・卒園後のアフター・ケアをめぐる問題は，家族再統合のための親子関係の修復・調整のためだけでなく，養護問題の再生産を予防するための継続的なケース・ワークの必要性からみても，社会的養護の総合的な条件整備に関わる制度上の基本課題である。

3）施設長の親権代行と処遇の課題

児童福祉法第47条は，「児童福祉施設の長の親権」について規定し，施設入所した子どもに対する親権を実の親に代わって行うことを認めている。その内容は，「監護，教育および懲戒に関し，その児童の福祉のため必要な措置をとること」であり，親または後見人が定まるまでの限定的なものである。

近年の児童養護ケースの傾向は，2001年度版「大阪子ども家庭白書」によれば，核家族化により親族の協力や地域での育児支援が得られにくく，短期の施設入所の利用がある一方で，入所期間が長期化している事例も多いという特徴を見せている。入所期間の長期化の背景には，虐待など，家族関係の調整や家庭復帰が困難な事例の増加が伺われる。そのため，無理な引取要求をめぐる問題など，施設長の親権代行と保護者の親権との間の軋轢に伴うさまざまな問題が生じている。

児童福祉法第47条第2項でいう「福祉のため必要な措置をとることが

できる」とは，指導のため必要なときには，適当なしつけを行うことができるということである。しかし，今日では，児童養護施設で生活している子どもの大半には保護者がいることから，しつけについての施設長（というよりも施設としての方針）と保護者の考え方のギャップをどう調整し，保護者とともに負うべき子どもの自立への責任をどの程度，またどのように背負うのかなども今後の課題であるといえる。

その際，まず第1に，監護に関することでは，たとえば入所児童が不法行為を行い，被害者である相手から賠償請求があった場合，児童福祉法に基づき施設長が親権代行者としてその責任を負うことになる。しかし，措置費にはその費用は含まれていないので，施設の責任において費用の捻出をしなければならない。こうした事情から，損害賠償を想定して「保険」への加入が必要になっているのが現実である。

第2に，懲戒に関することでは，親権代行としての懲戒権は施設長にあるが，実際の業務に当たるのは直接処遇職員の児童指導員および保育士である。その意味で，懲戒権行使に関する責任体制の確立が必要となり，職員による処遇内容の範囲や役割分担を明確にしておくことが求められる。

第3に，職業許可に関して，施設長は，親権代行者として保護者あるいは保証人にならざるを得ず，このことから施設長が過重な責任を負わされる事態が生ずる場合も起こりかねない。保証人となった子どもが他人に不当な損害を与えた場合，その責任は施設ではなく，施設長個人になることがあるのである。このような場合，施設長は，職務上の役割として親権を代行しているにもかかわらず，実際は施設長が個人的に保証せざるを得ないという現実がある。このような現実に対し，大阪府では，卒業時の子どもの身元保証による損失については，大阪府社会福祉協議会が，施設長が受ける損失を一定限度において補填する制度がある。全国に広がってほしい制度である。

第4に，財産管理に関しては，施設長の親権代行には財産管理の権限はない。そのため，子どもが入所する時に，施設の「金銭管理規程」に基づいて子どもの金銭を預かる旨を保護者に伝え，「預かり金の同意」の手続きを行うことが必要となる。現金の管理は複数の職員が関わり手

元に置かず,銀行や郵便局に個人名義で預けることが望ましい。

7 苦情解決の意義とその仕組み

1)児童養護施設における苦情解決の仕組み

2001年の社会福祉法施行に伴う最低基準の一部改正で,児童福祉施設で生活する子どもの利益を保護し,その権利を擁護するために苦情解決の仕組みをつくることが義務づけられた(第14条の2)。これは,施設が行った処遇に関して,入所している子どもやその保護者等からの「苦情に迅速かつ適正に対応する」ことによって,問題を密室化せず,一定のルールに沿った方法で解決を進めることにより,円滑・円満な解決の促進,事業者の信頼や適正性の確保を図ることがめざされている。

苦情解決体制としては,責任主体を明確にするために,施設長,理事などを「苦情解決責任者」とし,職員の中から任命した「苦情受付担当者」が,苦情の受付,記録・確認,苦情解決責任者および役職員以外の第三者委員の「苦情相談委員」や「苦情調整委員」への報告を行うことになっている。

第三者委員の「苦情相談委員」や「苦情調整委員」は,苦情解決を円滑・円満に図ることができ,世間から信頼されているという要件を満たす者(評議員,監事,社会福祉士,民生児童委員,大学教授,弁護士など)を経営者の責任で複数選任することとされている。また,その職務は,苦情受付担当者からの報告聴取,苦情申し出人への通知,利用者からの苦情の直接受付,苦情申し出人への助言,事業者への助言,苦情申し出人と苦情解決責任者との協議への立ち合いと助言,苦情解決責任者からの改善状況等の報告聴取,日常的な状況把握と意見聴取である。苦情解決の手順は,①利用者への周知,②苦情の受付,③苦情受付の報告・確認,④苦情解決に向けての話し合い,苦情解決の記録・報告,⑤解決結果の公表からなる。

2)「運営適正化委員会」の設置

社会福祉法第82条では,「社会福祉事業の経営者は,常に,その提供する福祉サービスについて,利用者等からの苦情の適切な解決に努めな

ければならない」という規定が設けられた。子どもや保護者等と施設の双方で話し合っても解決できないケースについては，都道府県社会福祉協議会に苦情解決の専門機関である運営適正化委員会が設置されることで，当事者はここに相談し，苦情を申し出ることができるようになった。子どもや保護者は，事情があって施設の責任者や担当職員に言いにくい場合なども，直接この委員会に申し出ることができる。その際，苦情の申し出ができるのは，子ども本人，本人の苦情を代弁する家族および代理人，子どもが施設に入所している等子どもと別居しているため現在は子どもを監護していない親権者，子どもに親権者がいない等により未成年後見人に選任された者である。

運営適正化委員会は，社会福祉，法律，医療等の学識経験者5人以上で構成され，最低2ヵ月に1回の会議を開き，苦情の受付，解決方法の検討，事情調査，解決方法の決定，斡旋，結果の確認，苦情の件数・処理結果の公表を行うこととなっている（法第83条）。

社会福祉基礎構造改革の中間のまとめで，措置制度はサービスの対象者に対して行政庁の判断によりサービスを提供する仕組みであるが，サービスの利用者は行政処分の対象者という位置づけであるため，サービスの利用者と提供者の間の法的な権利義務が不明確となり，サービスの利用者と提供者との対等な関係が成り立たないという見解が示された。そこで，今後の方向として，利用者と提供者の間の権利義務関係を明確にすることにより，利用者の選択，個人責任性，知る権利やサービス提供者の説明責任などを重視した構造とする必要があるとしている。こうしたことから，措置制度のもとで運営される児童養護施設においても，情報の開示，第三者評価の導入，苦情処理体制の整備のための対応を行う必要が生じてきたのである。

⑧ 児童養護施設における危険の予防と運営管理

1）児童養護施設におけるリスク管理の必要性

児童養護施設では，子どもとの「出会い」，「日常の生活」，「別れ」と

いうプロセスをたどりながら，その自立や家族再統合を目的とした援助を行っている。それは，限られた時間・期間の中で，子どもの状況に応じて可能な限り短期間に問題解決を図る営みである。しかしながら，児童養護施設における援助は，親の育児不安，養育に対する自信の喪失，不適切な養育態度等，家庭の養育機能の低下を起因とする家庭の崩壊を修復するための援助であり，またそれを体験した子どもを対象として，その自立の支援を目的とするものであって，必ずしも短期間で効果が現れ，問題・課題が解決するとは限らない。それは，未解決の問題・課題を抱えたままの生活が長期化することを意味しているともいえる。

さらに，児童養護施設で生活している子どもたちの背景にある家庭や家族の諸問題は，子どもの力では解決することができない。そのため，子どもたちは，将来への見通しや希望を失い，自身を否定的にとらえ，無力感，被害感，劣等感を抱いたり，イライラが高じて攻撃的，自己中心的な行動に出てしまいがちである。また近年，子ども自身にも，幼児期に受けたトラウマを主因として，情緒面に課題がある子や，聞き分けがない子，軽度の非行がある子，発達の遅れがある子，他児とうまく交われない子などが多数を占めるようになってきている。このため，近年特に，施設での生活の中で偶発的な事故や事件が発生するリスクが高まっており，リスク管理が不可避の状況となっている。

リスク管理とは，要するに危険性の予知と予防である。児童養護施設は，子どもが24時間生活をする場であり，事故はいつ発生するか予期し得ない。リスク管理は，これまでは無事故であっても，事故は予期しない条件や状況が揃ったときに発生するものであるとの認識に立った施設運営や処遇内容の方法であるともいえる。

施設は，家庭の代替・支援・補完のため，社会的に意図的・計画的につくられた生活集団であり，必ずしも自然な生活形態であるとはいえない。施設の実際的な生活環境も，「集団生活」，「建物と設備」，「食事とおやつ」，「睡眠・入浴・衛生」，「日課・しつけ・学習」，「遊びと行事」等の要素から意図的・計画的に構成されており，常に生活の総合性，継続性に対する意識を保持しておく必要がある。そのため，職員の勤務の引き継ぎに無理があるような場合など，子どもの気持ちや生活状況に配

慮が届かず結果的に事故を予防できなかったといった事態も起こりうる。したがって，施設生活は常に危険との隣り合わせであり，細心の注意を払っていても過ちを起こすものであるとの認識が必要になる。

たとえ事故に至らなくても，施設の職員の多くは，仕事の中でしばしばヒヤリとしたり，ハッとしたりという経験を持っている。そのような経験は，職員間で共有し合い，施設全体でその場面を振り返り，分析を行い，再発防止策を検討することが大切である。そこから，より効果的で適切な処遇方法や施設運用のあり方を引き出し，日常の業務に生かしていく。このようにして，処遇の質の向上や施設生活の改善に結びつけることがリスクを回避することにつながるといえる。

養護労働は，直接，人間が人間に対して接する仕事であり，職員がチームを組んで実践することを特徴としている。現行の最低基準に基づく人的配置基準では，少数の職員で多数の子どもの世話をしなければならないのが現実であり，その中で効率的・能率的に業務を進めるためにも，施設運営における組織づくりとチームワークが不可欠である。

チームワークは，職員間で綿密な情報の交換を円滑に行いつつ，共通の目標に向かって協力することによって実現するものである。事故の防止には，職員一人ひとりが施設全体の運営にかかわっているという責任感をもち，常に全体状況を理解しておくことが大切である。そのため，職員には，専門職として次のような資質が求められる。

① 子どもの状況や状態，要求を正しく理解して適切な対応ができる。
② 情緒が安定していて，精神的，身体的に健康であり，基礎体力もある。
③ 自身のことが分かっており，健康面および精神面で自己管理ができる。
④ 問題行動や個性の強さ等をもつ子どもへの理解・対応・援助が適切にできる。

従来，施設で事故が起きた場合，どちらかといえば事故に関与した職員の不注意，あるいは技術の未熟さとして処理される傾向があった。しかし，重要なことはリスクの発生をいかに防ぐかであり，「事故は，誰にでも，いつでも，どこにでも，起こる可能性がある」という認識にた

って，組織としての事故防止のためのリスク・マネジメントを行うことが重要である。施設長をはじめとする管理職は，特にこのような認識に立ち，子どもの安全管理，職員の労働環境改善，保護者や社会からの信頼確保に努めるべきである。

2）リスク・マネジメントとは

社会福祉法の改正に伴い，施設の提供する援助についての情報開示，援助の評価，苦情解決制度などが導入されるようになった。このような状況のもとで，施設生活のあらゆる面で，安全管理と事故防止について万全の対策を講じておく必要が生じている。その対策の基本が，リスク・マネジメントである。

リスク・マネジメントは，事故の発生や拡大を回避するため，未然に予防可能なリスクを把握し分析することによって，リスク要因を減らすことである。児童養護施設におけるリスクは，施設内での不慮の事故だけでなく，職員による体罰や人権侵害からも生じうる。また，施設の経済的リスクとしては，子どもが他児に危害や損害を与えたときの保証，反社会的行動の弁済，一時帰宅中の事故，あるいは身元保証人になったための損失，さらに天災などによる損害なども考えられる。

日常生活の施設内での転倒・転落，子ども同士のけんか，遊びの中でのケガ，病気，病気の伝染，予防接種禍，施設外の行事，通学中・一時帰宅中の事故等は，予防可能なリスクであり，生活環境や対応策を整備することでその軽減を図ることができる。このようなリスクを把握・分析することは，子どもの権利擁護のうえからも重要な意味をもっている。

しかしながら，施設の生活の中では，常に予測不可能な事故・事件が起こりうることも認識しておく必要がある。その意味で，2001年6月1日付けで，厚生労働省雇用均等・児童家庭局総務課長，社会・援護局障害保健福祉部障害福祉課長の連名通知「児童福祉施設等における児童の安全確保について」（修正）は示唆に富む。これは，学校への不審者の進入による児童殺傷事件を契機としたものであるが，児童福祉施設においても起こりうる事態であることから，具体的に次のような対策が提起されている。

① 日常の安全確保では，来訪者の予定，保護者・関係者等への連絡方法の周知，対応のしかたを認識しておく。また，来訪者名簿を備えておく。
② 施設周辺等における不審者等の情報について，日頃から地域の自治会，民生・児童委員や通学する学校等との間で情報を提供しあう体制をとる。
③ 外出中の子どもの状況を把握するため行き先，外出時間等の外出簿の記入を義務づける。また，外出の方法は徒歩か自転車かなどの確認をする。
④ 通学路の人通りが少ないなど，子どもの登下校に注意を払うべき箇所をあらかじめ把握し，子どもの安全確保のため定められた通学路を通って登下校するよう指導する。また，万一の場合，交番や児童委員の家など子どもが避難できる場所を子ども一人ひとりに周知徹底する。
⑤ 施設設備面における安全確保として，門，囲障，外灯，窓，出入口，避難口，鍵等の状況を点検し，施設内外管理点検簿等に記入する。
⑥ 子ども自身が，犯罪や事故の被害から自分を守るために，戸外での行動に当たって遵守すべき事項について指導する。
⑦ 施設周辺における不審者等の情報が入った場合に，職員間による状況認識の一致を図り，緊急時の職員体制を確立する。また，子どもの安全確保のため，民生・児童委員や地域活動団体等の協力を得たり，警察に対しパトロールを要請する。
⑧ 施設内に不審者が立ち入った場合などには，直ちに職員が協力体制を取り，人身事故が起きないように対応する。不審者に対しては，施設外への立ち退きを要求し，直ちに，施設長を始め，職員に情報を伝達し，子どもへの注意を喚起し，子どもの安全を確認して避難誘導等を行う。また，警察や子ども家庭センター・所管課等に直ちに通報する。

3）職員による体罰の防止
児童養護施設におけるリスクの中でも，職員による体罰は社会的に責

任を問われる大きな問題である。これは，施設の運営方針として子どもの人権擁護をきちんと位置づけることで十分回避可能な課題であるが，現実には発生を防ぎ切れていないのが実態である。施設内で虐待行為や偶発的事故が発生することは，子どもにとって最も不利益が大きいことであり，それらのリスクの要因を「システムの欠陥」という視点から問い直すことが必要である。それは，子どもの自己決定権を中心にした権利擁護体制の構築に向けた取り組みにもつながることになる。

すでに述べたように，最低基準では，施設長の親権代行に関して，懲戒に係る権限の濫用が禁止されている。児童養護施設の養育の目的は児童を心身ともに健全に育成することにあり，懲戒がこの目的を達成するための必要な範囲を超える場合には，懲戒に係る権限の濫用に当たる。その範囲については，1998年2月18日付け厚生省大臣官房障害保健福祉部障害福祉課長，厚生省児童家庭局企画課長連名通知で，具体的に以下のように例が示されている。

　あ．殴る，蹴る等直接児童の身体に侵害を与える行為。
　い．合理的な範囲をこえて長時間一定の姿勢を採るよう求めること。
　う．食事，おやつを与えないこと。
　え．児童の年齢および健康状態からみて必要と考えられる睡眠時間を与えないこと。
　お．適切な休憩時間を与えずに長時間作業を継続させること。
　か．施設を退所させる旨脅かすこと。
　き．性的な嫌がらせをすること。
　く．当該児童を無視すること等の行為。

懲戒の濫用に当たらないものとしては，「強度の自傷行為や他の児童，職員等への加害行為を制止するなど，急迫した危険に対し児童又は他の者の身体又は精神を保護するために当該児童に対し強制力を加える行為」としている。

また，懲戒に係るの濫用の禁止について，最低基準第13条（児童福祉施設内部の規程）や「就業規則」に規程を設け職員に徹底することが求められている。

4）面会・許可外出・一時帰宅におけるリスク・マネジメント

　面会・許可外出・一時帰宅は，子どもにとって一番の楽しみであると同時に，家族関係の調整を図る上で不可欠の取り組みである。しかし，子どもと親のそれぞれの状況を適切に判断して行わないと，結果的に子どもの利益に反する事態を招くこともあり得る。その意味で，これらの取り組みにあたっては，リスク・マネジメントの観点を取り入れ，その本来の目的・効果が達成されるよう配慮する必要がある。

　面会については，職員が面会時には必ず立ち会い，施設や学校生活での子どもの近況の報告を通して保護者が安心感をもてるようにするなど，親子関係が修復できるように工夫をする必要がある。また，保護者と施設が協働で子育てをしている姿勢を示し，親の施設への信頼の強化を図るよう努める必要がある。その際，親と子どもの表情やしぐさを注意深く観察し，面会の効果を判断することが大切である。

　また，親子の共通体験が積み重なるように，施設の各種行事や学校の授業参観をはじめとする各種行事等への参加を求め，親子関係の調整を図っていくことも必要である。特に，しばらく面会が途絶えているときなどには，子ども家庭センターのケースワーカーに連絡し，事後の対応について協議することが大切である。

　なお，児童福祉法第28条に基づき，保護者の意に反して施設入所措置が採られた場合には，子どもに対する保護者の監督権や居所指定権などの親権が制限されている。また，2000年5月に成立した「児童虐待の防止等に関する法律」で，「児童虐待を行った保護者について，当該児童との面会又は通信の制限をすることができる」（同法第12条）旨が定められた。保護者に対して面会または通信の制限を行う場合は，子ども家庭センターと緊密な連絡をとり，親に対する対応策について取り決めをしておくことが必要である。

　一時帰宅は，事例によっては大変危険が伴うものである。その時期の見極めは慎重に行う必要がある。親子の生活が別世帯になり，互いに不安をもっている中で，親子のイメージ回復（関係改善）の見極めをきっちり行い，子ども家庭センターの指示のもと，子どもの気持ちを整理し，その意向を取り入れながら，慎重に帰宅の調整を行う必要がある。

虐待の再発等のリスクを想定し，施設に戻ったときには，身体観察や親子の様子の聞き取りを行うなど，一時帰宅中の状況を把握するとともに，子ども家庭センターに帰宅の様子の報告を行うことは不可欠の手続きである。この点に関して，2001年9月18日付け大阪府下7か所子ども家庭センター所長連名通知「児童福祉施設措置児童の一時帰宅および無断外出の取り扱いについて」では，具体的に次のように示されている。

- ○ 一時帰宅期間が1週間を越えない場合，施設長からの一時帰宅についての届出は不要とする。
- ○ ただし，虐待等により親子関係および家庭環境の調整が必要な児童については期間の長短にかかわらず事前に協議する。
- ○ 一時帰宅期間が1週間を越える場合，施設長は措置した子ども家庭センター所長あてに速やかに一時帰宅につき，書面をもって届け出るものとする。
- ○ 一時帰宅期間が1か月を越えた場合，原則として一時帰宅初日の翌月の対応日から措置停止とする。

また，同通知では，子どもが施設から無断外出をした場合について，次のような対策をとるよう示している。

① 措置児童が無断外出した場合，施設長は子ども家庭センター所長に速やかにその旨を連絡すると共に書面をもって届け出るものとする。
② 無断外出した日から1か月を越えても当該児童の所在が判明しない場合，原則として無断外出のあった日の属する月の翌月の対応日から措置停止とする。
③ 無断外出した日から2か月を越えても当該児童の所在が判明しない場合，原則として2か月を越えた日をもって措置解除とする。

3）家庭引き取りに関する留意点

入所児童の親子関係は，入所時および入所後の節目ごとに点検，確認してきた「援助計画」，「自立支援計画」に沿って修復・改善がなされ，他に養育上の問題がなければ家庭復帰が果たされることになる。しかし，単に保護者と子どもの両者が家庭復帰を希望しているからとの理由だけ

2 児童養護施設における自立支援

図 「要保護児童の援助における関係機関等の連携」
(1997年度厚生白書・一部修正)

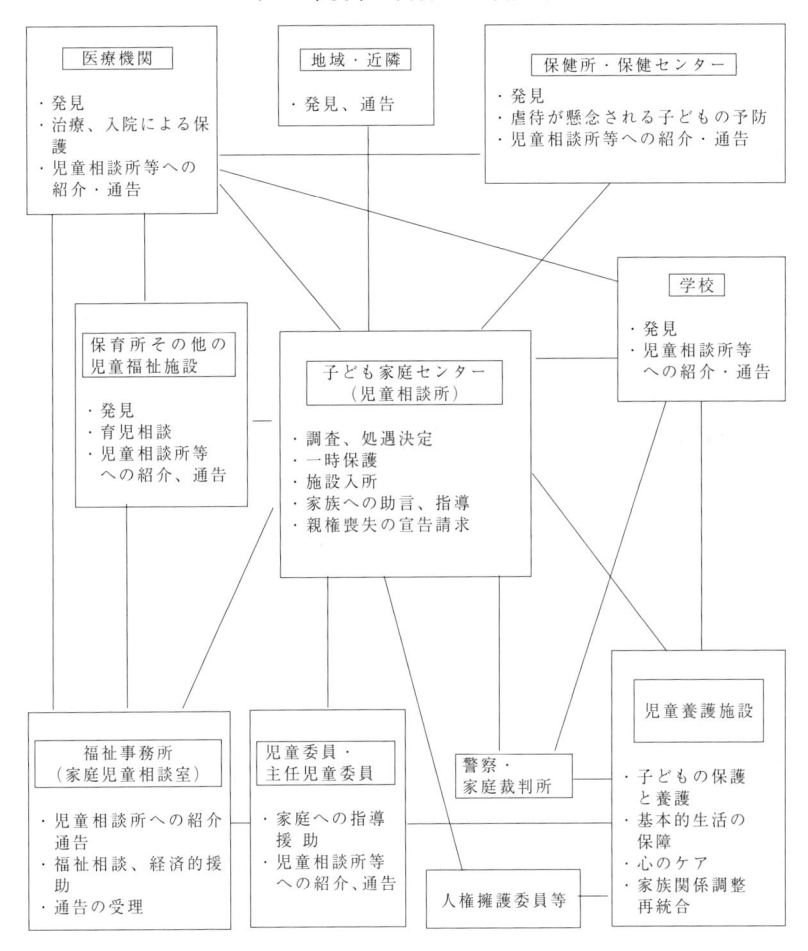

医療機関
・発見
・治療、入院による保護
・児童相談所等への紹介・通告

地域・近隣
・発見、通告

保健所・保健センター
・発見
・虐待が懸念される子どもの予防
・児童相談所等への紹介・通告

保育所その他の児童福祉施設
・発見
・育児相談
・児童相談所等への紹介、通告

子ども家庭センター（児童相談所）
・調査、処遇決定
・一時保護
・施設入所
・家族への助言、指導
・親権喪失の宣告請求

学校
・発見
・児童相談所等への紹介・通告

福祉事務所（家庭児童相談室）
・児童相談所への紹介通告
・福祉相談、経済的援助
・通告の受理

児童委員・主任児童委員
・家庭への指導援助
・児童相談所等への紹介、通告

警察・家庭裁判所

人権擁護委員等

児童養護施設
・子どもの保護と養護
・基本的生活の保障
・心のケア
・家族関係調整再統合

で引き取らせると，虐待行為が再発したり，新たな問題を引き起こすことにもなりかねない。そこで，家庭復帰に先だって，面会，一時帰宅を繰り返すなど慎重な対応を行ったうえで，施設と子ども家庭センターの双方が「被虐待児童の施設入所治療プログラム（大阪府子ども家庭セン

183

第2部 子どもの自立支援と社会的子育て

ター)」等を活用し、リスクについても子どもや保護者との十分な協議・確認をしたうえで措置解除を決定する必要がある。

虐待の再発防止のためには、福祉事務所（家庭児童相談室）、市町村保健センター、保健所、病院、保育所、幼稚園、小・中学校、警察、民生児童委員など、当該家族が生活している地域の関係機関、関係者が相互に連絡を取り合い、協力して被虐待児とその家族を援助していく体制を整えることが不可欠である。このような関係機関の連携の状況を図式化すると、およそ前頁の図のようになる。

以上のように、子どもの生活の世話をする施設は常に危険と隣り合わせであることを日頃から自覚し、施設生活のあらゆる面で安全管理と事故防止について万全の対策を講じておかなければならない。子どもの年齢や能力、あるいは子どもの心身の状態が日々変わっていること、一人ひとりによって違っていることや施設の様々な規制がある中では、ややもすると職員の叱責や注意のレベルに留まり、子どもを管理的に扱いがちであるが、子どもを主体とする理念のもとで単に保護・救済的な支援をするだけでなく、子ども自身が自己管理能力を自分のものとできるような積極的な取り組みが求められているのである。

［参考文献］

日本子ども家庭総合研究所編『厚生省 子どもの虐待対応の手引き』有斐閣、2001年。

平田 厚「児童養護施設におけるリスク・マネジメント導入の必要性」（『季刊児童養護』第31巻第4号、2001年3月号）。

許斐 有『子どもの権利と児童福祉法』信山社、1996年。

大阪府社会福祉協議会児童施設部会『つながり――大阪発児童福祉施設』2001年5月。

野澤正子『児童養護論』ミネルヴァ書房、1991年。

厚生省児童家庭局家庭福祉課監修『児童自立支援ハンドブック』1998年。

3 自立支援とアフターケア

［農野寛治］

1 子どもの自立という課題

　児童福祉法は，満18歳未満を児童として，福祉の保護対象にしている。また，民法では満20歳未満を未成年者として，その者の監護，財産管理などが親権者や未成年後見人によって行われると規定している。普通これらの法的規定は，特別に意識されなくても，親が子どもの利益を考慮し，保護することで実現していると言えよう。しかし，子どもの養育にあたる第一義的責任者である親が，子どもに十分な養育を保障できなかったり，あるいは子どもの利益を顧みることがなかった場合には，これら各法に規定されている保護年齢は，その子どもに確実に保障されているのだろうか。

　児童福祉法の第41条に規定されている児童養護施設は，保護者のいない子ども，虐待を受けている子ども，環境上社会的な養護の必要な子どもを預かり，親の替わりに社会的な養育と保護をしている施設である。ところが，そこで生活をしている子どもたちの中には，親にさまざまな援助を求められないままに，義務教育の中学を卒業し，あるいは高校を中退し，施設を出て社会に巣立ち，即座に社会的なハンディキャップに直面するような子どもたちがいる。このような子どもたちは，教育制度から見た場合は，社会的教育年齢超過児童であり，一方，民法の制度から見た場合は，社会的行為年齢未達児童として扱われるという狭間の中にいる。そして，このような子どもたちの社会的自立には厳しい現実がある。

第2部　子どもの自立支援と社会的子育て

　1997年の児童福祉法第50次改正では，この児童養護施設は子どもの自立に向けて支援していくことが施設の目的の中に附記された。いかに子どもが育ち，社会的に自立していくかということが現代社会のテーマとなっている今，養護問題という，さまざまな社会的ハンディキャップを担う子どもたちの歴史から，わたしたちが学ぶべきことは多い。

2　アフターケアの系譜

　養護問題を抱えた高年齢の子どもたちが，社会的に自立していく際のさまざまな問題は，かなり古くから児童養護施設の現場ではテーマとなってきた。それは施設を退所した子どもたちの中に，依然として何らかの社会的なケアへの取り組みが必要な子どもたちがいて，そのような子どもたちの後保護，後指導の問題（アフターケア）として浮かび上がってきた。

　終戦直後の戦災孤児，浮浪児対策に追われていた時代から少し下って，1950年代半ばの児童養護施設では，すでに孤児の割合が減少し，代わりに保護者がいながらも，子どもを施設に預けなければならないような家族問題を背景とした子どもたちが入所してくるようになった[1]。しかも，施設在籍児の年齢が長じることで，義務教育卒業後の子どもたちを社会へ送り出す取り組みが現実的な問題として認識されてくるようになった。一般の高等学校進学率が50％そこそこであった当時に[2]，施設で中学を卒業した子どもたちのうち，力のある者は就労自立していた。しかし，中学を出ても到底自立していくことが困難な子どもたちも現実にはいた。そのような子どもたちが依然と施設に保護されていて，彼らの施設退所後の進路問題からアフターケアというテーマが生まれてきた。

　1953年，神奈川県は全国に先駆けて，児童養護施設などで中学を卒業して退所した後も，保護・指導の必要な者を再度施設で預かり，就労自立に向けて支援していくアフターケア施設「神奈川県立霞台青年寮」を創設した。横浜市保土ヶ谷区霞台にあったこの施設では，職業訓練校や専門学校と連携を取りながら，児童養護施設や教護院（現・児童自立支

援施設）などで義務教育を終えた男女40名を再度保護し，就労自立に向けてのアフターケアの取り組みが行われていた。その後，このような取り組みは，社会福祉法人神戸少年の町「働く青少年の家・青年寮（後に青雲寮と改称）」(1954)，大阪府立の「白鳥学園天王寺分園」(1955)，東京の「青少年福祉センター」(1958)，「大阪児童福祉事業協会清心寮」(1963)，東京の「憩いの家」(1967)など，公民のアフターケア事業の創設へと繋がる。

しかし，これら先駆的な取り組みは，出生数の低下や高校等への進学率の上昇，経済好況による若年労働者の需要，施設措置費支弁制度の改正などの社会事情と制度的未成熟によって，その後は継続が困難な事態に陥ってしまった[3]。

それでも，アフターケア施設という課題への挑戦は，1970年代から80年代にかけて「自立援助ホーム」というかたちで再度浮かび上がってくることになる。この「自立援助ホーム」を最初に行政の補助金対策事業として認知したのは東京都であった(1984)。そして，制度の不備な中，全国に生まれる自立援助ホームの動きに対して，1988年に厚生省は，自立援助ホームを認知し，就職児童に対する自立相談事業を行う施設の設置を認めることになった。その後，1993年には全国自立援助ホーム連絡協議会が発足。翌1994年には，全国養護施設協議会の中に自立援助事業小委員会を設置。さらに，1997年の児童福祉法改正においては，児童福祉法の中で「児童自立生活援助事業」として法的に位置づけられることになった。

しかし，この自立援助ホーム実践の課題として，広岡知彦は，国庫補助基準額水準の低さや，ホームにやってくる子どもたちが抱える問題の多様性から縦割り行政の枠組みにおさまりきらないなどの問題を指摘し，さらに自立援助ホームは，もともと施設退所児のための施設として位置づけていたが，「家庭基盤が脆弱になってきたことと，子ども自体が幼くなっていることも反映して，社会で支えきれなくなった子どもがたくさん出てきた」[4]ために，15歳以上で養護問題が生じた子どもを児童相談所がホームに送り込んでくる事態が起きていると述べている[5]。これは，かつてのアフターケア施設でも同様で，神奈川の霞台青年寮や

大阪児童福祉事業協会清心寮の実践の中でも，児童養護施設からの措置変更児童以外に児童相談所からの直接入所のケースが見られる[6]。これらアフターケア事業の実践を垣間見ると，施設退所児だけでなく，社会の中に存在している高年齢の自立困難な子どもをも拾い上げ，援助してきたことが示唆されている。

3　要養護高年齢児童への自立施策の展開

さて，今日に至るまで，養護を要する高年齢の子どもたちに対して，どのような施策が行われてきたのだろうか。このあたりのことを通知等を中心に年代を追って概観してみたものが次の表である。

要養護高年齢児童の自立施策の展開

1945年	戦災孤児等保護対策要綱
1946年	主要地方浮浪児等保護要綱
1947年	児童福祉法公布，翌年施行
1948年	児童福祉施設最低基準の公布 児童福祉施設と各種学校との関係に関する件　6.19児発第389号（児童福祉施設は教育施設ではないという見解）
1950年代	保護者のいる児童の増加（昭和27年厚生省児童局全国要保護児童調査，500施設約2万8千人の児童のうち，孤児36.3%，父親または片親のいる児童56.3%）
1951年	保護受託者制度の運営に関する件　10.23.児発第1,313号（アフターケアという文言が公式に出てくる） 児童福祉施設に収容中の児童の奨学生採用について　3．7．児発第96号（施設入所児の奨学生採用に配慮する旨）
1952年	児童福祉事業を営むことを目的とする社会福祉法人又は民法法人等と学校教育の関係について　2．9．児発第58号（児童福祉事業の運営に支障をきたす学校法人の設立は厳に避ける・義務教育は地域の学校を利用する旨）

1953年	神奈川県立霞台青年寮設立（男女入所，職業訓練校・専門学校との連携）
1954年	社会福祉法人神戸少年の町，働く青少年の家（青年寮）設立
1955年	大阪府立白鳥学園分園設立（職業訓練校との連携） 大阪府条例第39号「父母のいない児童等の身元保証による損失てん補に関する条例」に基づく，府内児童福祉施設入所児童の就職にかかる身元保証と損失てん補制度の創設
1956年	中央児童福祉審議会児童福祉行政の諸問題に関する意見具申 5.1.（健全育成という視点，背景に非行問題の低年齢化）
1961年	児童福祉法第21次改正（情緒障害児短期治療施設の創設）
1963年	大阪児童福祉事業協会，清心寮の設立（定時制高校，職業訓練校，就労児童，養護学校通学生等の保護と自立のための施設と，専門的相談援助事業としての第二種社会福祉法人を備える） 厚生省児童局，児童福祉白書刊行（非行の低年齢化や若年層の自殺などの社会問題化から要保護児童への福祉だけでなく一般家庭の児童も視野に入れた児童家庭福祉という観点を提言）
1967年	児童福祉施設退所児童に対する指導の強化について 5.24.厚生省発児第78号（後，昭和63（1988）年5.20.厚生省発児第105号にて改正，施設退所後概ね1年以内の児童に対する施設職員による指導の強化） 東京の経堂憩いの家の開設（養護施設を退所しても行き場のない者に憩いの家を贈るためにセツルメント的な福祉活動を行うボランティアが集まり運動を始めた。その後，運営は財団法人青少年と共に歩む会として三宿にも開設，施設退所だけでなく緊急保護を要する10代後半の子どもを受け入れる）
1968年	青少年のシンナー等濫用防止について 12.20.児発第816号 （関係機関の協力体制により家庭児童相談活動の徹底を図ること）
1970年	白鳥学園分園，菊水学園に吸収合併 財団法人皓養社・皓養奨学資金設立（生活困難な家庭の子女に対する育成資金の給付・返還を要求しない）

第2部　子どもの自立支援と社会的子育て

1972年	児童入所施設の定員と現員との開差の是正措置の円滑なる実施について　児発第13号（措置費の定員支弁制から現員支弁制への移行） 清心寮，一般養護施設に転換
1973年	養護施設入所児童等の高等学校への進学の実施について 養護施設入所児童等の高等学校への進学実施要領　5.1.児発第278号（特別育成費の支弁・奨学金の活用）
1976年	児童の非行対策の強化について　12.25.児発第839号（校内暴力，暴走族，女子の性非行が社会問題化，機関・地域社会の連携強化，教護院の積極的活用を提言）
1970年代～80年代以降	全国の自立援助ホームの多くが，この時期に設立 新宿寮（1959），三宿憩いの家（1967），清周寮・経堂憩いの家（1974），仙台天使通勤寮（1976），ラ・サール・ホーム通勤寮（1980），やまびこ寮・あすなろの家・第二希望寮（1981），ミカエラの家・第三希望寮（1983），滝山寮（1984），石川県自立援助ホーム（1985），ミカエラ・ホーム（1986），高仮戸寮（1987），あすなろ荘（1988）
1979年	神奈川県立霞台青年寮，度重なる存続論議と事業縮小を経て事業終了
1980年	財団法人是川奨学金設立（近畿圏内の施設児童等への私立高校等進学保障）
1985年	児童センターにおける年長児童の育成機能の強化について 4.25.児育発第17号（国際青年年，年長児童の育成機能を強化した大型児童センターの設置） 児童福祉事業対策費等の国庫負担（補助）について　7.8.厚生省発児第121号（第8次まで改正されており，ここで養護施設等退所児童アフターケア事業・自立相談援助事業がでてくる）
1987年	養護施設および虚弱児施設における年長児童に対する処遇体制の強化について　5.20.児発第453号（年長児童の専門的指導を行うための職員配置に要する経費の負担） 児童福祉施設等における施設機能強化推進費について　5.20.児発第450号（施設入所児等社会・家庭復帰促進事業，処遇困難事例研究事業の創設）

1988年	児童福祉施設退所児童指導実施要綱の運用について　5.20.児発第465号（退所児童に対する指導は施設職員が行うことが効果的な旨） 養護施設入所児童のうち中学卒業後就職する児童に対する措置の継続等について　3.29.児発第266号（中学卒業後の児童に対する措置の継続,就職してもおおむね6ヶ月の措置延長を認める旨）
1989年	教護院入所児童の高等学校進学の取り扱いについて　4.10.児発第265号の7　（教護院入所児童についても,高等学校進学に要する費用・特別育成費を支弁の対象とする） 教護院入所児童の処遇計画の作成等について　11.9.児育第25号（年長児童の処遇体制の整備,定期的に処遇計画を作成） 入所施設措置費公布基準の取り扱いについて　4.10.児企第22号（特別育成費,高等学校以外に高等専門学校・専修学校・各種学校も対象範囲とする旨）
1992年	養護施設分園型自活訓練事業の実施について　4.10.児育第13号（退所前の一定期間,地域の中で生活体験と訓練を行う）
1994年	情緒障害児短期治療施設家族療法事業の実施について　6.6.児育第22号
1996年	措置解除後,大学等に進学する児童への配慮について　1.29.児家第1号（家庭復帰が困難な場合,施設からの通学可能,食費等は児童から実費徴収するなど適切に行うこと）
1997年	養護施設等退所児童自立定着指導事業の実施について　4.9.児発第274号（家庭や職場の訪問と適切な相談援助,児童福祉施設退所児童指導実施要綱の運用は廃止）
1998年	児童養護施設における年長児童に対する処遇体制の強化について　6.25.児発第489号　（武道・スポーツ・音楽等の相当な指導者,中学3年生の進学学習指導等の事業） 児童福祉法第50次改正により,児童自立生活援助事業（自立援助ホーム）の法定化,児童家庭センターの創設,児童福祉施設入所児童の措置年限の延長,自立を目指した施設の名称変更 厚生省,児童自立支援ハンドブックの刊行

第2部　子どもの自立支援と社会的子育て

1）就労支援という観点からの施策

　これらの施策展開を見ると，養護を要する高年齢の子どもたちの自立に関して，4つの観点から取り組まれてきたことがわかる。

　まず第1に，保護受託者制度，身元保証の損失てん補，アフターケア施設等における職業訓練校との連携など，就労のための支援という観点からの取り組みが見られる。

　児童福祉法の1951年の第5次改正時に創設された保護受託者制度は，「保護者のない児童または保護者に監護させることが不適当と認められる児童で，学校教育法に定める義務教育を終了したものを自己の家庭に預かり，または自己のもとに通わせて，保護し，その性能に応じ，独立生活に必要な指導をすることを希望する者であって，都道府県知事が適当と認める者をいう」というもので，職業指導を行うところに特色があり，通常「職親」と呼ばれている。この制度は，委託される児童が義務教育終了後の児童であり，相当程度の意思表示が可能であることや，受託者と児童との間に労働関係が生じるため，児童本人の同意の必要と1年以内という期間が設けられているが，補導委託先のような制度と比べると，委託先の開拓を含めて，ほとんど活用されてこなかったと言っても過言ではない。その理由として，家族労働や住み込み就労を想定して創設された制度であり，現在の一般的な就労形態と合致していないことなどが指摘されている。今後は小売店やコンビニエンスストア等の経営者を受託者として認定し，また施設から通わせて指導されることも可能であるとのことで，今後，この制度の活用を検討することが求められている[7]。

　身元保証の損失填補の制度は，1955年大阪府が条例により取り組み始めた制度で，児童福祉施設入所児童が就職する場合に，施設長が身元保証をすることによって受ける損失を填補する制度であるが填補額（150万円）を越える部分については，私的補償となることや，一児童につき，一件という限定がある。

　現代の雇用環境や雇用形態の変化，ただでさえハンディキャップのあるこのような若者の就労を支援する制度が，もっと整備されるべきであ

ろう。

2）教育支援という観点からの施策

次に，進学への奨学金の配慮，高校進学基金の創設，施設での学習指導にかかる事業など，教育支援という観点からの諸施策がある。児童養護施設入所児童に対して高校進学のための公費が支弁されるのは，1973年からであるし，児童自立支援施設（旧教護院）にあっては，1989年からである。それまでは，奨学生採用に配慮をするというものや，昼間就労して，定時制高校へ進学するといったあたりが現実的なものであった。一部の府県で私立高校等への進学保障として民間の財団是川奨学金が創設されたのは，1980年のことであった。

施設で生活をする子どもたちにとって，教育制度に乗れないということは，すなわち施設を退所することになり生活権が保障されないということに繋がる。また，高校の3年間は，子どもたちにとって社会に巣立つためのモラトリアムとして非常に意味のあるものであるに違いない。ほとんどの子どもたちが，高校進学を自明のこととして考えている時代であるにもかかわらず，児童養護施設などでは，依然として義務教育を終了するだけで社会に巣立つ子どもたちがいる。

この問題は実は根が深く，家族問題の坩堝の中で，情緒的な安定が得られることなく，学習意欲を持つどころではなかったような子どもたちが，施設に来ても，やはり意欲を喪失したままで，やがて教育制度から外れてしまうことなど，落ち着いて自身の進路を考える余裕のない子どもたちの問題でもあって，そのような子どもたちの指導を考えると，教育制度という観点だけではなく，心の問題に取り組む必要がある。2000年から児童養護施設に，心理治療を行う職員の配置が行われたが，雇用経費が充分なものではなく，また治療手法も各施設で試行段階である。

3）住居の確保と生活指導という観点からの施策

子どもが施設を巣立つ年齢になった時，家庭へ戻ることが叶わない場合，喫緊の問題は子どもの生活場所の確保である。そのために，アフターケア施設の設立や自立援助ホーム，中学卒業後就労児童の措置延長，

大学等進学児童への措置解除時の配慮などが行われてきた。また，施設を退所した後も生活指導が必要な子どもたちがいて，退所した子どもたちの指導に対する旅費補填や，さらに，施設内の年長児童の指導専門職員の配置が行われてきた。

しかし，施設で生活する子どもたちの退所後を考えたとき，彼ら彼女らには基本的に失敗が許されないと言っても過言ではない。中学卒業の時点での進学か就職かの二者択一的な選択肢の中で，幼少時から充分な学力を備えることができなかったことや，就労して自活する場合に，本人の生活場所がないというハンディキャップは非常に大きい。わが国の公的住宅施策の問題もあるが，居住空間の確保は最低限度の生活を維持する上でも，当然確保されるべきものであろう。

4）健全育成という観点からの施策

最後に，非行対応・健全育成のための家庭相談機能の強化，施設内での健全育成指導者の配置など，健全育成，非行防止対策の観点からの施策がうかがえる。

しかし，これらの施策を概観すると，施設を退所した子どもたちの現実に対して，労働・教育・福祉といった大きなシステムを視野に入れて構築されたものであるとは言い難い。しかも，これらの施策展開を検討すると，逆説的に，子どもたちが高等教育の制度に乗ることの困難さ，就労する場合の社会的なハンディキャップの存在など，自立のためには，重層的な課題が横たわっていることが浮かび上がってくる。

教育・労働・福祉の制度から漏れていくという問題は，養護問題を抱え施設に来た子どもたちだけではなく，例えば，家庭における無職少年の問題にも見られる。児童養護施設の現場が提起してきた高年齢の子どもたちの社会的自立の問題は，意外と裾野が広いのではないだろうか。それは，かつてのアフターケア施設の実践の中にも垣間見られたし，また現在の自立援助ホームの課題としても指摘されている。

さまざまなハンディキャップを担う高年齢児童の社会的自立の問題は，非行対策ではなく，その裏がえしの健全育成でもない新たな観点での取り組みが求められるだろう。

4 アフターケア事業の実践が提起してきた課題

　さて,アフターケア実践の先駆者たちは,この事業をどのように考え,どのような問題を提起してきたのだろうか。

　大嶋恭二は,要養護高年齢児童の社会的自立を,就労自立能力・生活管理能力・人間関係形成能力,精神的・文化的生活能力の4側面からとらえ,高年齢児童の問題状況の実証を踏まえて,親の養護問題という生育史の中で,彼らの人格発達に組み込まれたものは,現在の彼らの生活の諸様相に反映するという事実の重さを考えるとき,「社会的自立を目的とする社会的養護が,中卒時に就労自立で終了するということは,現在の社会状況の中ではその機能を果たしたとは言えない」と述べている。そして,社会的養護の質を高めるために,前述の4つの能力側面の完成度を評価するための指標構成を試みている[8]。

　アフターケア問題は,施設内でのケアのあり方と表裏一体という側面も持つ。施設内での子どもの養育の質が,施設を退所した後の子どもの生活態度(例えば社会性の欠如など)に反映され社会の中で評価されるからである。しかし,一方では,子どもたちが施設にやってくるまでの生活の中で,すでに身につけてきた生活意識や態度を変え,また家庭という唯一の資源が崩壊してしまった状況を変えるということも至難の業である。そこでは,施設だけで社会的養護を完結することの困難さが浮かび上がってくる。

　制度的には非常に不備な中,東京で実践を続けた長谷場夏雄は,「うまくいっても,社会一般の"家庭"にまで近づくには,きっと二代も三代もかかる」という「そうした現実の上に,我々はアフターケアなるものの重要性,優先性を考え,制度的前進を何とか推進しなければならない。彼らが社会に完全に復帰するのでなければ,施設を支えてきた人々,卒園児を慈しみはぐくんできた人々の膨大な努力と配慮は,全て水泡に帰するのであるから」[9]と述べ,施設退所児童に対して,あらゆる角度から応じるために,当時のアフターケア資源を整理し,①「社会に復帰し,全く適応し終わるまで繰り返しケースワークを行う機関(相談室,

短期収容)」(ママ),②「より早く適応させるため,又適応をより深めるための援助機関(グループ・ワーク,帰省ホーム等)」,③「復帰までのワンクッションとしての高年齢児収容機関(ママ)(職業訓練校,通学施設,通勤寮)」といった受け皿が,施設と専門機関の相互協力と緊密な連絡によって行われる体制を提言している[10]。

さらに長谷場は,私論として断りながら,比較的問題のない60%の退所児は施設がケアを行い,問題のある40%に専門機関が関わる必要があること,また地方にとどまっている退所児は施設がケアし,都市に流入した退所児には,1つの都市問題として特別な専門機関が施設と連携を保ちながらケアする必要がある,「なぜなら,都市流入の施設出身者こそ,アフターケアを要する問題の部分であるから」と述べている[11]。

また,大阪で先駆的なアフターケア実践を行ってきた北原かずゑは,第二種社会福祉法人としての専門的相談事業の展開から,現実に社会の中で就労する子どもたちへの援助の中で,雇用主や弁護士をはじめ様々な社会資源との連携を構築し,施設だけで行うアフターケアの限界を提言しつつ,アフターケア事業については広い社会資源を開拓し,コーディネートを行うことの効果を実証した[12]。

さて,これらのアフターケアの必要な子どもたちの中には,人間関係構築の上で非常に困難を伴うものがいることが示唆されてきた。戦後まもなくからアフターケアの実践に取り組んだ,神奈川の霞台青年寮の指導員,大須賀力は,設立以降時代が下るにつれて「児童の持つ問題がより複雑化し,社会病理的なものが各個々人の内部に深く浸透してきて」,「環境提供的色彩の強かった当寮の在寮目的が,近頃では治療的部面にまで及んできている」と述べ,「そのような児童の質的変化に伴い当然のこととして,それに対応すべき施設運営管理上の改善が図られねばならないはずであったが」,現実には職員の勤務体制や施設の設備の点では,「依存から自立の過程にある」彼らの試行錯誤を保障するには不備なものであることを指摘している[13]。

また,アフターケアを必要とする子どもたちには,施設や里親を転々としたり,複雑な経過をたどってくるものが多く,心理治療的な対応の必要な子どもたちも含まれていた。情緒障害児短期治療施設が創設され

るのは，1961年になってからのことであるが，アフターケア施設の時代に，少ない職員が対応の困難な子どもたちと施設に住み込んで実践していた苦難の歴史が伺える。そして近年，ようやく施設にやってくる子どもたちの心のケアが必要であることが一般に認識されてきている。

さて，近年の児童養護施設を退所する子どもたちの現実について，大阪市児童福祉施設連盟の養護部会処遇指針研究会は，大阪市における退所児童の実態を調査する中で，アフターケアの必要なケースを4つに分類し，①養護施設を生活拠点とすべき事例，②養護施設が協力しつつ地域の生活拠点を活用すべき事例，③自立援助を目的とした専門施設を活用すべき事例，④養護施設と相対的に独立させて援助を考えるべき事例に分け，総合的な自立生活支援センター構想を提言している[14]。また，庄司順一らは児童養護施設におけるアフターケアの実態と職員の意識の調査を行っているが，ここでも就労上の問題や非行行動，情緒的問題，教育的問題，法律上の問題など，施設職員が直面する問題の広範囲性や，現在の施設体制では専門的・計画的・制度的な取り組みの困難さが依然と浮かび上がっている[15]。まさに，長年の間，地下水脈のように流れてきたアフターケアと自立支援の課題を，ようやく社会の中で再評価すべきときがきたと言える。

高橋利一は，1980年代のイギリスにおいて施設出身の子どもたちのアフターケアに関しての処遇で新しい考え方として登場してきたリービングケアの取り組みの必要性に言及し，「真の意味でのリービングケアは，たんなる職業指導だけでなく，施設で生活する自分とは何なのかを理解し，施設にいる自分を肯定できるアプローチであり，積極的に自立するプロセスである」と述べている[16]。

現在，児童養護施設等に入所する子どもたちとその家族に対して，入所時のアドミッションケアの段階から，児童相談所と施設とが連携をしながら，援助計画の策定と実施が行われはじめている。子ども一人ひとりの生育に深く社会が関わりながら，その自己実現と権利保障に取り組む社会的養護の領域は実に広く，また大きな使命を担っている。しかも，この高年齢の子どもたちの自立支援，アフターケアという問題は，その使命の成果が問われるものであると言える。

第2部　子どもの自立支援と社会的子育て

5　21世紀の高年齢児童福祉に向けて

　アフターケア事業という領域は，児童養護施設の実践の中から施設を退所する子どもたちの後保護，後指導という問題として提起されてきた。それは，高年齢であるが故に福祉や教育の制度から外れたものの，現実には行き場のない子どもたちの問題であり，また，親や家庭のさまざまな問題の中で過ごした生育歴を持ち，心に大きなトラウマを内在化し，さらに現実の社会の中でもハンディキャップを担うという二重の重荷を背負った子どもたちを目前にした施設職員の苦難の歴史でもあった。このような実践の中で，高年齢の子どもたちが，社会的に自立していく上で直面する問題は実に広範囲にわたることが明らかにされるとともに，現実の社会制度には不備が山積みされていることが，長い歴史の中で実証されてきた。さらに，現代社会では，先進諸国を中心に貧困の若年齢化の問題も進行しつつある。

　これは，養護問題という荒波に浮かぶ子どもたちに対して社会福祉が使命とする援護・育成への取り組みという課題であり，未だ解決されたものではない。しかし，先達の実践は脈々と児童養護の中で流れ今日に至っている。そして，今「子どもの社会的自立」というテーマの中で再度の挑戦が求められているのである。

　しかし一方，ぜひ今日的テーマとして指摘しておかなければならないことがある。それは，従来，社会福祉は「善」であるという前提で取り組まれてきたが[17]，現在では，福祉の受益者の主体性を尊重するようになってきた。アフターケアを行うということで，施設出身者の生活に介入していった場合に，十分熟慮して行わないと，個人のプライバシーを侵害する事態にも陥る。今後は，個人の自由権を保障したかたちでの取り組みを行うことが必要であろう。

　これについては，施設入所時などアドミッションケアの時点での権利ノートの取り組みや，施設ケア指針の策定と公表，家族への援助計画策定のプロセスでの当事者参加，権利擁護のための第三者機関の創設などは，個人の自由権との調整のための実践を支えてくれるであろうし，カ

ナダの子どもたちのspeak out[18]への取り組みやセルフヘルプグループの実践は，大人と子どものパートナーシップによる新たな援助の枠組みを構築していくことであろう。

　子どもは権利行使の主体者である。これを社会制度としていかに実現するかが，21世紀の子どもの福祉の指標となるであろう。そのような時代を迎えて，現在も社会諸制度の狭間にいる高年齢児童の自立の問題は，21世紀の児童福祉の大きなテーマになりうる。

（1）　1952年の厚生省児童局全国要保護児童調査では，全国の養護施設500か所に在籍していた約2万8千人の児童のうち，36.3％が孤児で，父親または片親のいる児童が56.3％となっている。
（2）　戦後日本教育史料集成編集委員会編『戦後日本教育史料集成　別巻』（三一書房，1984年，p.193）では，高等学校等への進学率が50％を超えるのは1954年，60％を超えるのは1960年となっている。
（3）　これらのアフターケア施設の実践経過については，農野寛治「社会的養護を必要とする子どもたちのアフターケア施設に関する研究」神戸常盤短期大学紀要第20号，1998年を参照。
（4）　広岡知彦「自立援助ホームの過去・現在・未来」季刊児童養護創刊第100号記念特集号，全国養護施設協議会，1995年，p.124。
（5）　広岡知彦，前出。
（6）　霞台青年寮の措置児童の経過については，『霞台青年寮25年史』1978年。また，清心寮については，『社会福祉法人大阪児童福祉事業協会30年の歩み』1995年を参照。
（7）　厚生省児童家庭局家庭福祉課監修『児童自立支援ハンドブック』1998年p.48。
（8）　大嶋恭二他「高齢養護児童に対する処遇評価に関する基礎研究（II）」，アフターケア研究'82-I，青少年福祉センター，1983年。
（9）　長谷場夏雄「養護施設児童のアフターケア」，養護施設30年第30回全養協記念出版，全国養護施設協議会，1976年，p.241。
（10）　長谷場夏雄，前出，p.239。
（11）　長谷場夏雄，前出，p.240。
（12）　北原かずゑ「児童収容（主として養護）施設退所児童の後指導（アフターケア）と大阪の歩み」，大阪市社会福祉研究第6号，1983年。または，北原かずゑ「アフターケア事業を通して」，子ども家庭センター紀要V，大阪府子ども家庭センター，1995年。
（13）　大須賀力「"剣ケ峰の後保護施設"——神奈川・霞台青年寮の実態」季

刊児童養護第1巻第4号，全国養護施設協議会，1970年。
(14)　大阪市児童福祉施設連盟　養護部会処遇指標研究会「大阪市における退所児童に関する実態報告書——養護施設児童の生活支援施策の体系化に向けて」，1992年。
(15)　庄司順一他「児童養護施設におけるアフターケアに関する研究」，日本子ども家庭総合研究所紀要34集，恩賜財団母子愛育会，1998年。
(16)　高橋利一「養護施設児童の自立に向けて」季刊児童養護創刊100号記念特集号，全国養護施設協議会，1995年。
(17)　山縣文治「子どもの権利ノートの取り組み——その成果と課題」季刊児童養護，Vol.29，No.2，全国児童養護施設協議会，1998年。
(18)　菊池幸工他「PARC若者たちの声　私たちはみんなつながっている」月刊はらっぱ，No.172，子ども情報研究センター，1998年。

4 当事者から見た10の自立支援

［草間吉夫］

はじめに

「当事者の視点で率直に書いて欲しい」と許斐有・駒大教授から執筆依頼を受けたのは、カナダの児童福祉関係者を日本に初めて招聘し終えて、ほっとひと息ついていた1999年の秋深まる頃だった。二つ返事で快く引き受けたのは、私自身が施設で育ったからだ。研究者ではないから学問的なことを書く自信はまったくない。

しかしこれまでの経験から折りに触れて感じてきたことなら、私にも書ける気がする。したがって、この章では私にしか書けないことを述べてみたい。拙文のなかにも一つくらい、未経験者が死角に陥ってしまう視点があるかもしれない。それが許斐教授が、特に私に期待した部分だと思われる。施設出身者（以下、出身者）を代表して、以下に思うままを述べていきたい。

1 当事者の視点

近頃、「自立支援計画をどう立てようか困っている」と関係者からよく耳にするようになった。今までは考えなくてもそれで良かったが、1997年に「改正」された新児童福祉法では、入所児童一人ひとりの特性や適性に合わせた個別の自立支援計画を作らなければならなくなった。私の周りでは、子ども一人ひとりをどう理解し、具体的な個別援助計画にどう結びつけていくかで苦慮している施設が多いようだ。

戦後、児童養護施設[1]（以下、養護施設）で暮した出身者の数は、一

体どのくらいに上るのであろうか。私の独自調査によると，50万人（旧厚生省調査推計）以上になると推測される。施設の状況や子どもの立場を，だれがもっともよく知っているのか。まず官僚はあり得ない。研究者でもない。職員はどうだろうか。近いところにいるが否だ。ではだれなのか。

　それは出身者と現在施設生活している子ども達だ。彼らは実際に生活した・しているからだ。だから自分の経験をよく分かっている。津崎哲雄・京都府立大学教授によれば，「イギリスでは，1970年代中頃から当事者の意見や経験に耳を傾ける動きが芽生えた」そうだ。カナダでもそれは同様である。実際に児童福祉行政や現場，あるいは政治の分野[2]で出身者が活躍し，当事者の声や意見が確実に反映されている。これは，日本とは大きく異なる点であろう。

　子どもを理解する。これはこの仕事に真っ先に要求される必須条件だ。どう理解するか。心理学的・発達心理学的アプローチなど様々な方法が考えられよう。しかし，みな一般論でしかない。まず目の前にいる子どもや出身者の意見・思いに耳を傾ける姿勢・態度は，彼らを理解するもっとも効率的な近道であるだろう。

　日本でも援助計画や児童福祉施策に「当事者の視点」がもっと注目され，重視してもいい時期なのではないだろうか。

2　当事者の参画

　私の施設生活を思い出すと，「職員から自分がどう見られているか（思われているか）」が常に気になっていたように思う。それは今の子どもにも多少の差こそあれ，職員に抱く気持ちは同じであろう。時には反発心や不信感を私は職員に持つことさえあった。虐待を受けてきた子や親から見放された子などは，さらにその思いが強かったような気がする。

　施設養護で一番始めに取り組まなければならないのは，家庭を失った彼らとの人間関係の構築であることは言うまでもない。職員と子どもの信頼関係を通して，人間不信の克服を図り人間関係構築力を養い，実親との関係改善・実親の環境改善を図りつつ家庭復帰に結びつけていくこ

とが，施設養護の理想的な流れだ。実際には信頼関係の構築に明け暮れて，それで終わってしまうこともしばしばだ。それだけ彼らの受けた傷は深く，容易に心を開いてくれないから，いい関係を作るのがとても難しいのだ。年齢が増すにしたがってその度合いは高くなる。

　彼らに信頼されるには，まず信頼される具体的なモノ（姿勢）を示さなければならない。職員は心を開く，つまり本音と真剣さで彼らと向き合わないといけない。心を開かない人に，人は心を開こうとしないからだ。そこで児童票を彼らに開示するのは一案であろう。4のところで詳しく触れるが，彼らは自分の置かれた境遇を正しく認識していない場合が多い。子どもの特性や年齢などを配慮した上で，正確な情報開示をする援助を提案したい。子どもが荒れて信頼を勝ち得るどころの話しではなくなるおそれが多分にあるが，しかしこちらの姿勢だけは差し示したことになる。それだけは必ず子どもに伝わるはずだ。

　それからもう一つ提案したい。冒頭で「どう見られているか」とても気になったと言った。イギリスやカナダでは，援助計画（ケアプラン）を作る際には，必ず対象者を交えながら作成する決まりになっている。定着して久しいが，この援助計画作成作業は，子どもは職員の思いを，職員は子どもの思いを知ることができ，信頼関係を築く上で一役買っている。毎年それを続けていけば，子どもは・職員は，お互いの思い・見方や期待することを定期的に知ることができるから，不信感を抱く気持ちを少しは防いでくれるはずだ。日本でも是非採り入れたい取り組み方[3]だ。

3　失敗は成功の母

　「施設坊ちゃん」という言葉がある。これは，この業界特有の言葉だ。私自身，在園中に職員から何度か言われたことがあるし，指導員をしていた時に何回も使っていた。確か「井の中の蛙」や「ホスピタリズム」と言う意味で使っていた気がする。

　施設で「あの子はいい子だ」と言う場合，職員はどこに基準を置いているのだろうか。私の場合はこうだった。「その子がどれだけ施設生活

に順応しているか」だったように思う。具体的に言えば，起床はきちんと毎朝起きて来るか，声掛けには反抗せず「はい」と素直に返事するか，職員には協力的か，行事には積極的に参加しているか，帰園時間は守れているかなどがそうだ。つまり，その子の人間関係能力や社会性，考え方，親への思い，自立心，適性など多面的に捉えるよりも，むしろ子どもが如何に施設生活に適応しているかどうか，つまり，"適応評価"で「いい子」を判断していたように思う。

もし，このように職員から見られていたら，子どもはどう感じるであろうか。私だったら，プレッシャーを感じてしまうだろう。「いい子でいなきゃ」と。大人でもきっとそうなるに違いない。私は施設で生活していた時，学年が上がるにつれ，職員が私に求める期待がひしひしと伝わって来た。そこで感じたのは，「学園のリーダーとしてしっかりしなきゃ」だった。

それが，結構プレッシャーになったりもした。「リーダーだから失敗できない。職員に迷惑掛けられない」という焦りがかなりあったことを記憶している。しかし，そんな経験をしてきたにも関わらず，指導員をしていた頃は，「失敗してはいけないぞ。いい子にしていなきゃいけないぞ」といった見方を無意識に子ども達にしてしまった。

養護施設の問題の一つに，「施設内で解決されることが多く，外になかなか広がって行かない」ことがある。なぜ養護施設はそのようになりがちなのか。「近所にはたくさんの家族や子ども達のクラスメート，ボランティアなど様々な人が生活していることを，施設が忘れてしまっている」からだと言える。これでは，子どもを捉える視点は，社会の構成員としての一個人ではなく，施設内の一児童として見がちになってしまうのではないだろうか。

施設にいる間は，それでも別に構わない。何かでつまずいても，失敗しても職員が必ずフォローしてくれるからだ。だが一人立ちした後は，親は当てにできない上に，法律上18歳までしかケアを受けられない。全部自分の責任で対処していかなければならないから，失敗は普通家庭の子よりも許されない。彼らの置かれている状況は極めて厳しいのだ。人はだれしも様々な経験を通して年を重ね，人間として一回りも二回りも

成長して行くのであれば、失敗した分だけ人は大きくなれるチャンスがあるはずだ。

　子ども達が社会に出た時につまずかないためには、施設にいる間に可能な限り多種多様な経験ができる環境を提供し、多くの成功体験と共に失敗体験をさせてあげる支援が大切になってくる。しかしながら施設は失敗させることに臆病になっているきらいがある。関係者は、「豊富な経験をした子どもほど苦難に強い」ことを忘れてはならない。

　具体的に施設生活のなかで様々な学習体験が積める機会はどこにあるのかを考えてみると、児童自治会がその最たる場だと私は思っている。児童自治会を置いている多くの施設では、小学生会・中学生会・高校生会（中高一括もある）毎にグループ分けをして組織化し、日課の見直しや行事の参加方法などを主な活動内容にしている。

　実際はどのように自治会活動が行われているのだろうか。例えば行事の決め方で言えば、行事の中身や回数に始まり、日程や場所の選定、キャンプであれば場所の予約、キャンプ地までの経路、キャンプに必要な道具など、実に様々な決定をほぼ職員の全主導で進めているのが実状である。子ども達に計画から実施に至るまでを体験させることは、とても学習効果が高くなると誰しも考えるだろう。ところが施設では、多くの場合、行事の計画に限らず日課の見直しは職員が立て、子ども達はそれに従うだけである。勤めていた頃、「行事への参加意欲がない」、「指示されないと行動できない子が多い」と職員間や会議で話題になることがあったが、このような環境で育てば、消極的人間や指示待ち人間を施設自らが作っていると言えないでもない。

　人は自分で決めなかったことに対しては、「やらされている」意識が働きやすく消極的行動になりがちだ。だから行事や何かある毎に「職員が決めたことでしょう」と子どもから反発されるのは、これが根底にあるからなのだ。責任転嫁する癖が身についてしまう危険性さえある。

　しかし自分で考えて決めたことに対しては、「早くやってみたい」と人の意識は向かうので行動も主体的で積極的になる。決めた事柄には自ずと責任が発生するから、参加態度は一変し、表情も生き生きし出すだろう。また一つのことをやり遂げた時に感じる、何とも言えない達成感

第2部　子どもの自立支援と社会的子育て

も同時に味わえるだろう。達成感は生きる活力と自信を子どもにもたらし、それがどれほど励みになるかは計り知れない。自分に置き換えて考えてみると、そのことがよく理解できる。

　子どもの権利条約採択後、子ども達の「権利や責任」をどのような形で施設生活において、具現化していくか全国規模で検討・研究が重ねられている。なかでも児童自治会は、「権利と責任」がもっとも学べると同時に、それを体得できる貴重な場の一つであると私は考えている。子ども達の健全な自立のために、可能な限り子ども達の主体性・選択・決定・変更・実施などを保障した自治会活動が望まれる。

4　私は私，あの人はあの人

　どんな子どもでもいずれは、施設を巣立っていかなければならない。その時どのように飛び立って（自立）行くかは、個々の課題と同時に施設の大きな役割でもある。自立は、いろいろな角度で捉えることが出来るだろう。そこで大島恭二・東洋英和女学院大学教授が示された自立のフレームワーク、すなわち「経済的自立・生活の自立・精神的自立を通して社会的に自立していく」はとても参考になると思われる。私はこのなかで特に重要なものは、最後の精神的自立だと思っている。

　私には家族とはどんなものなのか具体的なイメージが浮かんでこない。「あなたから家庭像を聞いたことがないね」と妻からも言われるほどだからだ。現在、私は三児の父親となった。「父親としてどう接すればいいのか」、「母親とは子どもにとってどんな存在であるべきか」と考えてみるのだが、困ったことにイメージが浮かんでこないのだ。

　入院していた母に初めて会ったのは中２の夏休みだったことと、家庭で育った経験が３日しかない私には、考えること自体に無理があるのかもしれない。お盆やお正月が近づく時に、必ず思い浮かべたのは、顔も見たことのない母だった。「お母さん、いるのなら迎えに来て」と何度心の中で呟いたことか。今でも当時を思い出すだけで胸が痛む。

　彼女に会うまでの私の母親像は、「マリア様」だった。なぜなのかよく分からない。今にして思えば、そこに救いを求めていたからかもしれ

ない。とにかく，会いたくても会えない母。思えば思うほどイメージがどんどん膨らんで行くのだ。色白で細く，しかも綺麗でどんなことでも自分のことを受け入れてくれる心優しい人が，私の空想上の母だった。

　また私生児なので父親の顔も私はまったく知らない。「自分には父親がいない」と何となく知ったのは，いつだったろうか。定かな記憶はない。父親のイメージも当然私にはない。ただ救いなのは長く私のことをよく面倒見てくれた指導員が，私の「父親像」のモデリングとなっていることだ。このような私と類似したケースで入所する児童は，現在では1割にも満たないそうだ（養護児童等実態調査）。

　「虐待ケースで入所してくる子がとても増えている」と最近の入所児童の背景を教えてくれたのは，西宮市で養護施設・三光塾を経営する側垣一也塾長だ。2001年度，児童相談所で寄せられた虐待の相談や訴えは24,792件に上った（厚生労働省調査）。これは調査を始めた90年度に比べると実に23倍に相当する数字である。その影響が施設にも及んでいる。東京都の調査では，都内施設にいる子の約6割が被虐待児だそうだ。

　私に限らず施設で過ごす，すべての子ども達に共通していることは，何らかの形で家庭が崩壊していると言うことだ。世間一般で言うところの父親・母親とは，どこかが明らかに違っているのだ。しかし，こうした自分の家庭の現実を子ども達はどの程度正確に理解しているのだろうか。関係者によれば「なぜ自分が施設に入ったかをよく知らない子が圧倒的に多い」そうだ。私が関わった子にも同じことが言えた。

　施設に入所する前，子ども達は児童相談所で児童福祉司の保護を受けるが，そこで生活する理由を説明されることはまずない。それは施設に移ってからも同様だ。どうして伝えられないのか。その最大の理由は，事実を伝えれば子ども達が大きく動揺し，施設生活や職員との関係に支障を来たすおそれがあるからだ。しかも職員のほとんどは普通の家庭で育っているので，子どもの反発心を買いやすく，かえって悪い影響が出てしまう可能性すらある。これが真実告知することをより困難にしている要因だ。その結果，子ども達は施設を出るまでに，自分の境遇を正確に知る機会が持てないまま過すことになる。

　自分の境遇を正しく知らない子ども達は，親をどう思っているのだろ

うか。はっきりしたことはよく分からないが、私の経験で言えば大まかには2つに別れる。過大評価か過小評価のどちらかで親を見ている印象を持った。つまり親をいいイメージで見ているか、それとも憎しみの対象でしか見ていないかのどちらかであった。

とりわけ過大評価する子どもがよく陥る共通したケースがある。それはたとえば施設を巣立つ春、それまでまったく面会に来なかった親が、何の前触れなく突然現れる時だ。過大評価し過ぎる子どもほど、久し振りに会えた喜びとその反動から親の言いなりになる傾向が強い。しかしこのようなケースの場合、その後うまくいく確率は低い。思い描いていた親とは違う姿を目の当たりにして驚きそして傷つき、ついには親と離れて暮らした子（卒園生）を何人も私は見てきたからだ。親への気持ちや見方がきちんと整理されていないことから起こる悲劇の一例だ。

毎年のように繰り返される、このような悲劇を通して私が感じることは、親を一人の人間として冷静に見つめられ、「私は私、あの人はあの人」と思えていれば、違った展開が開けたのではないかと言うことだ。ひょっとしたら幾つかの悲劇は避けられたかもしれない。心の中で親を受け止められる年齢に近づいた頃、「その子どもの家庭状況や事実を正しく伝える援助」すなわち、真実告知（テリング）が求められる。「私は私、あの人はあの人」と思えることは、精神的自立の出発点だ。

実際に"児童票"などを用いてテリングした後、子どもはどうなるのだろうか。きっと、いや、必ず荒れるはずだ。やけくそになって職員に暴力を振るうかもしれない。「俺なんてどうせ必要のない人間なんだ」と自暴自棄になって、とんでもない行動に出るかもしれない。自分が誰なのか分からないほどに心は揺れに揺れるだろう。人間にとって一番知りたくないことを知らされたからそれは当然だ。この時、職員は子ども達の動揺や行動は、人間として自然な反応だと理解しないといけない。そう思えると子どもが荒れていても、職員は慌てずに済み、冷静な対応ができるはずだ。

また職員は本人が葛藤して苦しんでいることを理解し暖かく見守ってあげる援助と、心に落ち着きを取り戻し事実を受け入れられるまで、ひたすら待つ接し方（援助）が必要になってくるだろう。それは専門性と

言っても差し仕えない。

親を客観的に見つめられてこそ，初めて精神的自立が可能になると私は信じている。これは施設で育った人すべてに共通する大事な課題だ。

5　あなただけじゃないよ

子どもが「話しを聞かない」と感じた職員は多いのではないか。しかも高齢児ほどその度合いが増す気がする。年齢的なものもあるだろう。職員との人間関係もあるだろう。あるいは人間不信もあるだろう。そこにはいろんな要因が潜んでいることだろう。

しかし"人間不信で人の話が聞けない"子がいた場合，これは放っておけない。あまりにもそれが強いと将来，社会人になってうまく人間関係を築けないおそれがあるからだ。かたくなに自分を押し通せば，職場の人間関係で浮きやすくなるのは明らかだ。やがて職場を離れるだろうし，ひいては社会的孤立を深めるのもそう遠くないだろう。その危険性が多分にあるので，この問題を放置しておくことはできない。「施設出身者は転職率が高い」として職員研修会で議題に上がり続けるのはなぜなのか。それは深刻な問題として今でも残っているからだ。この問題は，施設児童の共通の課題と言えるかもしれない。

どのような援助が考えられるか。専門家でないから私にはよく分からない。ただ経験論的に言えば，人間不信が強い子ほど，「自分だけこんなに辛い目にあった。あんたにこの気持ちが分かってたまるか」という思いがあった気がする。確かに一理あろう。しかしなぜ，自分だけ，自分だけと思うのか。それは個人的な体験しかその子自身が知らず，苦労度を図るサンプルや基準がないからだ。

このような子に出会ったら，私はこう尋ねてみたい。あなたはシャネルが孤児院育ちだったことを知っている？　あなたはリンカーンが貧しくて馬小屋で生まれたことを知っている？　あなたはクリントン・アメリカ元大統領は父親がいなく母子家庭で育ったことも知っているかと。きっと全部知らないだろう。だから自分だけ苦労したと思えるのだ。

また，女優石田えりが熊本県内の養護施設出身者だということも知ら

ないはずだ。何もここまでは知らなくても良いが，施設の仲間全部の生い立ちをこの子は知ったらどうなるだろうか。あるいは施設職員以外の人達（職員だと利害があるから子どもは素直に聞けない）の生い立ち知ったら，この子はそれでも平然と自分だけが不幸だと思えるだろうか。それでも心変わりしなければ，その時は専門的トリートメントが必要になってくるかもしれない。でも多くの子はきっと変わるはずだ。世の中には自分より苦労した人がたくさん存在することを思い知るからだ。

世の中には人の数だけ人生があることを知ると，見かけで人を判断してはいけないことを無意識に教わる。知れば知るほど，人の話に耳を傾けなければならないことを気付かせてくれる。そこで初めて「投げやりにならない」心境になり，人生への謙虚さが芽生えるに違いない。さらに言えば高橋是清，石橋湛山，松下幸之助といった偉人の生き方に触れると，如何に生き抜いたかをそこから学ぶ。先ほど挙げた人も今述べた人にも共通していたのは，一体何だったのか。それは「皆前向きにポジティブに生きていた」ということだ。人の生き方に耳を傾けることを，子どもをはじめ人は怠ってはいけない。

どうしてこのようなことを私がムキになって述べたのか。かつて私自身がそういう子どもだったからだ。でも今は違う。「あなただけじゃない（苦労したのは）」と，いろんな人や伝記から教わったからだ。多様な人生サンプルに触れることは，人間不信の子ほど望まれる援助ではないだろうか。同時にそれは「私は私，あの人はあの人」と思える精神的自立の手助けに繋がっていくだろう。

6　俺が付いているよ

彼らが自立するには高いハードルを幾つも越えなけれなならない。彼らにはとてもハードな条件だ。しかしそれらを飛び越えて行かないことには，人生は開かれないことも事実だ。そのことを彼らに理解してもらうのは，至難の業だ。「心を開かせ自分の人生とどう向き合わせるか」に苦労されている関係者がとても多いからである。私もそれで苦労した口だ。困難度が高いほど，彼らの受けた心の傷はとてつもなく深いことを私は

思い知らされた。しかしそうした根深い傷を持つ彼らに対して，我々は何もできずお手上げなのだろうか。それは断じて違うと私は考えている。

先ほど述べたのはその一案だが，私が自分の人生に向き合えるきっかけになったのは，ある人との出会いからだ。人間関係でとても悩んだ時期があった。私が高校生の時のことだ。助けてくれたのは私の出身施設である臨海学園[4]創設者の故・遠藤光静老師（以下，老師）だった。私のつまらない話しを最後まで遮ることなく，じっと聞いてくれたのだ。本当に嬉しかった。心の内を話せたからだ。お陰でどんなに気持ちが楽になったことか。今でもその時のことは忘れられない。それ以後，老師宅へ自然と足が向くようになった。毎月のように老師宅へ通っては多くの示唆を受けた。急な押し掛けでも，いつも快く迎えてくれた暖かさが老師にはあった。

大学へ行きたい，大学院に進みたい，海外に渡って見識を深めたい，何かをしたいと言うといつも目を細めて応援してくれたのは，老師だった。なぜ前向きに思えたのか自分でも不思議でならない。たとえ失敗しても，思い切れたのは「大丈夫，俺が付いているよ」と思わせる絶対的な安心感が老師にはあったからかもしれない。

私が辛いときにひらすら聞いてくれた人は？　落ち込んでいるときに励ましてくれた人は？　前向きな時に決まって「やってみろ」と応援してくれた人は？　道に迷った時に示唆を与えてくれた人は？　いつも暖かく迎えてくれた人はだれ？　それは老師だった。いつしか信頼（尊敬）する気持ちに変わっていた。信頼する人に出会えて，私は初めて自分の人生に向き合えたように思う。

「施設出身者は精神的に脆くてか弱い」とよく言われる。アウトローしやすく，人間関係をうまく作れないのは，そのせいなのかもしれない。私も決して強くない。むしろ弱い人間だと思っている。そんな私でもここまで何とかやって来れたのは，いつも受け入れてくれた人がいたからだ。脆くて弱い人間ほどそれが必要だと私の経験論からそう思う。

7　だれだっていいよ

学校の担任教師と同じように，養護施設でも「○○ちゃんは○○先生」

が担当する体制を取っているところが多い。予備校や大学とは違い、子どもは希望する職員に自分の担当者になってもらう（巡り合える）ことは極めて稀だ。その決定権が職員にあるからだ。職員は担当した特定の子どもと過ごす時間が多くなるから、担当外の子どもよりも情が深く入りやすい。担当しているのだから、そうなるのはごく自然だ。

だがそれが時として悪い方向へ働くことが間々見られる。担当職員と信頼関係ができている子どもが、別フロアーの職員と話しをしたり、仲良くしたりするのを見かけると、その子と関わった職員に、担当職員が嫉妬心を抱いてしまうことがある。「あの子は私の担当の子よ」といった具合に。小舎制・ホーム制を採る養護施設ほど、このようなケースが起こる頻度が高くなると思われる。生活単位が小さいほど、人間関係は緊密になり信頼関係を築きやすくなるからだ。事実私は子ども時代と職員時代に、これに似た経験をそれぞれしてきた。

しかしこのようなことが起こると、子どもに慕われた職員は、担当職員から睨まれて仕事がやりづらくなってしまう。せっかく子どもが自分に言い寄ってきてくれても、話すことさえ憚られてしまうのだ。子どもは子どもで担当職員から無視されたり、頼んだものを用意してもらえなかったりして冷や飯を食わされることにもなる。こんな経験をしたのは私だけではあるまい。

職員には子どもを選ぶ権限がある。しかし子どもにはそれがないから、決められた職員に自分を合わせていくことが要求される。相性が合えばそれでいいが、不一致の場合は最悪だ。これまた冷や飯を食う可能性が無きしもあらずだ。大人社会にだって相性が合わず人間関係がギクシャクすることがあるのに、まだまだ未熟な彼らに人間関係調整能力を要求させてしまうような事態だけは、何が何でも避けなければならない。

そのためには、「大人を自由に好きになってもいいよ、それはだれでも構わない」と認める姿勢が望まれる。「だれだっていいよ」と子どもに思わせる環境がづくりがとても重要だ。自分が好きになった人・信頼できる人は、その子自身しか決めることができないからだ。我々大人がそうであったように。

したがって担当の子どもが、他の職員と信頼関係を築いても嫉妬しな

い見識が，非常に大事になってくる。嫉妬心を超える見識を持つことは，専門性の一つと言っても差し支えない。プロとして仕事をする以上，この見識を持たねばなるまい。

8　スムーズな通過儀礼を

　随分前になるが，ある夜遅くに，私の所に次のような電話が掛かってきたことがあった。「連帯保証人が立てられなくて，就職できるかどうか瀬戸際なんです。何かいい知恵がありませんか」。
　電話の主は，某養護施設の指導員。詳しく話しを聞くと，こういうことだった。担当した子が高校卒業後，新聞奨学生となり苦学して専門学校を出た。そこまでは順調だったが，いざ就職となって問題が発生してしまった。その子は親が全く当てにならない上に，施設長も施設方針として保証人にならず，必要な2人の保証人を立てられずに路頭に迷っているとのこと。この時，私にはどうすることもできずに，ただ話しを聞いてあげただけで受話器を置いた。こういう問題は，特に厳しい家庭環境の人ほど深刻な問題なのだ。
　私も彼と同じで家庭の支援が見込めない境遇だった。これまで彼とは違った経験をして来た。例えば大学入学時は，当時の施設長と現在の施設長が連帯保証人になってくれたお陰で問題はなかったが，アパートを借りることになって問題が発生した。保証人をだれになってもらうかで時間が掛かってしまったのだ。幸い，仙台でたまたま知り合った人になってもらえたのだが，その人に出会っていなければどうなっていたか。
　わが国では，何かにつけて保証人が必要な社会だ。アパート契約，進学，就職，結婚，ローン……と挙げたら切がない。彼のように保証人を立てられない卒園生や入所児童は，少なくないはずだ。このような仕組みの社会は，彼らにとって過酷過ぎる。私の場合は，施設長をはじめ周りの方に大変恵まれて何とか事無きを得てきたが，これはそれで済む問題ではない。親の期待を全く見込めない人がいる限り，この問題の終結はないからだ。
　彼らが，だれもが人生の節目節目で経験する通過儀礼をつまずくこと

なく送れるよう，どのような形にするかは別にして，何らかの形で身元保証人制度の確立は必要だ。

9　無知から起こる悲劇

　厚生労働省の官僚をはじめ研究者や養護施設関係者に意外と知られていないことが一つある。「養護施設」という存在が世間では，ほとんど知られていないということがそれだ。

　指導員をしていた頃に会う人と言えば，児童福祉司や他施設の指導員や学校の担任といった関係者ばかりが相場だった。このなかでは養護施設の話題は十分通じた。しかもある程度議論も可能だった。しかし一歩足を社会に踏み出して，この話題を持ち出してもほとんど通じない。なぜか。それは実態がよく知らていないからだ。

　たとえば，私がPTAの委員をしていた時にこんなエピソードがあった。それは，PTA主催のイベントの話し合いをしていた時のことだ。お子さんと共に出席されていた方が何人かいらしていたが，話しが長引き出した頃，ある母親のお子さんが落ち着かず，あっちウロウロこっちウロウロして騒ぎ出してしまった。母親が，その間何度か注意をするが，子どもは母親の思いとは他所に言うことを聞かず落着かない。話し合いも中断し出してしまった。

　しまいに真っ赤な顔になった母親の堪忍袋の緒が切れ，子どもに大きな声でこう叱った。「こらっ。そんなに言うこと聞かないのなら臨海学園に入れちゃうよ。ねっ，草間先生」。その時，どう反応していいのか困った体験がある。これに近いことをその後も何度か経験したが，どうもそのニュアンスに教護院的（現「児童自立支援施設」）イメージや孤児院的（現「児童養護施設」）イメージ，あるいは養護学校のイメージを抱いている感じを受けた。

　また，財団法人松下政経塾（以下，政経塾）に在塾中は，養護施設の関係者とは接することがぐっと減った分，政治家やサラリーマン，中小企業経営者といったこれまでとはまったく違う職種の方々と接する機会が増えた。会って先ずするのは名刺交換だ。その都度，必ずと言ってい

いほど相手に聞いたことがある。「養護施設をご存知ですか？」がそれだ。どのくらい聞いたであろうか。5千人は下らない。結果は散々だった。何と1割の人にしか知られていなかったのだ。政経塾・塾生で知っていたのも1割程度だったから，私の知る範囲において「養護施設」はほとんど知られていない存在なのだ。あるいは，知っていてもかつて私がPTAで経験したように，間違ったイメージを持たれている方が多いのだ。

　社会から知られていないために子ども達は傷つき易い。そして施設を巣立った卒園生も苦労を強いられているのだ。特に結婚の時にそれが一番シビアになって現われてくる。私の周りでは，婚約者やその家族に自分の生い立ちを隠したまま結婚した卒園生が数多くいる。「施設育ち」が相手から敬遠されるからだ。実は私も彼らと同じような経験をした。結婚して間もなく8年を迎えるが，当時，妻の家族や親戚から反対にあった。相手方にとっては，養護施設を出たというのが，何か得体の知れない人物に映ったのかも知れない。

　私自身，彼女に惹かれれば惹かれるほど，自分の生い立ちを告白した後の反応が怖くなり，言えなくなっていた。今度会った時に絶対に告げようと心に決めたにもかかわらず，目の前にいる彼女の顔を見ると"振られるかも"と言う文字が頭をかすめ，萎縮してしまい一言も言えないでいた。それが何度も続いた。海外に行けば伝えやすいと思って，2人でインド旅行もした。けれども勇気がなくて言えなかった。やっと言葉にできたのは，覚悟を決めたプロポーズの時だった。

　きっとこれに近い経験をした卒園生は多いのではないだろうか。私の場合，結婚を許されたのは，最後は本人同士の気持ちを尊重してくれたからだ。

　養護施設の高校進学率はとても低い。1994年度では，全国平均96.5％（旧文部省調査）を大きく下回る68.2％だった（全国児童養護施設協議会調査（以下，全養協））。私の周りを見ると，"大卒より高卒，高卒よりも中卒"の人の方が，苦労は倍増されている印象を持っている。学歴社会だからだろう。これは当事者にとっては同情だけでは済まされない本当に深刻な問題なのだ。

ここで私が強調しておきたいのは,世間一般に「養護施設」そのものがあまり知られていないために,起こる悲劇があると言うことだ。つまり,「無知から起こる偏見」が存在すると言うことだ。今後,このような悲劇が起こらないためにも,「知名度アップ」にどう取り組んで行くかは課題だ。

そこで私は「知名度アップ」の具体策を提案したい。先ず1つは,全養協が事務局となって全国553か所の養護施設から一律でお金を集めて,子どもの日(あるいは子どもの日週間)に「知名度アップ」全国キャンペーンを展開するのはどうだろうか。

仮に協賛金を1施設4万円とすると,約2,200万円以上の浄財が事務局に入ってくる。これだけ集まったら何か一つはできるはずだ。たとえば,養護施設を知ってもらうために1日だけか,それとも1週間にするかは別途考えた上で,新聞広告を打つことも考えられる。あるいはテレビコマーシャルを期間限定で流すのも一案だ。新聞広告より経費がかさむかもしれないが効果に期待が持てる。広告期間中は,それに合わせて全国的なキャンペーン活動を大々的に展開すると,より実益が上がる。その際,実施主体は各ブロック協議会でするか,各都道府県にするかは,実現性があって一番効果が上がる視点で決定をすればいい。

次は2つ目の具体策だ。養護施設は,世間では小さく薄い存在であると先ほど述べた。普通家庭で育った人に説明しても,なかなか正しく理解してもらえないのは,その影響とも言える。このような経験をした関係者はきっとたくさんいるはずだ。日課のルール一つ取ってみても施設と家庭ではかけ離れすぎているのも,わかりにくくしている一因であろう。関係者は人に伝えるのに悪戦苦闘している。

それを解消するのは簡単だ。如何にプレゼンテーション(説明など)をうまくするかだ。しかし実際は言うは易し行うは難しだ。そこで施設紹介ビデオ作製をお勧めしたい。既に東京都では助成を受けて過去2回(88年・94年)紹介ビデオを作っている。とりわけ94年物は出来が良く,講演で何度か使わせてもらった。口で説明したよりもビジュアルに訴えた方が観衆が頷いてくれたのを憶えている。ビデオは,口下手な人の力強い手助けになるだろう。これなら新聞広告やコマーシャルに比べてよ

り現実的だ。

「知名度アップ」を具体的にどうするか，厚生労働省初め関係者の努力に心から期待したい。「知名度アップ」に比例して誤解や偏見が解消されるからだ。私自身も微力ながら，少しでも「知名度アップ」する努力を続けていきたい。

10　何よりも大切なもの

大阪の『児童養護研究会』が中心となって，カナダの児童福祉関係者17名（内13名が施設出身者）を日本に招聘したのは99年。おそらく養護施設業界で外国の多数の施設出身者を日本に呼んだのは，ここが最初の団体になるだろう。多忙なスケジュールを消化して日本を発った彼らが残していったものは数え切れない。自分の生い立ちをありのままに語った「スピークアウト」[5]はその最たるものだ。4人の出身者がステージに立ち，聴衆に向かって自分の生い立ちを語った。特に印象深かった言葉は「人間は愛情がなければ生きられない」と述べたことだ。4人に共通していたからだ。

講演者の1人ウォリーさん（Wally, 25歳）が，力を込めて何度も言ったのは次の言葉だった。「愛情が薄い子ほどそれ以上たくさんの愛情が必要」。私もまったく同感だ。これまでいろいろ述べてきたが，一番大事なことを彼は残していってくれた気がする。子ども達が本当に望んでいることは，実はすばらしい理論でもシステムでもなければ，法律でもない。では何か。それは「愛情である」ということだ。

我々大人は，子ども達に愛情を注げているか・いたかを常に厳しく問わなければならない。愛情は国境を越えた人類共通の普遍的な尊い感情・行為だ。このことが置き去りにされないためにも最後に強調しておきたい。

ひと休み

この章の最後に蛇足。これまで述べてきたことは，あくまでも数多く

ある接し方のほんの一部に過ぎない。最前線の現場で働くスタッフは，「こうしなきゃ」と分かっていながらも，実際にはなかなか実行に移せないことが多いのではないかと推察する。かつて私自身がそうだったからだ。「迷い」と，何とも言い難い「悶々」とした気持ちで日々を送られている人が意外に多いと思われる。これがこの仕事につきものの特殊性なのかも知れない。

そんなときに，心に栄養と勇気をもたらしてくれそうな，ハリウッド映画があるのでご紹介したい。「パッチアダムス」（主演：ロビン・ウィリアムス）がそれだ。日本でも話題になったのでご存知の方が多いかもしれない。疲れたときに，この映画（ビデオレンタル可能）を鑑賞してみてはいかがだろうか。ソーシャルワーカーとしてのあるべき姿勢（原点）をユーモアとシリアスを織り交ぜながら，主人公・パッチアダムスが教えてくれる。実話だけに参考になろう。

おわりに

日頃から特に感じてきたことを中心に述べてきた。果たしてうまく伝えきれたかのだろうか。考えるだけでとても不安でならない。しかし，これが今の私にできる精一杯の力でもある。冒頭でも述べた通り，今回終始一貫して心掛けたのは，私自身にしか書けない自立支援の視点であった。

唯一つの慰めと言うか励ましになるのは，読んで下さった方からの「参考になったよ」と言って貰えるその一言だ。この拙文が少しでもそうなってくれたら，本当に嬉しい。執筆の疲れや不安も，どこかへ吹っ飛んで行ってくれるに違いない。

最後に，これまでいろんな形で惜しみない支援をして頂いた国および関係者の皆様と，陰から支えてくれた妻と家族に感謝したい。また，育ての親である亡き遠藤光静老師，久子女史，遠藤光洋上人，大橋正男各氏，そして故・許斐有教授に深い感謝と敬意を込めてこの拙文を捧げたい。

[追　記]
　2000年12月上旬，私は許斐有・駒澤大学教授のお見舞いに出掛けた。その時交わした会話が脳裏に深く焼き付いている。
　私の児童養護施設での生活に話題が移った時，先生に「私の施設生活は良かったと思います。と言うのは，自分は職員から大事に・大切にされている実感が本当にあったからです」と述べた。
　「うん・うん，そうそう，そう」と何度も肯かれた後，先生が語ったのが次の言葉でした。
　「これまでずっと長い間子どもの権利を研究してきたけれど，やっとそれが分かった。子どもの権利とは，"子どもが大人に大事にされている実感を持てるかどうか"だと僕は思う。施設はそれを保障してあげることが最も大事だと思う。」
　この日の先生が話されたことが，今でもはっきりと耳に残っている。"先生の思い"を私に伝えて下さった最後の言葉となったからだ。
　"大事にされる"ことが，子どもの権利であると力説された先生の言葉は，私の子どもの権利擁護観，ひいては最善の利益観の礎になっている。

(1)　児童福祉法41条（＊）に基づき設置された児童福祉施設の一種。家庭の様々な事情により，親と一緒に生活できない子ども達に代わって養育する施設。現在，全国553か所ある児童養護施設には，29,398人の子ども達が生活している（2000年3月1日現在）。
　＊　41条　児童養護施設は，乳児を除いて，保護者のない児童，虐待されている児童その他環境上養護を要する児童を入所させて，これを養護し，あわせてその自立を支援することを目的とする施設とする。
(2)　かつてカナダ連邦国の総督（Governor General）を歴任し，現在は政界から引退しトロントで静かな余生を送っている，リンカーン・アレックスアンダー（Lincoln Alexander）氏は，インケア（＊1）出身者の政治家である。トロント市内にあるインケアを受けた青少年の様々な自立支援を展開しているパーク（＊2）の玄関入口にリンカーン氏のポートレイトが飾られている。
　＊1　インケアとは，親の虐待やその他の理由により，親と一緒に生活することが困難なために，CAS（Children's Aid Society／日本の児童相談所に相当）の保護下に置かれている状態を指す。オンタリオ州では，16歳までにCASの保護下に入ると，最長21歳までケアを延長できる。
　＊2　パーク（PARC／Pape Adolescent Resource Centre／469 Pape Avenue,

第2部　子どもの自立支援と社会的子育て

Toronto, Ontario, M4K3P9, CA/Tel：+1-416-462-1010）は，青少年資源センターと訳され，トロント市内にオフィスを構えている団体である。「インケアを受けている子ども達に様々なプログラムを提供し，彼らの自立を促していく」ことを目的に，1986年に市内にある3つのCASがオンタリオ州政府から予算をもらい共同で設立・運営された民間非営利組織（Non-Profit Organization NPO）である。2000年度の年間予算は34万カナダ$。修士号などを持つ8人のソーシャルワーカーが配置され，年間利用実数は420人（2000年度）。

筆者はこの団体を4か月間の長期研修も含み4度訪れているが，アーウイン・エルマン（Irwin Elman）所長の強いリーダーシップのもとで，国際交流やビックイベント開催など大変ユニークな活動が展開されている。インケア者およびインケア出身者の自立支援において高い成果を収めていることもあり，関係者の間では世界で最も注目されている自立支援組織の一つである。現在，来年夏に日本を再訪問する計画を練っている。

詳細は日本子ども家庭総合研究所（http://www.aiiku.or.jp）のホームページにある「愛育ねっと」の海外情報2001年8月に掲載された拙論を参照されたい。

（3）　厚生労働省雇用均等・児童家庭局は，当事者の参画を率先して行っているリーディング省庁である。筆者が当事者として「児童福祉施設等評価基準検討委員会」の委員として任命され，国の基準づくりに参画させて頂いたからである。また，2002年5月に発刊された「子どもの権利を擁護するために」（厚生労働省雇用均等・児童家庭局家庭福祉課監修）には，関西の施設出身者が執筆者として名を連ねている。筆者も編集委員および執筆者として関わらせて頂いた。わが国でも国レベルではあるが，当事者が参画する機会が目芽えてきている。これは大きな前進である。今後，ますます当事者が活躍する場が広がっていくと思われる。

（4）　茨城県高萩市にある社会福祉法人同仁会（http://www.doujinkai.or.jp）（遠藤光洋理事長）が経営する児童養護施設。現在はこの他にも市内乳児院，保育園，放課後児童健全育成事業，児童養護施設，児童家庭支援センター，子育て支援センターなど児童福祉事業を幅広く経営し，地域の総合子育てセンターとしての重要な役割を担っている。

（5）　スピークアウト（Speak Out）については，著者が松下政経塾在塾中に執筆した「月例レポート」（99年2月）を参照されたい。パーク（Parc）におけるスピークアウトの実際を紹介している。

［参考文献］
世界の児童と母性　VOl 45／1098-10（資生堂社会福祉事業団）。
『致知』1998年5月号（致知出版社）。

『致知』2000年10月号（致知出版社）。
草間吉夫他著『人は人によって輝く』（致知出版社）。
松下政経塾・『塾報』1996年7月号（松下政経塾）。
松下政経塾・『塾報』1997年9月号（松下政経塾）。
松下政経塾・『塾報』1999年12月号（松下政経塾）。
松下政経塾・『塾報』2000年4月号（松下政経塾）。
草間吉夫著『よりよいこども家庭——Better Child and Family well-being』（松下政経塾）。
『はっらぱ』No.176（こども情報研究所）。
『営業店管理者』1999. No.297（全国地方銀行協会）。
厚生労働省雇用均等・児童家庭局家庭福祉課監修『子どもの権利を擁護するために』（日本児童福祉協会）。
許斐有著『子どもの権利と児童福祉法』増補版（信山社）。
高橋重宏著『子ども家庭福祉論——子どもと家庭のウエルビーイングの促進』（放送大学教育振興会）。
林茂男・網野武博監訳『英国の児童ケア：その展開』（中央法規）。
ジェーン・ソブン『児童福祉のパーマネンシー』（筒井書房）。
平成4年度養護児童等実態調査（厚生省）。
第50回記念大会全国養護施設長研究協議会（全国社会福祉協議会・全養協）。
小島直記著『小島直記伝記文学全集』（中央公論社）。
Michael Fay 著『SPEAK OUT』（Parc）。
Youth In Care 著『Alchemy』（Parc）。

終章　児童虐待と社会的介入

[野田正人]

　終章においては、次の2点について述べたい。1つめは、本書の中で重要なテーマとして取り上げた児童虐待に関して、「社会的介入」ということを中心にその特徴を論じること。2つめは、本書の出版を直接提案・企画した故・許斐有教授の視点と思いを再確認し、共有したいということである。

1　児童虐待に関する「社会的介入」について

措置制度後退の流れの中で

　わが国の社会福祉諸制度は1970年代半ば以降、低成長下の福祉のあり方を検討するとの姿勢を打ち出しつつ、福祉予算の増加を抑える方向に転換しており、80年代半ばからは、矢継ぎばやに様々な福祉分野の国庫負担率を圧縮・制限する方向での改訂が実施された。1989年3月に社会福祉関係三審議会合同企画分科会は「今後の社会福祉のあり方について」を提言し、地方分権や民間活力の活用などの新たな福祉のあり方を求める一方で、結果的に福祉についての国家の担う役割を小さくする方向に誘導した。翌90年には老人福祉法改正など、いわゆる八法改正の動きへと進んでいったことは周知のとおりである。このように個人責任や受益者負担を強調しつつ、結果的に国の責務と負担を小さくする動きは児童福祉分野においても例外ではなく、特に保育分野での「措置から保育の実施へ」という1997年の法改正をめぐる動きにその特徴がよく表れてい

終章 児童虐待と社会的介入

る。

 ところが、児童福祉を含む社会福祉領域のこれら一連の動きにも関わらず、児童自立支援施策（旧来の要保護児童対策）分野は、措置制度を残す方向で動いており、特に児童虐待と非行に関しては、立法上は措置制度をより強化する方向での動きを強めているとも言いうる状況にある。1995年10月に全国社会福祉協議会児童福祉施設のあり方検討委員会がまとめた「児童福祉施設再編への提言」には、筆者も作業委員として関与したが、児童福祉施設を、生活拠点型、トリートメントⅠ型（介入や強制を伴うこともあり、治療や教育の視点が強いもの）、トリートメントⅡ型（通所外来での治療的色彩の強いもの）、家庭養育支援型の4とおりに区分した。このトリートメントⅠ型は、当時の教護院などをイメージさせるもので、子ども自身に対する強制的な入所や親権者の同意を前提としない入所ケースをも想定していた。具体的には非行や児童虐待などの事例を想定することになるが、このように保護者の同意すら前提としない場合には、当然ながら当事者との契約を前提とすることはできないのであって、公的機関がその責任において処遇の必要性を判断し、入所を実現させる必要があり、基本的にそのような構造を持つ措置制度を全廃すること自体が無理と言わざるを得ない。しかしこのことを承認することは、今時の社会福祉改革の流れに制限を加えることになるため、措置的なものを制度的に残すということはなかなか困難なことであるように感じた。

 措置制度を廃止することと、子育ての公的責任とを非常に曖昧な形で調整しようとした例が、児童福祉法第24条第4項の保育の勧奨制度である。保育は1997年の児童福祉法改正のおりに、従来からの措置制度を廃止し、保護者の利用申し込みを前提として市町村が保育を実施するという行政との契約制度に移行した。ところで従来から虐待のハイリスクケースについては、保育園に措置することによって保護者の育児ストレスを大きく軽減することができるほか、子育てについて保育士や他の保護者などに相談することができた。また、入所することにより周囲は子どもの状況を見守りやすくなり、状況の変化に適切に対応できるようになるので、児童虐待の事例については、保育所を積極的に活用しようとす

る方策が有効であり,その点では措置制度が公的機関が対応するための社会資源としてうまく機能してくれた。しかし,措置制度がはずれると保育所を社会資源として活用することが困難になる。このことは児童福祉における公的責任という点では,明らかな後退と批判されざるを得ない。そこで,市町村は,福祉事務所や児童相談所から保育の実施等が必要であると通知を受けた児童について,「必要があると認めるときは,その保護者に対し,保育の実施の申込みを勧奨しなければならない」との第24条第4項が規定された。しかし,このプロセスは現状の児童福祉体系の中では非常にバランスの悪い規定であり,児童の個別事例に関して対応する能力がかならずしも十分でない市町村の担当者が,虐待のハイリスクな保護者に対して,自発的には望んでいない保育所を利用するよう勧めなさいというわけであるから,その実効性という点では非常に心許ない。

保育については,このような中途半端な状況が生じたが,児童自立支援施策に関しては特殊例外的に,措置制度が残ることとなった。

この児童自立支援施策の中心課題は児童虐待と非行問題という,戦前の児童虐待防止法と感化法・少年教護法の系譜を持つ分野である。これらは,戦後も少年保護法として残る方向で検討された経過があり,本質的に国家が看過できない性格を強く持つとも言いうる。

もっとも非行については,社会全体は非行を犯罪と同一視し,最近は特に児童の非行に対して厳罰化を求める傾向を強めているだけに,国家のより積極的関与を求める傾向を強めていると考えられる。

公的責任を負う国と地方自治行政の中で

今日の社会福祉改革について,措置から契約の流れに匹敵する特徴は,地方分権の流れであろう。前述のとおり,最近の動きは,国の責任を極力小さくするという方向と同時に,県から市町村に運営の責任が移譲しやすくなるような様々な方策がとられてきた。しかし,この点に関しても児童自立支援施策分野は際だった特徴を有している。

1999年7月,国会で「地方分権の推進を図るための関係法律の整備等に関する法律」いわゆる地方分権一括法が成立し,2000年4月1日から

施行された。同法によりそれまで機関委任事務として国の事務を地方公共団体に委任施行させてきたものを全廃するなど，地方分権を進める方向での大きな意味のある法律と考えられている。この法の基本はその前段でとりまとめられた，「地方分権推進計画」(1998年5月29日閣議決定)などに示されている。要するに，国は，①国際社会における国家としての存立に関わる事務，②全国的に統一することが望ましい国民の活動や地方自治に関する基本的準則など，③全国的規模・視点で行わなければならない施策及び事業などを重点的に担い，地方公共団体は地域における行政を自主的かつ総合的に広く担うというものである。この考え方は，地方分権一括法第1条の2にも盛り込まれた。

一方で，地方自治体間においても，都道府県と市町村の棲み分けには大きな変化がある。従来から都道府県には市町村等に対する一定の調整的機能が求められてはいたが，今回の地方自治法改正では，都道府県と市町村の一層の対等性と協力関係の構築が進められることとなった。一般的には，市町村が住民に身近な「基礎的な地方公共団体」として地域行政に関しては優先され，都道府県の役割は限定的となる。地方自治法第2条5項は都道府県の事務について規定しているが，そこでは「広域性」「市町村に関する連絡調整」「事務の規模又は性質」の3つの観点から一般の市町村が処理する事が適当でない事務を行うものとされている。この3点を児童相談所に関して検討すると，児童相談所の業務に地域福祉的視点や市町村に対するコーディネート機能を期待されることが多くなったとしても，そのことが直ちに，広域性や市町村に関する連絡調整機能を指すわけではなく，結局3点めにあたる「その規模又は性質において一般の市町村が処理することが適当でないと認められるもの」という観点で，県事務とされていると考えるべきであろう。松本英昭はこの3点目の観点の内容として，「事務の規模が大きいため，これを処理するのに大きな財政力を必要とし，一般の市町村の負担に耐えられないもの」，「事務の性質からして高度な技術力や専門的な能力を必要とするために，一般の市町村ではそのような技術・能力を有するスタッフを確保して当該事務を一市町村の区域内において処理することが困難であると思われるものや甚だしく非効率的であると思われるものなどであ

る」としている（松本287頁）。

　この点に関しては，指定市（人口50万以上で政令で指定された市）には，児童相談所の設置がなされるなどの事務配分が認められているが，中核市（人口30万以上および面積が100平方キロメートル以上）の場合には，事務量からして施設を設置して行うことが非効率との理由から，児童相談所の設置と同所の業務に関わる事務は県から委譲されていない。つまり，児童相談所の運営に関して効率面から権限移譲を考えると，指定市には移譲できても中核市では非効率ですべきではないというレベルとされているのである。

都道府県知事の権限

　もう一方で見逃せないのが，都道府県知事の権限に由来するものである。わが国は1933年に，すでに旧児童虐待防止法を有していた。同法は地方長官（旧憲法下における府県知事と東京都・北海道の長官）が児童虐待防止の実施主体となるという制度を採用しており，その後の児童福祉法と2000年に制定された児童虐待防止法も，都道府県知事の権限による一時保護や立ち入り調査，施設等への措置を定めている。しかもこれらの手続きは，司法機関の令状無しに実施することができるものとされており，特に一時保護が親権者による居所指定権などの親権の行使を一部制限し，また住居等に司法機関の発した令状無く立ち入ることができるという強い権限を有するものとされている。

　このような強権的に子どもを保護者の反対を押し切って保護した例として，全国的に社会問題としてとりあげられたカルト教団の事例がある。1995年4月15日，山梨県は，当時県内で活動していたカルト教団の施設に対し，児童福祉法を根拠とする立ち入りを行い，50名以上の子どもを警察の協力の下で児童相談所に保護した。その後も児童奪還にそなえるべく，児童相談所周辺の警護を固めたほか，全国の児童相談所に協力を求め，子どもを従来の住居地などに移送した。この件では，立ち入り調査と保護に先立つ同年4月6日，国がカルト教団に対して毒ガスを用いたテロ的な行為と見なし，あらゆる法律を活用して取り締まるとの方針を確認していた下での対応ということであったため，児童福祉法が捜査

終章　児童虐待と社会的介入

の令状主義の脱法手続きとして用いられたのではないかとの批判から論争が起こった。なるほど児童福祉法が使われ方次第では，虐待事例に対する行き過ぎた介入というレベルを超えて，危険な使われ方をするという可能性があることを示したともとれる。しかし，そのことより児童福祉法が，介入の意思を固めた場合にはいかに強力な行政的権限を行使できるかということを示した例であり，今日の児童福祉法体制が持つ権限の強さを示したものと評価できる。

しかし，一方で児童相談所をはじめとしてその担い手が，この法の特性，特に非常に強い権限を必要に応じて適切に活用することができるかということは別の問題であり，本来は福祉的専門性と子どものニーズに合わせて用いられるべき権限が，十分に活用できていないところに大きな課題が残る。特に行政機関にとって荷が重い，強権発動の判断については，司法機関の判断を仰ぐ方が良いのではないかとの論議も生まれている。

司法機関の判断の導入をめぐって

児童相談所の介入に関して，司法機関の関与を前提とするべきとの論議が行われている。現行制度下でも，児童福祉法第28条や親権喪失宣告の手続きなどは，すでに家庭裁判所が関与することとされている。しかし，今日のぞまれているのは，立ち入り調査や一時保護など保護者の意に反して子どもとの分離を図る場合，児童福祉法28条で施設入所が行われた場合の措置解除の承認，保護者との再統合を期待するための，カウンセリング受講の強制など，裁判所の指示としての治療命令的なものなどである。

このうち立ち入り調査や一時保護的なものなど，子どもと保護者の分離に関しては，本書で桐野教授も指摘しているとおり，子どもの権利条約第9条を尊重するということを根拠とする考え方がある。この条文は，我が国では「権限のある当局が司法の審査に従うことを条件にして」という訳文（条約本文）として批准しているものであり，この条項は事前事後の司法審査を必須条件としているわけではない。しかし親権の制限を伴う手続きであるから，司法審査を前提とすると解釈するか否かにつ

いては，今後論議すべき課題ではある。

　また，児童相談所関係者の多くから，現在の規定では現実に対応困難な保護者に関わるときには，説得の根拠として不十分との意見も多く聞かれる。ようするに児童相談所の決定だけでは保護者の納得が得にくく，児童相談所だけで決断したのでは，保護者の強硬な反対があった場合の対応には困難を極めるといった，切実なニーズから出ているものである。

　しかし，私見としては児童相談所のとるべき介入，とりわけ一時保護などに原則司法事前審査を導入することには，現状では賛成できない。その理由は大きく2つある。1つは，今日の司法機関には十分な実質調査・判断能力と即応性が期待できないと考えるからである。この点は，司法審査をどのような手続きにするかによっても異なるが，仮にこの審査が簡易裁判所の令状手続きで行われるとした場合，つまり実質的審査は予定しないということであれば，令状的なものの発布については可能性はあるかもしれない。しかし，そのことが親権を制限するに足るか否かの審査をおこなったというには，あまりに脆弱な手続きではあるまいか。また仮に，家庭裁判所の審判手続きとされた場合，今日の家庭裁判所の事務処理能力，特に成年後見制度や少年事件増加に多忙を極める中で，短期間で実のある審査を行うには，現在の家庭裁判所の人員や設備をそうとう充実させる必要がある。

　しかし，このような司法の現状からの消極理由よりも，影響が大きいのは，司法が決定するシステムを導入した場合，行政の消極的な姿勢を誘発し，虐待への介入がむしろ困難になることを危惧するからである。今日でも一時保護などの際に，児童相談所が保護者に対して虐待と判断していると告げること，いわゆる虐待の告知が行われていないということが課題とされている。また，児童福祉法第28条の手続きや，行政内の手続きである児童福祉審議会の活用もまだまだ不十分である。その1つの理由に，児童相談所がその業務に関して，他の機関等にその状況を明らかにすることにはまだまだ消極的であると推測せざるを得ないということがある。児童相談所現場から，司法手続きへの期待が語られる場合も，このような当事者との葛藤や他からの批判を回避したいとの意図を前提とする場合もある。しかし，一時保護などの際に，司法機関に申し

終章　児童虐待と社会的介入

立てをするのが児童相談所の権限と役割だとすると，その申し立ては，少なくとも保護者に対しては，事実上の虐待の告知ないし虐待の告発と同様の意味を持つことになる。そのこと自体，権利論としては歓迎すべきことであるが，葛藤を意識的・無意識的に回避しようとしがちな児童福祉行政現場も現存することから，司法判断の前置原則は，このような申し立てを控える方向に誘導することになり，結果的には一時保護そのものを困難ならしめるのではないかと危惧する。

なるほど，現在の一時保護システムは，その場面で保護者，特に親権者の親権を制限することになる。しかし，親権が権利だけでなく義務であるという性格を持つこと，国及び地方公共団体も保護者と共に子育て責任を有するということからすると，保護者には児童相談所などの関係機関からの助言や指導に耳を傾けたり，的確にその意図を汲みとり必要な協議を行う姿勢が求められると考えるべきで，その点に齟齬が生じ，行政判断とはいえ虐待との疑いの下で親権の一時的制限が生じたとしても，一時保護後の不服申し立てなど，事後的救済に委ねられることもやむを得ないと考える。

ただし，保護者が不服のある場合，極力負担の軽い形で異議申し立てできるような制度を工夫する必要があり，そのための代理人選任や法律扶助的な制度の設立が望ましい。一案としては社会福祉法の運営適正化委員会による苦情解決制度を活用し，斡旋や知事通知を活用したり，現行では児童福祉審議会に対し，児童相談所長が意見を求めることができるとしているところを，保護者からも意見を求めることができるとするなどの工夫は可能ではないかと考える。要は最終的には行政不服審査にのせるとしても，第1次的には福祉チャンネルの独立機関が相談・調査・斡旋などの活動を行うことを検討するのが望ましいのではないかと思う。

2　許斐有教授と子どもの権利観

「はしがき」に記したとおり，本書は許斐有教授の遺志を継いで，21

終章　児童虐待と社会的介入

世紀の子育てを「子どもの最善の利益」,「子どもが一番」という視点に満ちみちた,子ども自身の視点と主体性を豊かに含み込んだものとしたいとの思いでまとめた。言いかえれば,子どもの権利条約の内容を,わが国の児童福祉分野においていかに実現するかを目指したものである。

前章までに各執筆者がとりあげたテーマは,このような視点に立って,「子どもの権利と社会的子育て」について何らかの知見を見いだそうとした試みである。しかし,本書のタイトルの下で取り上げるべき課題は非常に多く,特に近年の児童虐待をめぐる課題,非行と少年法分野の課題,国家の教育観と教育基本法や教育改革の課題などについては,重大な論点がいくつも存在する。

また,特にこれらの課題は,国家・行政・福祉が,前提としては善意からではあるが,結果的には私生活,とりわけ家族や親権に強く介入するという側面を持つゆえに,今日の民主主義の原則に照らして,強く警戒されるべきものでもある。他方,子どもを保護しその人権を守るためには,より強力な介入が必要になるという,本質的に矛盾した関係を内包する宿命を負っている。

この点で,許斐教授は今日の状況を見通したかのように一歩先んじて,子どもの権利をめぐる多くの視点を明らかにし,しかも「子どもの権利ノート」のような形で,実践可能なものとして育ててきた。

許斐教授の子育て責任という視点

彼の主著は『子どもの権利と児童福祉法』(信山社)であり,同書に彼自身が記すとおり,彼は現場の実践家との交流・共同研究を重視し,そのことは法社会学的研究を志す者として有意義であったと評価しつつ,他方で彼は基本的発想が大学院以来ほとんど変わっていないとも述べている。

筆者が彼と初めて出会ったのは,1978年の日本社会福祉学会大会のおりだが,彼は家事審判手続において,子どもの意見がどのようにあつかわれるかの実務をくどいほど熱心に質問してきたのを覚えている。この年は国際児童年の前年であり,ポーランドが子どもの権利条約の草案を国連に持ち出した年でもあった。

終章　児童虐待と社会的介入

　その翌年から彼は積極的に，特に子どもの権利条約と養育責任に関する研究と報告を続けていた。このテーマはずっと一貫しており，児童福祉法制定の背景における国の養育責任の考え方についてからはじまり，子どもの権利条約と児童福祉法の養育責任の関係，児童福祉法第28条の事例と判例分析，施設の子どもの意見表明や権利擁護，子どもの権利条約の定着に向けた取り組み，カナダ，トロントの子どもの権利への取り組み状況の研究と紹介，大阪府の子どもの権利ノート作成への参画など枚挙にいとまがない。また行政や施設職員の様々な研修会・研究会にも非常に積極的に参加し，組織化も行った。

　特に彼が最後までこだわったのは，子どもの権利と責任・義務とをどのような関係と理解するかという点である。彼は子どもの権利と責任というものを同時に求めるのはおかしいと考えており，まずはきちんと条件の付かないかたちで権利を保障し，そのことが定着するなかでいろいろな責任がおのずから理解できるという立場をとっていた。最近各地で「子どもの権利ノート」が作られているが，内容的には子どもの権利を十全に保障しないで，あるいは権利を制限するために義務や責任を持ちだしているのではないかと疑いたくなる内容のものもある。許斐教授はそのような，子どもの権利条約以前の権利観を厳しく批判していたのである。

3　さいごに

　この数年，少子化対策が重視され，子育てに関してもさまざまな施策がとられるようになっている。しかし一方では，少年法の厳罰化に見られるように，子どもを慈しみ育むという姿勢とは逆行する流れも見受けられ，子ども施策はまだまだ混乱期にあると言うことができる。児童虐待についても，防止法はできても，政策レベルや現場レベルでは，自分の立場を守るため，あるいは混乱を回避するために，子どもを見殺しにしていると言わざるを得ない事例も散見される。

　かつて英国東アングリア大学のジューン・ソブン教授が来日されたお

り，桐野教授の通訳で，虐待の対応についてのワークショップが開かれた。その最初に「はじめに，まず子どもに何が必要かを考えて，それから何ができるかを考えなさい。反対に，私たちに何ができるかを先に考えて，それから子どもが何を必要かを考えてはいけない。それでは，子どもを守ることができない」との説明が印象深く残っている。子どもと子どものニーズを第一に考えなさい。大人の事情はそのあとに考えることです，という意味であろう。

許斐教授は，1989年の子どもの権利条約の国連採択以降，「子どもの最善の利益」を叫び続けていたし，トロント訪問から戻ってからは「子どもが一番」という言い方に替わったが，そのことにこだわり続けていた。

我々は惜しくも，子どもの権利を研究する第一人者を失ったが，本書を上梓することで彼の思いである「子どもが一番」の実現に近づけば幸いである。

［参考文献］
松本英昭『新地方自治制度　詳解』ぎょうせい　2000年。
室井力・原野翹『新現代地方自治法入門』法律文化社　2000年。
全国社会福祉協議会児童福祉施設のあり方検討委員会『児童福祉施設再編への提言』平成7年10月。
児童福祉法研究会編『児童福祉法成立資料集成』上下　ドメス出版　1978年。
峯本耕治『子どもを虐待から守る制度と介入手法』明石書店　2001年。
宮本信也，石橋直子「我が国における虐待事例の警察への通報状況」『子どもの虐待とネグレクト』第1巻第1号　日本子どもの虐待防止研究会　1999年。
桑原洋子・田村和之編『実務註釈　児童福祉法』信山社　1998年。
林弘正『児童虐待　その現況と刑事法的介入』成文堂　2000年。

Convention on the Rights of the Child

G. A. res. 44/25, annex, 44 U. N. GAOR Supp. (No. 49) at 167, U. N. Doc. A/44/49 (1989), *entered into force* Sept. 2 1990.

PREAMBLE

The States Parties to the present Convention,

Considering that, in accordance with the principles proclaimed in the Charter of the United Nations, recognition of the inherent dignity and of the equal and inalienable rights of all members of the human family is the foundation of freedom, justice and peace in the world,

Bearing in mind that the peoples of the United Nations have, in the Charter, reaffirmed their faith in fundamental human rights and in the dignity and worth of the human person, and have determined to promote social progress and better standards of life in larger freedom,

Recognizing that the United Nations has, in the Universal Declaration of Human Rights and in the International Covenants on Human Rights, proclaimed and agreed that everyone is entitled to all the rights and freedoms set forth therein, without distinction of any kind, such as race, colour, sex, language, religion, political or other opinion, national or social origin, property, birth or other status,

Recalling that, in the Universal Declaration of Human Rights, the United Nations has proclaimed that childhood is entitled to special care and assistance,

Convinced that the family, as the fundamental group of society and the natural environment for the growth and well-being of all its members and particularly children, should be afforded the necessary protection and assistance so that it can fully assume its responsibilities within the community,

Recognizing that the child, for the full and harmonious development of his or her personality, should grow up in a family environment, in an atmosphere of happiness, love and understanding,

Considering that the child should be fully prepared to live an individual life in society, and brought up in the spirit of the ideals proclaimed in the Charter of the United Nations, and in particular in the spirit of peace, dignity, tolerance, freedom, equality and solidarity,

Bearing in mind that the need to extend particular care to the child has been stated in the Geneva Declaration of the Rights of the Child of 1924 and in the Declaration of the Rights of the Child adopted by the General Assembly on 20 November 1959 and recognized in the Universal Declaration of Human Rights, in the International Covenant on Civil and Political Rights (in particular in articles 23 and 24), in the International Covenant on Economic, Social and Cultural Rights (in particular in article 10) and in the statutes and relevant instruments of specialized agencies and international organizations concerned with the welfare of children, '

Bearing in mind that, as indicated in the Declaration of the Rights of the Child, "the child, by reason of his physical and mental immaturity, needs special safeguards and care, including appropriate legal protection, before as well as after birth",

Recalling the provisions of the Declaration on Social and Legal Principles relating to the Protection and Welfare of Children, with Special Reference to Foster Placement and Adoption Nationally and Internationally ; the United Nations Standard Minimum Rules for the Administration of Juvenile Justice (The Beijing Rules）; and the Declaration on the Protection of Women and Children in Emergency and Armed Conflict,

Recognizing that, in all countries in the world, there are children living in exceptionally difficult conditions, and that such children need special consideration,

Taking due account of the importance of the traditions and cultural values of each people for the protection and harmonious development of the child,

Recognizing the importance of international co-operation for improving the living conditions of children in every country, in particular in the developing countries,

Have agreed as follows :

PART I

Article 1

For the purposes of the present Convention, a child means every human being below the age of eighteen years unless under the law applicable to the child, majority is attained earlier.

Article 2

1. States Parties shall respect and ensure the rights set forth in the present Convention to each child within their jurisdiction without discrimination of any kind, irrespective of the child's or his or her parent's or legal guardian's race, colour, sex, language, religion, political or other opinion, national, ethnic or social origin, property, disability, birth or other status.

2. States Parties shall take all appropriate measures to ensure that the child is protected against all forms of discrimination or punishment on the basis of the status, activities, expressed opinions, or beliefs of the child's parents, legal guardians, or family members.

Article 3

1. In all actions concerning children, whether undertaken by public or private social welfare institutions, courts of law, administrative authorities or legislative bodies, the best interests of the child shall be a primary consideration.

2. States Parties undertake to ensure the child such protection and care as is necessary for his or her well-being,

taking into account the rights and duties of his or her parents, legal guardians, or other individuals legally responsible for him or her, and, to this end, shall take all appropriate legislative and administrative measures.

3. States Parties shall ensure that the institutions, services and facilities responsible for the care or protection of children shall conform with the standards established by competent authorities, particularly in the areas of safety, health, in the number and suitability of their staff, as well as competent supervision.

Article 4
States Parties shall undertake all appropriate legislative, administrative, and other measures for the implementation of the rights recognized in the present Convention. With regard to economic, social and cultural rights, States Parties shall undertake such measures to the maximum extent of their available resources and, where needed, within the framework of international co-operation.

Article 5
States Parties shall respect the responsibilities, rights and duties of parents or, where applicable, the members of the extended family or community as provided for by local custom, legal guardians or other persons legally responsible for the child, to provide, in a manner consistent with the evolving capacities of the child, appropriate direction and guidance in the exercise by the child of the rights recognized in the present Convention.

Article 6
1. States Parties recognize that every child has the inherent right to life.
2. States Parties shall ensure to the maximum extent possible the survival and development of the child.

Article 7
1. The child shall be registered immediately after birth and shall have the right from birth to a name, the right to acquire a nationality and. as far as possible, the right to know and be cared for by his or her parents.
2. States Parties shall ensure the implementation of these rights in accordance with their national law and their obligations under the relevant international instruments in this field, in particular where the child would otherwise be stateless.

Article 8
1. States Parties undertake to respect the right of the child to preserve his or her identity, including nationality, name and family relations as recognized by law without unlawful interference.
2. Where a child is illegally deprived of some or all of the elements of his or her identity, States Parties shall provide appropriate assistance and protection, with a view to re-establishing speedily his or her identity.

Article 9
1. States Parties shall ensure that a

child shall not be separated from his or her parents against their will, except when competent authorities subject to judicial review determine, in accordance with applicable law and procedures, that such separation is necessary for the best interests of the child. Such determination may be necessary in a particular case such as one involving abuse or neglect of the child by the parents, or one where the parents are living separately and a decision must be made as to the child's place of residence.

2．In any proceedings pursuant to paragraph 1 of the present article, all interested parties shall be given an opportunity to participate in the proceedings and make their views known.

3．States Parties shall respect the right of the child who is separated from one or both parents to maintain personal relations and direct contact with both parents on a regular basis, except if it is contrary to the child's best interests. 4．Where such separation results from any action initiated by a State Party, such as the detention, imprisonment, exile, deportation or death (including death arising from any cause while the person is in the custody of the State) of one or both parents or of the child, that State Party shall, upon request, provide the parents, the child or, if appropriate, another member of the family with the essential information concerning the whereabouts of the absent member (s) of the family unless the provision of the information would be detrimental to the well-being of the child. States Parties shall further ensure that the submission of such a request shall of itself entail no adverse consequences for the person (s) concerned.

Article 10

1．In accordance with the obligation of States Parties under article 9, paragraph 1, applications by a child or his or her parents to enter or leave a State Party for the purpose of family reunification shall be dealt with by States Parties in a positive, humane and expeditious manner. States Parties shall further ensure that the submission of such a request shall entail no adverse consequences for the applicants and for the members of their family.

2．A child whose parents reside in different States shall have the right to maintain on a regular basis, save in exceptional circumstances personal relations and direct contacts with both parents. Towards that end and in accordance with the obligation of States Parties under article 9, paragraph 1, States Parties shall respect the right of the child and his or her parents to leave any country, including their own, and to enter their own country. The right to leave any country shall be subject only to such restrictions as are prescribed by law and which are necessary to protect the national security, public order (ordre public), public health or morals or the rights and freedoms of others and are consistent with the other rights recognized in the present Convention.

Article 11

1. States Parties shall take measures to combat the illicit transfer and non-return of children abroad.
2. To this end, States Parties shall promote the conclusion of bilateral or multilateral agreements or accession to existing agreements.

Article 12

1. States Parties shall assure to the child who is capable of forming his or her own views the right to express those views freely in all matters affecting the child, the views of the child being given due weight in accordance with the age and maturity of the child.
2. For this purpose, the child shall in particular be provided the opportunity to be heard in any judicial and administrative proceedings affecting the child, either directly, or through a representative or an appropriate body, in a manner consistent with the procedural rules of national law.

Article 13

1. The child shall have the right to freedom of expression; this right shall include freedom to seek, receive and impart information and ideas of all kinds, regardless of frontiers, either orally, in writing or in print, in the form of art, or through any other media of the child's choice.
2. The exercise of this right may be subject to certain restrictions, but these shall only be such as are provided by law and are necessary:
(a) For respect of the rights or reputations of others; or
(b) For the protection of national security or of public order (ordre public), or of public health or morals.

Article 14

1. States Parties shall respect the right of the child to freedom of thought, conscience and religion.
2. States Parties shall respect the rights and duties of the parents and, when applicable, legal guardians, to provide direction to the child in the exercise of his or her right in a manner consistent with the evolving capacities of the child.
3. Freedom to manifest one's religion or beliefs may be subject only to such limitations as are prescribed by law and are necessary to protect public safety, order, health or morals, or the fundamental rights and freedoms of others.

Article 15

1. States Parties recognize the rights of the child to freedom of association and to freedom of peaceful assembly.
2. No restrictions may be placed on the exercise of these rights other than those imposed in conformity with the law and which are necessary in a democratic society in the interests of national security or public safety, public order (ordre public), the protection of public health or morals or the protection of the rights and freedoms of others.

Article 16

1. No child shall be subjected to arbitrary or unlawful interference with his or her privacy, family, home or correspondence, nor to unlawful attacks on his or her honour and reputation.

2. The child has the right to the protection of the law against such interference or attacks.

Article 17

States Parties recognize the important function performed by the mass media and shall ensure that the child has access to information and material from a diversity of national and international sources, especially those aimed at the promotion of his or her social, spiritual and moral well-being and physical and mental health. To this end, States Parties shall:

(a) Encourage the mass media to disseminate information and material of social and cultural benefit to the child and in accordance with the spirit of article 29;

(b) Encourage international co-operation in the production, exchange and dissemination of such information and material from a diversity of cultural, national and international sources;

(c) Encourage the production and dissemination of children's books;

(d) Encourage the mass media to have particular regard to the linguistic needs of the child who belongs to a minority group or who is indigenous;

(e) Encourage the development of appropriate guidelines for the protection of the child from information and material injurious to his or her well-being, bearing in mind the provisions of articles 13 and 18.

Article 18

1. States Parties shall use their best efforts to ensure recognition of the principle that both parents have common responsibilities for the upbringing and development of the child. Parents or, as the case may be, legal guardians, have the primary responsibility for the upbringing and development of the child. The best interests of the child will be their basic concern.

2. For the purpose of guaranteeing and promoting the rights set forth in the present Convention, States Parties shall render appropriate assistance to parents and legal guardians in the performance of their child-rearing responsibilities and shall ensure the development of institutions, facilities and services for the care of children.

3. States Parties shall take all appropriate measures to ensure that children of working parents have the right to benefit from child-care services and facilities for which they are eligible.

Article 19

1. States Parties shall take all appropriate legislative, administrative, social and educational measures to protect the child from all forms of physical or mental violence, injury or abuse, neglect or negligent treatment, maltreatment or exploitation, including sexual abuse, while in the care of parent (s),

legal guardian (s) or any other person who has the care of the child.

2. Such protective measures should, as appropriate, include effective procedures for the establishment of social programmes to provide necessary support for the child and for those who have the care of the child, as well as for other forms of prevention and for identification, reporting, referral, investigation, treatment and follow-up of instances of child maltreatment described heretofore, and, as appropriate, for judicial involvement.

Article 20

1. A child temporarily or permanently deprived of his or her family environment, or in whose own best interests cannot be allowed to remain in that environment, shall be entitled to special protection and assistance provided by the State.

2. States Parties shall in accordance with their national laws ensure alternative care for such a child.

3. Such care could include, inter alia, foster placement, kafalah of Islamic law, adoption or if necessary placement in suitable institutions for the care of children. When considering solutions, due regard shall be paid to the desirability of continuity in a child's upbringing and to the child's ethnic, religious, cultural and linguistic background.

Article 21

States Parties that recognize and/or permit the system of adoption shall ensure that the best interests of the child shall be the paramount consideration and they shall:

(a) Ensure that the adoption of a child is authorized only by competent authorities who determine, in accordance with applicable law and procedures and on the basis of all pertinent and reliable information, that the adoption is permissible in view of the child's status concerning parents, relatives and legal guardians and that, if required, the persons concerned have given their informed consent to the adoption on the basis of such counselling as may be necessary;

(b) Recognize that inter-country adoption may be considered as an alternative means of child's care, if the child cannot be placed in a foster or an adoptive family or cannot in any suitable manner be cared for in the child's country of origin; *(c)* Ensure that the child concerned by inter-country adoption enjoys safeguards and standards equivalent to those existing in the case of national adoption;

(d) Take all appropriate measures to ensure that, in inter-country adoption, the placement does not result in improper financial gain for those involved in it;

(e) Promote, where appropriate, the objectives of the present article by concluding bilateral or multilateral arrangements or agreements, and endeavour, within this framework, to ensure that the placement of the

child in another country is carried out by competent authorities or organs.

Article 22
1. States Parties shall take appropriate measures to ensure that a child who is seeking refugee status or who is considered a refugee in accordance with applicable international or domestic law and procedures shall, whether unaccompanied or accompanied by his or her parents or by any other person, receive appropriate protection and humanitarian assistance in the enjoyment of applicable rights set forth in the present Convention and in other international human rights or humanitarian instruments to which the said States are Parties.
2. For this purpose, States Parties shall provide, as they consider appropriate, co-operation in any efforts by the United Nations and other competent intergovernmental organizations or non-governmental organizations co-operating with the United Nations to protect and assist such a child and to trace the parents or other members of the family of any refugee child in order to obtain information necessary for reunification with his or her family. In cases where no parents or other members of the family can be found, the child shall be accorded the same protection as any other child permanently or temporarily deprived of his or her family environment for any reason , as set forth in the present Convention.

Article 23
1. States Parties recognize that a mentally or physically disabled child should enjoy a full and decent life, in conditions which ensure dignity, promote self-reliance and facilitate the child's active participation in the community.
2. States Parties recognize the right of the disabled child to special care and shall encourage and ensure the extension, subject to available resources, to the eligible child and those responsible for his or her care, of assistance for which application is made and which is appropriate to the child's condition and to the circumstances of the parents or others caring for the child. 3. Recognizing the special needs of a disabled child, assistance extended in accordance with paragraph 2 of the present article shall be provided free of charge, whenever possible, taking into account the financial resources of the parents or others caring for the child, and shall be designed to ensure that the disabled child has effective access to and receives education, training, health care services, rehabilitation services, preparation for employment and recreation opportunities in a manner conducive to the child's achieving the fullest possible social integration and individual development, including his or her cultural and spiritual development
4. States Parties shall promote, in the spirit of international cooperation, the exchange of appropriate information in the field of preventive health care and

of medical, psychological and functional treatment of disabled children, including dissemination of and access to information concerning methods of rehabilitation, education and vocational services, with the aim of enabling States Parties to improve their capabilities and skills and to widen their experience in these areas. In this regard, particular account shall be taken of the needs of developing countries.

Article 24

1. States Parties recognize the right of the child to the enjoyment of the highest attainable standard of health and to facilities for the treatment of illness and rehabilitation of health. States Parties shall strive to ensure that no child is deprived of his or her right of access to such health care services.

2. States Parties shall pursue full implementation of this right and, in particular, shall take appropriate measures:

(a) To diminish infant and child mortality;

(b) To ensure the provision of necessary medical assistance and health care to all children with emphasis on the development of primary health care;

(c) To combat disease and malnutrition, including within the framework of primary health care, through, inter alia, the application of readily available technology and through the provision of adequate nutritious foods and clean drinking-water, taking into consideration the dangers and risks of environmental pollution;

(d) To ensure appropriate pre-natal and post-natal health care for mothers;

(e) To ensure that all segments of society, in particular parents and children, are informed, have access to education and are supported in the use of basic knowledge of child health and nutrition, the advantages of breastfeeding, hygiene and environmental sanitation and the prevention of accidents;

(f) To develop preventive health care, guidance for parents and family planning education and services.

3. States Parties shall take all effective and appropriate measures with a view to abolishing traditional practices prejudicial to the health of children.

4. States Parties undertake to promote and encourage international co-operation with a view to achieving progressively the full realization of the right recognized in the present article. In this regard, particular account shall be taken of the needs of developing countries.

Article 25

States Parties recognize the right of a child who has been placed by the competent authorities for the purposes of care, protection or treatment of his or her physical or mental health, to a periodic review of the treatment provided to the child and all other circumstances relevant to his or her placement.

Article 26

1. States Parties shall recognize for every child the right to benefit from social security, including social insurance, and shall take the necessary measures to achieve the full realization of this right in accordance with their national law.

2. The benefits should, where appropriate, be granted, taking into account the resources and the circumstances of the child and persons having responsibility for the maintenance of the child, as well as any other consideration relevant to an application for benefits made by or on behalf of the child.

Article 27

1. States Parties recognize the right of every child to a standard of living adequate for the child's physical, mental, spiritual, moral and social development.

2. The parent (s) or others responsible for the child have the primary responsibility to secure, within their abilities and financial capacities, the conditions of living necessary for the child's development.

3. States Parties, in accordance with national conditions and within their means, shall take appropriate measures to assist parents and others responsible for the child to implement this right and shall in case of need provide material assistance and support programmes, particularly with regard to nutrition, clothing and housing.

4. States Parties shall take all appropriate measures to secure the recovery of maintenance for the child from the parents or other persons having financial responsibility for the child, both within the State Party and from abroad. In particular, where the person having financial responsibility for the child lives in a State different from that of the child, States Parties shall promote the accession to international agreements or the conclusion of such agreements, as well as the making of other appropriate arrangements.

Article 28

1. States Parties recognize the right of the child to education, and with a view to achieving this right progressively and on the basis of equal opportunity, they shall, in particular :
(a) Make primary education compulsory and available free to all ;
(b) Encourage the development of different forms of secondary education, including general and vocational education, make them available and accessible to every child, and take appropriate measures such as the introduction of free education and offering financial assistance in case of need ;
(c) Make higher education accessible to all on the basis of capacity by every appropriate means ;
(d) Make educational and vocational information and guidance available and accessible to all children ;
(e) Take measures to encourage regular attendance at schools and the reduction of drop-out rates.

2. States Parties shall take all appro-

priate measures to ensure that school discipline is administered in a manner consistent with the child's human dignity and in conformity with the present Convention.

3. States Parties shall promote and encourage international cooperation in matters relating to education, in particular with a view to contributing to the elimination of ignorance and illiteracy throughout the world and facilitating access to scientific and technical knowledge and modern teaching methods. In this regard, particular account shall be taken of the needs of developing countries.

Article 29

1. States Parties agree that the education of the child shall be directed to:

(a) The development of the child's personality, talents and mental and physical abilities to their fullest potential;

(b) The development of respect for human rights and fundamental freedoms, and for the principles enshrined in the Charter of the United Nations;

(c) The development of respect for the child's parents, his or her own cultural identity, language and values, for the national values of the country in which the child is living, the country from which he or she may originate, and for civilizations different from his or her own;

(d) The preparation of the child for responsible life in a free society, in the spirit of understanding, peace, tolerance, equality of sexes, and friendship among all peoples, ethnic, national and religious groups and persons of indigenous origin;

(e) The development of respect for the natural environment.

2. No part of the present article or article 28 shall be construed so as to interfere with the liberty of individuals and bodies to establish and direct educational institutions, subject always to the observance of the principle set forth in paragraph 1 of the present article and to the requirements that the education given in such institutions shall conform to such minimum standards as may be laid down by the State.

Article 30

In those States in which ethnic, religious or linguistic minorities or persons of indigenous origin exist, a child belonging to such a minority or who is indigenous shall not be denied the right, in community with other members of his or her group, to enjoy his or her own culture, to profess and practise his or her own religion, or to use his or her own language.

Article 31

1. States Parties recognize the right of the child to rest and leisure, to engage in play and recreational activities appropriate to the age of the child and to participate freely in cultural life and the arts.

2. States Parties shall respect and promote the right of the child to partici-

pate fully in cultural and artistic life and shall encourage the provision of appropriate and equal opportunities for cultural, artistic, recreational and leisure activity.

Article 32
1. States Parties recognize the right of the child to be protected from economic exploitation and from performing any work that is likely to be hazardous or to interfere with the child's education, or to be harmful to the child's health or physical, mental, spiritual, moral or social development.
2. States Parties shall take legislative, administrative, social and educational measures to ensure the implementation of the present article. To this end, and having regard to the relevant provisions of other international instruments, States Parties shall in particular:
(a) Provide for a minimum age or minimum ages for admission to employment;
(b) Provide for appropriate regulation of the hours and conditions of employment;
(c) Provide for appropriate penalties or other sanctions to ensure the effective enforcement of the present article.

Article 33
States Parties shall take all appropriate measures, including legislative, administrative, social and educational measures, to protect children from the illicit use of narcotic drugs and psychotropic substances as defined in the relevant international treaties, and to prevent the use of children in the illicit production and trafficking of such substances.

Article 34
States Parties undertake to protect the child from all forms of sexual exploitation and sexual abuse. For these purposes, States Parties shall in particular take all appropriate national, bilateral and multilateral measures to prevent:
(a) The inducement or coercion of a child to engage in any unlawful sexual activity;
(b) The exploitative use of children in prostitution or other unlawful sexual practices;
(c) The exploitative use of children in pornographic performances and materials.

Article 35
States Parties shall take all appropriate national, bilateral and multilateral measures to prevent the abduction of, the sale of or traffic in children for any purpose or in any form.

Article 36
States Parties shall protect the child against all other forms of exploitation prejudicial to any aspects of the child's welfare.

Article 37
States Parties shall ensure that:
(a) No child shall be subjected to torture or other cruel, inhuman or degrading treatment or punishment.

Neither capital punishment nor life imprisonment without possibility of release shall be imposed for offences committed by persons below eighteen years of age;

(b) No child shall be deprived of his or her liberty unlawfully or arbitrarily. The arrest, detention or imprisonment of a child shall be in conformity with the law and shall be used only as a measure of last resort and for the shortest appropriate period of time;

(c) Every child deprived of liberty shall be treated with humanity and respect for the inherent dignity of the human person, and in a manner which takes into account the needs of persons of his or her age. In particular, every child deprived of liberty shall be separated from adults unless it is considered in the child's best interest not to do so and shall have the right to maintain contact with his or her family through correspondence and visits, save in exceptional circumstances;

(d) Every child deprived of his or her liberty shall have the right to prompt access to legal and other appropriate assistance, as well as the right to challenge the legality of the deprivation of his or her liberty before a court or other competent, independent and impartial authority, and to a prompt decision on any such action.

Article 38

1. States Parties undertake to respect and to ensure respect for rules of international humanitarian law applicable to them in armed conflicts which are relevant to the child.

2. States Parties shall take all feasible measures to ensure that persons who have not attained the age of fifteen years do not take a direct part in hostilities.

3. States Parties shall refrain from recruiting any person who has not attained the age of fifteen years into their armed forces. In recruiting among those persons who have attained the age of fifteen years but who have not attained the age of eighteen years, States Parties shall endeavour to give priority to those who are oldest.

4. In accordance with their obligations under international humanitarian law to protect the civilian population in armed conflicts, States Parties shall take all feasible measures to ensure protection and care of children who are affected by an armed conflict.

Article 39

States Parties shall take all appropriate measures to promote physical and psychological recovery and social reintegration of a child victim of: any form of neglect, exploitation, or abuse; torture or any other form of cruel, inhuman or degrading treatment or punishment; or armed conflicts. Such recovery and reintegration shall take place in an environment which fosters the health, self-respect and dignity of the child.

Article 40

1. States Parties recognize the right of every child alleged as, accused of, or recognized as having infringed the penal law to be treated in a manner consistent with the promotion of the child's sense of dignity and worth, which reinforces the child's respect for the human rights and fundamental freedoms of others and which takes into account the child's age and the desirability of promoting the child's reintegration and the child's assuming a constructive role in society.

2. To this end, and having regard to the relevant provisions of international instruments, States Parties shall, in particular, ensure that:

(a) No child shall be alleged as, be accused of, or recognized as having infringed the penal law by reason of acts or omissions that were not prohibited by national or international law at the time they were committed;

(b) Every child alleged as or accused of having infringed the penal law has at least the following guarantees:

(ⅰ) To be presumed innocent until proven guilty according to law;

(ⅱ) To be informed promptly and directly of the charges against him or her, and, if appropriate, through his or her parents or legal guardians, and to have legal or other appropriate assistance in the preparation and presentation of his or her defence;

(ⅲ) To have the matter determined without delay by a competent, independent and impartial authority or judicial body in a fair hearing according to law, in the presence of legal or other appropriate assistance and, unless it is considered not to be in the best interest of the child, in particular, taking into account his or her age or situation, his or her parents or legal guardians;

(ⅳ) Not to be compelled to give testimony or to confess guilt; to examine or have examined adverse witnesses and to obtain the participation and examination of witnesses on his or her behalf under conditions of equality;

(ⅴ) If considered to have infringed the penal law, to have this decision and any measures imposed in consequence thereof reviewed by a higher competent, independent and impartial authority or judicial body according to law;

(ⅵ) To have the free assistance of an interpreter if the child cannot understand or speak the language used;

(ⅶ) To have his or her privacy fully respected at all stages of the proceedings. 3. States Parties shall seek to promote the establishment of laws, procedures, authorities and institutions specifically applicable to children alleged as, accused of, or recognized as having infringed the penal law, and, in particular:

(a) The establishment of a minimum age below which children shall be presumed not to have the capacity to infringe the penal law;

(b) Whenever appropriate and desirable, measures for dealing with such children without resorting to judicial proceedings, providing that human rights and legal safeguards are fully respected.

4. A variety of dispositions, such as care, guidance and supervision orders ; counselling ; probation ; foster care ; education and vocational training programmes and other alternatives to institutional care shall be available to ensure that children are dealt with in a manner appropriate to their well-being and proportionate both to their circumstances and the offence.

Article 41

Nothing in the present Convention shall affect any provisions which are more conducive to the realization of the rights of the child and which may be contained in :

(a) The law of a State party ; or

(b) International law in force for that State.

PART II

Article 42

States Parties undertake to make the principles and provisions of the Convention widely known, by appropriate and active means, to adults and children alike.

Article 43

1. For the purpose of examining the progress made by States Parties in achieving the realization of the obligations undertaken in the present Convention, there shall be established a Committee on the Rights of the Child, which shall carry out the functions hereinafter provided.

2. The Committee shall consist of ten experts of high moral standing and recognized competence in the field covered by this Convention. The members of the Committee shall be elected by States Parties from among their nationals and shall serve in their personal capacity, consideration being given to equitable geographical distribution, as well as to the principal legal systems.

3. The members of the Committee shall be elected by secret ballot from a list of persons nominated by States Parties. Each State Party may nominate one person from among its own nationals.

4. The initial election to the Committee shall be held no later than six months after the date of the entry into force of the present Convention and thereafter every second year. At least four months before the date of each election, the Secretary-General of the United Nations shall address a letter to States Parties inviting them to submit their nominations within two months. The Secretary-General shall subsequently prepare a list in alphabetical order of all persons thus nominated, indicating States Parties which have nominated them, and shall submit it to the States Parties to the present Convention.

5. The elections shall be held at meetings of States Parties convened by

the Secretary-General at United Nations Headquarters. At those meetings, for which two thirds of States Parties shall constitute a quorum, the persons elected to the Committee shall be those who obtain the largest number of votes and an absolute majority of the votes of the representatives of States Parties present and voting.

6. The members of the Committee shall be elected for a term of four years. They shall be eligible for re-election if renominated. The term of five of the members elected at the first election shall expire at the end of two years; immediately after the first election, the names of these five members shall be chosen by lot by the Chairman of the meeting.

7. If a member of the Committee dies or resigns or declares that for any other cause he or she can no longer perform the duties of the Committee, the State Party which nominated the member shall appoint another expert from among its nationals to serve for the remainder of the term, subject to the approval of the Committee.

8. The Committee shall establish its own rules of procedure.

9. The Committee shall elect its officers for a period of two years.

10. The meetings of the Committee shall normally be held at United Nations Headquarters or at any other convenient place as determined by the Committee. The Committee shall normally meet annually. The duration of the meetings of the Committee shall be determined, and reviewed, if necessary, by a meeting of the States Parties to the present Convention, subject to the approval of the General Assembly.

11. The Secretary-General of the United Nations shall provide the necessary staff and facilities for the effective performance of the functions of the Committee under the present Convention.

12. With the approval of the General Assembly, the members of the Committee established under the present Convention shall receive emoluments from United Nations resources on such terms and conditions as the Assembly may decide.

Article 44

1. States Parties undertake to submit to the Committee, through the Secretary-General of the United Nations, reports on the measures they have adopted which give effect to the rights recognized herein and on the progress made on the enjoyment of those rights:

 (a) Within two years of the entry into force of the Convention for the State Party concerned;
 (b) Thereafter every five years.

2. Reports made under the present article shall indicate factors and difficulties, if any, affecting the degree of fulfilment of the obligations under the present Convention. Reports shall also contain sufficient information to provide the Committee with a comprehensive understanding of the implementation of the Convention in the country

concerned.

3. A State Party which has submitted a comprehensive initial report to the Committee need not, in its subsequent reports submitted in accordance with paragraph 1 *(b)* of the present article, repeat basic information previously provided.

4. The Committee may request from States Parties further information relevant to the implementation of the Convention.

5. The Committee shall submit to the General Assembly, through the Economic and Social Council, every two years, reports on its activities.

6. States Parties shall make their reports widely available to the public in their own countries.

Article 45

In order to foster the effective implementation of the Convention and to encourage international co-operation in the field covered by the Convention:

(a) The specialized agencies, the United Nations Children's Fund, and other United Nations organs shall be entitled to be represented at the consideration of the implementation of such provisions of the present Convention as fall within the scope of their mandate. The Committee may invite the specialized agencies, the United Nations Children's Fund and other competent bodies as it may consider appropriate to provide expert advice on the implementation of the Convention in areas falling within the scope of their respective mandates. The Committee may invite the specialized agencies, the United Nations Children's Fund, and other United Nations organs to submit reports on the implementation of the Convention in areas falling within the scope of their activities;

(b) The Committee shall transmit, as it may consider appropriate, to the specialized agencies, the United Nations Children's Fund and other competent bodies, any reports from States Parties that contain a request, or indicate a need, for technical advice or assistance, along with the Committee's observations and suggestions, if any, on these requests or indications;

(c) The Committee may recommend to the General Assembly to request the Secretary-General to undertake on its behalf studies on specific issues relating to the rights of the child;

(d) The Committee may make suggestions and general recommendations based on information received pursuant to articles 44 and 45 of the present Convention. Such suggestions and general recommendations shall be transmitted to any State Party concerned and reported to the General Assembly, together with comments, if any, from States Parties.

PART III

Article 46

The present Convention shall be open for signature by all States.

Article 47

The present Convention is subject to ratification. Instruments of ratification shall be deposited with the Secretary-General of the United Nations.

Article 48

The present Convention shall remain open for accession by any State. The instruments of accession shall be deposited with the Secretary-General of the United Nations.

Article 49

1. The present Convention shall enter into force on the thirtieth day following the date of deposit with the Secretary-General of the United Nations of the twentieth instrument of ratification or accession.

2. For each State ratifying or acceding to the Convention after the deposit of the twentieth instrument of ratification or accession, the Convention shall enter into force on the thirtieth day after the deposit by such State of its instrument of ratification or accession.

Article 50

1. Any State Party may propose an amendment and file it with the Secretary-General of the United Nations. The Secretary-General shall thereupon communicate the proposed amendment to States Parties, with a request that they indicate whether they favour a conference of States Parties for the purpose of considering and voting upon the proposals. In the event that, within four months from the date of such communication, at least one third of the States Parties favour such a conference, the Secretary-General shall convene the conference under the auspices of the United Nations. Any amendment adopted by a majority of States Parties present and voting at the conference shall be submitted to the General Assembly for approval.

2. An amendment adopted in accordance with paragraph 1 of the present article shall enter into force when it has been approved by the General Assembly of the United Nations and accepted by a two-thirds majority of States Parties.

3. When an amendment enters into force, it shall be binding on those States Parties which have accepted it, other States Parties still being bound by the provisions of the present Convention and any earlier amendments which they have accepted.

Article 51

1. The Secretary-General of the United Nations shall receive and circulate to all States the text of reservations made by States at the time of ratification or accession.

2. A reservation incompatible with the object and purpose of the present Convention shall not be permitted.

3. Reservations may be withdrawn at any time by notification to that effect addressed to the Secretary-General of the United Nations, who shall then inform all States. Such notification shall take effect on the date on which it is

received by the Secretary-General

Article 52

A State Party may denounce the present Convention by written notification to the Secretary-General of the United Nations. Denunciation becomes effective one year after the date of receipt of the notification by the Secretary-General.

Article 53

The Secretary-General of the United Nations is designated as the depositary of the present Convention.

Article 54

The original of the present Convention, of which the Arabic, Chinese, English, French, Russian and Spanish texts are equally authentic, shall be deposited with the Secretary-General of the United Nations.

IN WITNESS THEREOF the undersigned plenipotentiaries, being duly authorized thereto by their respective governments, have signed the present Convention.

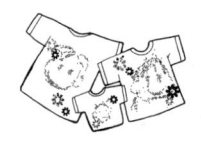

編者・執筆者紹介

許斐　　有	元駒澤大学教授
望月　　彰	大阪府立大学助教授
野田正人	立命館大学教授
桐野由美子	京都ノートルダム女子大学教授

桜井智恵子	頌栄短期大学助教授
山野則子	桃山学院大学非常勤講師
大和田叙奈	駒澤大学大学院博士課程
吉田恒雄	駿河台大学教授
石谷英治	大阪府富田林保健所企画補佐
前河　　桜	大阪府池田子ども家庭センター主査・児童福祉司
阪本博寿	児童養護施設清心寮副施設長
農野寛治	大谷女子大学助教授
草間吉夫	松下政経塾員・社会福祉法人同仁会特別研究員

子どもの権利と社会的子育て

初版第 1 刷　2002年10月20日

編　者

許斐　有　　望月　彰
野田正人　　桐野由美子

発行者

袖山　貴＝村岡俞衛

発行所

信山社出版株式会社

113-0033　東京都文京区本郷 6-2-9-102
TEL 03-3818-1019　　FAX 03-3818-0344

印刷・製本　亜細亜印刷株式会社

PRINTED IN JAPAN©許斐有・望月彰・野田正人・桐野由美子，2002

ISBN4-7972-5256-1　C3032

"子どもは権利の主体・主人公である，若い人たちにそう語り伝えたい——"

許斐有（このみ・ゆう）元駒澤大学教授からのメッセージあふれるテキスト

『子どもの権利と児童福祉法』[増補版]
社会的子育てシステムを考える

目　次

増補版はしがき

序章　「児童福祉」が変わる
1. 日本の「児童福祉」をめぐる背景的状況
2. 国際家族年の理念
3. 「こどもの未来21プラン研究会報告書」
4. 大阪府の「子ども総合ビジョン」
5. 子ども家庭サービスのめざすべき方向

第Ⅰ部　児童福祉法の基礎理論
　　　　—子どもの権利条約と社会的子育てシステム

第1章　児童福祉法の成立と子ども観の総合化
第2章　子どもの権利条約と児童福祉
第3章　子どもを養育する責任主体
第4章　親権法制と子どもの権利擁護
第5章　子ども家庭サービスシステムの構築に向けて

第Ⅱ部　子どもの権利と社会的子育てを考える

第6章　子どもの権利どう受けとめるか
第7章　子どもの権利を読む
第8章　子どもの権利を語る
補章　その後の児童福祉施策の動向
付録　書評／読者との対話

イジメブックス
イジメの総合的研究

編集委員会
代表
作間忠雄
明治学院大学名誉教授・聖徳大学教授

宇井治郎　**清永賢二**　**佐藤順一**
東京純心女子大学教授　日本女子大学教授　聖徳大学教授

神保信一　**中川　明**　**中田洋二郎**
明治学院大学教授　北海道大学教授　国立精神・神経センター
　　　　　　　　　　　　　　　精神保健研究所室長

イジメッブックス［全6巻］A5判　並製カバー。＊は既刊

第1巻 ＊			
神保信一編　イジメはなぜ起きるのか	本体価格	1800円
第2巻		
中田洋二郎編　イジメと家族関係	［近　刊］	
第3巻 ＊		
宇井治郎編　学校はイジメにどう対応するか	本体価格	1800円
第4巻 ＊		
中川　明編　イジメと子どもの人権	本体価格	1800円
第5巻 ＊		
佐藤順一編　イジメは社会問題である	本体価格	1800円
第6巻 ＊		
清永賢二編　世界のイジメ	本体価格	1800円

明治学院大学立法研究会編集
意欲的シンポジウム活動の成果を編集・刊行

子どもの権利　四六判　本体価格　4500円
児童虐待　四六判　本体価格　4500円
セクシュアルハラスメント　四六判　本体価格　4500円

池田恵利子・小賀野晶一・小嶋珠実・中井洋恵著
［エンパワメントブックス］
成年後見と社会福祉－実践的身上監護システムの課題　本体価格　1400円

水谷英夫著
セクハラ救済ハンドブック20問20答　A5判　本体　950円
セクシャル・ハラスメントの実態と法理　A5判　本体5700円

離婚ホットライン仙台編
女性のための離婚ホットラインQ＆A　四六版　本体　750円

水谷英夫・小島妙子編
夫婦法の世界　四六判　本体　2524円

信山社

許斐 有 著
子どもの権利と児童福祉法［増補版］　Ａ５判　本体 2700円

池田恵利子・小賀野晶一・小嶋珠実・中井洋恵 著
成年後見と社会福祉　Ａ５判　本体 1400円

磯崎博司 編
国際環境法　Ａ５判　本体 2900円

山村恒年 編
環境ＮＧＯ　Ａ５判　本体 2900円

日弁連公害対策・環境保全委員会 編
野生生物の保護はなぜ必要か　Ａ５判　本体 2700円

野村好弘＝小賀野晶一 編
人口法学のすすめ　Ａ５判　本体 3800円

阿部泰隆＝中村正久 編
湖の環境と法　Ａ５判　本体 6200円

阿部泰隆＝水野武夫 編
環境法学の生成と未来　Ａ５判　本体 13000円

山村恒年 編
市民のための行政訴訟制度改革　Ａ５判　本体 2400円

山村恒年＝関根孝道 編
自然の権利　Ａ５判　本体 2816円

松尾浩也＝塩野宏 編
立法の平易化　Ａ５判　本体 3000円

伊藤博義 編
雇用形態の多様化と労働法　Ａ５判　本体 11000円

三木義一 著
受益者負担制度の法的研究　Ａ５判　本体 5800円
＊日本不動産学会著作賞授賞／藤田賞授賞＊